大学界改造要綱

アレゼール日本
（高等教育と研究の現在を考える会）
編

藤原書店

マニフェスト

2003.4 東京

低迷する時代であればこそ、いまの日本では過大な期待が大学に寄せられ、それに応えられない大学への不満が、とりわけ政治家たちに募っている。そしてその不満が、理念のない市場主義による改革をせき立て、大学を迷走させている。教養ある市民を育成し、優秀なエキスパートを養成し、ベンチャー企業を興し、生涯教育の受け皿となり、外国からの留学生を受け入れ、世界レベルの研究を行ない……。大学の役割とは本来何なのかという、きわめてシンプルな問いに立ち戻ることなしには、いかなる改革も不可能であるにもかかわらず、イメージばかりが先行し、それによる有力大学の再編が進んで、それがさらに全国の大学システムを混乱させている。しかも不思議なことに、文部科学省はその混乱を収拾するどころか、むしろ煽っているようにさえみえる。親がリストラにあい、大学で学ぶことを諦めざるをえない若者もいる。少子化による「大学全入時代」が来るとはいっても、希望するすべての者が高等教育を受けられるわけではない。フランスのように無償の高等教育が保証されてもおらず、アメリカのように充実した奨学金制度もない日本で、どうしていまネオ・リベラルな改革なのだろうか。

改革に取り組まざるをえない教員は憔悴し、研究と教育がおろそかになりがちである。他方で改革に反対の教員は、ぶつぶつと文句をいうばかりで、何の提言をするでもない。教職員組合をはじめ、改革の流れに抵抗している団体はいくつかあるものの、大学人の反対運動はいっこうに盛り上がらない。それは、メディアの支援がないことに加えて、大学界にさまざまな分断があるからである（国・公・私立、専門・教養、専任・非常勤、教員・職員・学生、各大学、各学部、各学科間にある分断）。そのばらばらな大学界において、教員たちは学生や職員からも見放され、政・官・財およびメディアからの批判にも答えられずに、ひたすら嵐が通り過ぎるのを待っているかのようである。あるいは、身分がとりあえず保証されていることをよいことに、何事もないかのように自分の研究に打ちこんでいる。たしかに研究での実績で抜きんでれば、いまの船が沈んでも別の船に乗り移ることはできるだろう。しかし次の世代はどうなるのだろうか。大学の自律性、そしてそれによって保障される研究、さらにその研究に基づいて可能となる教育が危機にあるときに、すでに特権をもっている専任教員の無関心は致命的であり、危機をもたらしている改革に共犯として機能するのではないか。

大学界におけるこうした情況に断絶をもたらすために、私たちはフランスの「アレゼール(1)」と連帯した運動を起こすことにした。「アレゼール」とは、一九九二年にパリで創設された、おもに人文・社会科学系の大学教員からなる自主団体である。彼らは、けっして孤立と分断に陥るのではなく、知的連帯の道を探るという立場から、フランスの理念というより、むしろ十九世紀初めのドイツで形成された、現在にも通じる大学の理念を護ろうとしている。つまりフリードリッヒ・シュライエルマッハー（一七六八―一八三四。神学者・教育学者）が『ドイツ的な意味における大学のための随想』で描いたような、「学生を学問に目覚めさせる」ための大学、言いかえるなら、こまぎれの知識を授けるのではなく、それらを統合できる批判的精神を育むための大学である。

ナポレオンに占領されたプロシアにおいては、中世以来の大学を廃止したフランスへの批判を通して、そのような理念が形成された。それはベルリン大学の創設をもたらし、さらに普仏戦争に負けたフランスに第三共和政の時代に導入されて、そこでの近代的な大学の復活を可能にした。ドイツにおいては二十世紀になると変質してしまうけれども、フランスにおいては知識人の伝統のなかに生き続け、いま二十一世紀の初めに、「アレゼール」によってフランスの大学の再生、そしてヨーロッパにおける大学人の連帯のために生かされようとしている。その主要な問いかけは、いかにしたら「知の自律」、「視点の複数性」、「最大多数に開かれた高等教育」という理想を損なうことなしに、〈ヨーロッパの大学〉を実現できるかということである。これはとりもなおさず、世界各国の官僚がおし進めるアングロ・サクソン・モデルによる大学の「グローバル化」や、蔓延するペシミズム（「廃墟のなかの大学」）、さらにはポスト・モダンのさまざまな意匠（「第三世代の大学」、「グローカル・ユニヴァーシティ」など）に対する、根源からの批判となる。

大学改革とは、それぞれの国の歴史において考えられるべきナショナルな問題であると同時に、インターナショナルな関係のなかで、そして時代を超えて考えられるべきユニヴァーサルな問題である。明治以来の日本の大学を振り返るとき、そこにドイツやフランスのモデルがあったことを思えば、私たちはグローバル化に安易に適応するのではなく、自らの伝統のなかにインターナショナルな大学の可能性を探るべきなのである。それは、ドイツのものでも、フランスのものでも、日本のものでもない。近代への批判を通して蘇ったかつての大学である。ナショナリズムを超えるそのような理念を伝統として共有することが、いま、ネオ・リベラリズムと闘うために必要なのである。

アレゼール日本（高等教育と研究の現在を考える会）

（1）　ARESER : Association de réflexion sur les enseignements supérieurs et la recherche（高等教育と研究の現在を考える会）。

目次　大学界改造要綱

3 グローバリゼーションと大学教育

アレゼール事務局長クリストフ・シャルル氏に聞く

真にグローバルな大学改革へ向けて　167

聞き手・訳／岡山茂・隠岐さや香・櫻本陽一・中村征樹

教員の流動性／非常勤教員／学問分野ごとの分断／研究予算の獲得／大学とグランド・ゼコール／ヨーロッパ統合とヨーロッパの大学／官僚たち、産官学連携、地方分権／学生たちの政治離れ／大学での人文・社会科学／ピエール・ブルデューのこと

コラム

本文扉イメージ写真　市毛　實

大学界改造要綱

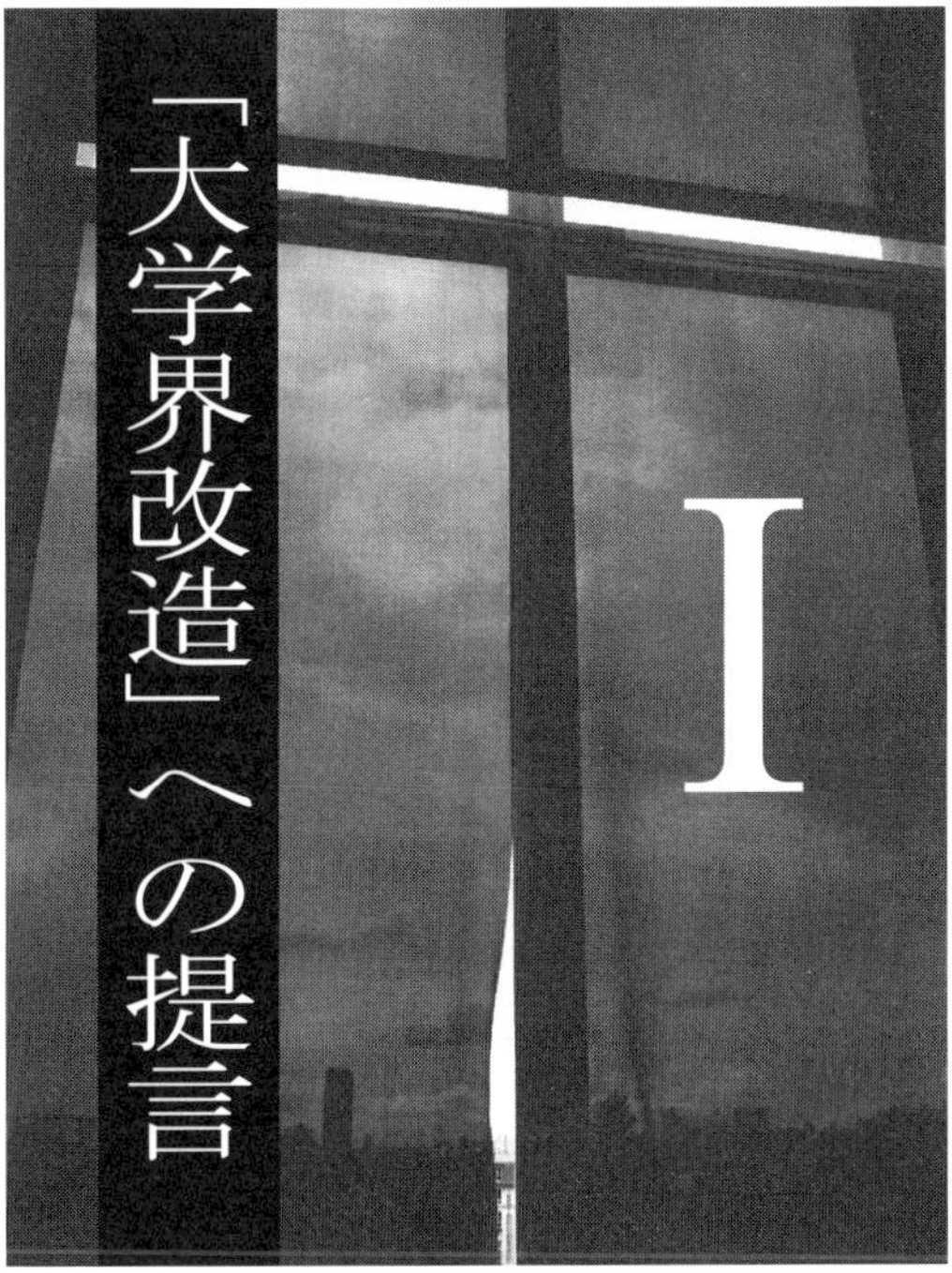

I

「大学界改造」への提言

まえがき

大学はいま、未曾有の危機におかれている。少子化の急速な進展が私立大学の経営を直撃し、「小さな政府」をめざす行財政改革の圧力が、「独立行政法人化」や大学の統廃合というかたちで、全国の国立大学を揺り動かしている。国・公・私立を問わず、日本全国の大学が、文字通り「生き残り」をかけて、我先にと「改革」に奔走している。大学はいま、間違いなく、戦後に新制大学が設立されて以来の大きなターニングポイントに立っている。

しかしながら、日本全国を覆っている「大学改革」の波は、各大学でそのために大学関係者の膨大な労力が費やされているにもかかわらず、それがみずからの「生き残り」をかけたものでしかないがために、結局のところ、場当たり的な対応に終始している。困難な状況にある「いま」を乗り切るために、必然性も理念も欠落させたまま、文部科学省の意向にあわせて、それ自体は既存ポスト維持のための「数合わせ」でしかないような「改組」を繰り返し、「情報」「国際」「文化」「学際」などを冠した四文字学部が増殖していく。学生数をなんとか確保するために、政府の「留学生一〇万人計画」をよすがとして、アジア各国から大量の留学生を受け入れていく。独立行政法人化を見据え、国立大学の統廃合が急ピッチで進んでいく。法学部では、ロースクール（法科大学院）の流れに乗り遅れないために必死の努力が繰り広げられ、理工系の学部では、産業界との連携によって「生き残る」ために、TLO（技術移転機関）

の設置が各大学で進められていく。

しかし、それら一連の「改革」は、一つ一つを取り上げてみれば必ずしも否定しえない面があるとはいえ、個別の「大学」がおかれている状況への対応に追われるあまり、総体としてみたとき、九九の国立大学、七五の公立大学、五一二の私立大学（二〇〇二年度）からなる日本の大学「界」の将来を危機的状況へと追いやっていると私たちは考えている。個々の大学で並々ならぬ労力を注いで進められている「改革」を通して、日本の大学界をめぐる混迷はますます深まっている。日本全国で進められている「改革」の先に、いったいどのような将来が到来するというのだろうか。その先に明るい展望を見出すことができないのは、私たちだけではないだろう。

いま、各地で進められている「改革」に決定的に欠落しているのは、日本の高等教育と学問・研究の将来に対する責任を負う存在として、それらの「改革」を通してどのような大学界を将来へ向けて作り出していくのかをめぐる、グローバルなビジョンである。学問・研究の未来をいかに切り開いていくのか。大学という空間を通して、なにを可能としていくのか。大学を、だれに、どのように開いていくのか。大学はいかなる役割を担っていくのか。そして、そのような将来を可能としていくために必要な条件とは何なのか。私たちが追求しようと考えているのは、日本の大学界を作り変えていく、そのような本当の「改革」である。そのためには、日本の大学が総体としておかれている状況をグローバルに捉え返し、それが構造的に抱えている問題を摘出することが欠かせない。にもかかわらず、昨今の「大学改革」においては、そのようなもっとも重要な点は省みられることがなかった。私たちが、本書を端緒として繰り広げようとしている運動とは、まさにそのような本当の「大学改革」、つまり、日本の高等教育と学問・研究の展望を切り開くことを可能とするための、大学界それ自体の「改革」にむけた、大学関係者の総力を結集するための運動にほかならない。

私たちは、日本の大学関係者がこれまで、大学界の将来をめぐるグローバルなビジョンを作り出すことができなかったことの一番の原因は、大学関係者が徹底的に分断されていることにあると考えている。国立／公立／私立といった分断や大学間格差のみならず、大学内部も専任教員、非専任教員、大学院生、学生、職員らへと分断され、さらに外国人教員や留学生の存在、女性教員をめぐる諸問題が事態を複雑にしている。各大学で進められている「改革」は、そのような分断された構造を前提とし、そのことを不問としているがために、大学界にかかわるあらゆる人々がその将来をめぐるグローバルなビジョンを共有し、本当の「改革」を遂行することを不可能としている。私たちは、大学界を貫くそのような不平等構造をこそ乗り越え、大学界にかかわるあらゆる人々の共同した取り組みとして「大学改革」を構想していく必要があると考えている。

第Ⅰ部では、以上の観点から、一連の「大学改革」をめぐる議論を批判的に捉え返し、その上で日本の大学が抱えている構造的問題を摘出することを試みたい。

（中村征樹）

I

chap. 1「大学改革」批判

大学改革の現在

大学はどこに行くのか。思えばここ一〇年、生涯教育、地域に開かれた大学、個性と特色ある大学などという言葉とともに、何か輝かしい新しいことが訪れるような雰囲気が私たちの周りを浮遊し続けてきた。だが一体誰に対して、誰によって開かれようとしているのか。そこから何が生まれるのであろうか。

国立大学の**独立行政法人化**という問題が人々の意識に上るようになったのはそう遠い昔のことではない。グローバリゼーションの進展とそれに伴う規制緩和・市場化の要請を受けて「小さい政府」を目指すべく行財政改革が進められていた**一九九九年**、その一環として「国立大学独立行政法人化」問題が派生してきたのである。

独立行政法人制度自体は「大きすぎる」従来の国家機関を外部化、減量化するための過渡形態として設計されたものであり、イギリスのエージェンシー制度を範としていた。独立行政法人という耳慣れない言葉もエージェンシーの訳語として生まれた。(1) しかし当初の段階から、基本的には定型業務を担う国家機関を想定して設計されたこの制度を高等教育に適用することについて、関係者のあいだで疑念の声があがっていた。例えば独立行政法人通則法によると、独立行政法人は三〜五年毎に**中期目標・中期計画**を設定しなければならず、各期間の節目毎にそれぞれ独立行政法人の存続、民営化、はたまた廃止を主務省と総務省が判断することになっていた。当然ながら、目先の目標に捕らわれることで学問にとって不毛な結果を生みはしないか、という危惧の念は高まるばかりであった。

二〇〇〇年三月、事態を収拾するため旧文部省は独立行政法人制度の修正にむけて調査検討会議を設けた。そして二〇〇二年三月、国立大学向けに細部を改変した「国立大学法人」制度の大枠を公表し、**二〇〇四年四月**には全国立大学の一斉法人化の方針を表明したのである。また、二〇〇二年一月には小泉政権の「聖域無き構造改革」ムードに勢いを与えられた形で国立大学の再編・統合推進の方針が打ち出され、現在各地で合併・統合が現実に進みつつある。

この様に現実は既に動き出してしまっているわけであるが、だからこそいま、大学が国家政策の中でどのようにとらえられ、そしてどう再配置されようとしているのかを理解するために、これまでの経緯を整理・分析して批判的にとらえ直すことが急務であろう。その上で改めてそれぞれの立場を確認し、誰のための大学を誰がどのように作るのか、という問いに出来る限り誠実に応答するべきである。この導入部ではまず、**第Ⅰ部**で展開される考察のため、いくつかの問題点を確認する作業を行ないたい。

「大学改革」と「国立大学法人化」

一九九〇年代の大学ではつねに「改革」が唱えられてきた。時代の空気の中で、国立大学は閉ざされた旧態依然とした組織であるがゆえに何が何でも変わらなければならない、という気運が高まっていた。この背景にあったのは、まず中曽根政権時代の**教育臨調**時代から始まる戦後教育体制の解体的再編成の流れであり、それから行政改革としての公共部門解体の流れである。並行して科学技術行政も転機を迎えており、例えば一九九五年には**科学技術基本計画法**が制定され、翌年には第一期科学技術基本計画（平成八年度〜一二年度）が実施されている。不況のなかで資本投資の拡大による研究開発の活性化と産業促進を図ろうとした政策が、人材育成に不可欠な大学へ熱い眼差しを注いでいたのは言うまでもないであろう。

大学に関しては一九八七年に発足した旧文部省の**大学審議会**主導で議論が進められていたが、とりわけ一九九一年の答申で提唱された「**大学設置基準の大綱化**」とその法制化以後、「大学改革」が本格化したといわれる。基本的な趣旨は、内容に一定の基準が設けられていた大学教育に対して、カリキュラム編成等の自由化を行なおうとしたことにあり、従来の科目編成としてもうけられていた「一般教育科目」「専門教育科目」等の区分規定が廃止された。これを受けて各大学で**教養部の解体**が行なわれ、いわばリストラの危機を迎えた旧教養部関係者が一斉に「学際性」を売りにした新研究科・新学部を建設するという事態が生じた。さらに、これらと並行して特定大学の「**大学院重点化**」政策も進められ、従来想定されていた「学術研究の高度化と研究者養成機能」に加え、「高度専門職業人の養成機能・社会人の再教育機能」を備えた場、すなわち、労働力再生産の場としても位置づけられていくことになる。そして一九九八年、文部大臣の諮問により「大学改革」を総括するべく出された「**二十一世紀の大学像と今後の改革方策について――競争的環境の中で個性が輝く大学**」という題目の〈中間まとめ〉および答申により、それまでの流れが目指していた方向が鮮明になる。この印象的な題目とともに答申が謳っていたのは基本的に以下のことであった。まず、現代の日本は国際的な大競争時代に突入しているとの認識を確認し、そこで日本企業が国際的経済競争に勝ち抜くための企業経営戦略見直しに際して、大学・大学院が人材育成およびイノベーションの中核として機能しうるよう動員されることが必要不可欠だ、というのである。また、終身雇用制が解体した労働市場における大学の役割としては、人材育成だけでなく増大し続ける余剰労働力を吸収し、商品価値をつけて再生産するといういわば失業対策の一端を担うことも期待された。大学改革の議論と科学技術政策との絡みはここでますます濃厚になっていく。二〇〇一年からは第二期科学技術基本計画（平成一三年度～一七年度）が始動したが、貫かれている精神は大学改革へのそれと一貫していた。すなわち、「世界最高水準」の科学技術研究を可能にするセンターとして大学は戦略的に再構築されねばならず、特に成果の有効的活用のため、国立大学教員の兼業禁止など「産学協同」を妨げる旧来的なシステムは解体されねばならないという認識である。

大学の独立行政法人化という問題が最初に浮上したのは橋本政権下の行財政改革があった一九九七年のことである。当初文部省はそれに難色を示し反対していた。だが、一九九九年九月には一転して賛成に転じ、その結果「独立行政法人化」は九〇年以後の「大学改革」の流れに、あたかも自然な流れであるかのように挿入されることになった。そして二〇〇一年、懸念の大きかった通則法の国立大学適用に対して、「**国立大学法人**」という概念により収集を図ることになったのである。同年九月にそのための中間報告が、**二〇〇三年三月**にはついに**法案が提出**された。

だが実際には「国立大学法人」制度は独立行政法人制度とさほど隔たったものではなく、むしろこれまでの経緯を批判的に注視していた側からすれば、ほとんど大学を営利法人に改変するに等しい内容を含んでいるといえよう。例えば、学外役員を含む少人数の役員会による意思決定機構が法的に定められ、教職員は「非公務員化」されることが明示された。これは、公務員の兼業禁止事項や年功序列的給与体系など、硬直化した人事体制を見直すという意味はあるが、ホワイトカラーにおける裁量労働制の導入、能力給の拡大を可能にする、という内容を見る限り、より一層の労働強化を促すおそれを孕んでいる。また、基礎科学や人文科学など短期的な営利目標にはそぐわない分野の研究者から常勤終身職を実質上奪うことになり、学問にとって不毛な結果を生むのではないかとの懸念も大きい。

もう一つ大きな批判を呼んでいるのは、大学が六年ごとに文部科学大臣の定める中期目標をもとに中期計画を設定し、期間の終わりには外部評価機関である「**国立大学法人評価委員会**」により達成度の評価を受ける、という項目である。一応国立大学法人の特質を配慮するという意味合いで、中期目標の原案は各大学が提示できること、および大臣の側が大学に配慮する義務等の必要性にふれられているが、最終的な目標の決定権を文部科学大臣が掌握しているという事態は通則法の内容と変わっていないのである。また、達成度評価について、評価主体となる「国立大学法人評価委員会」の委員選抜方法に対する配慮が現段階で見受けられないのも懸念を呼ぶ点である。関与する評価機関の選抜が官の主導で行なわれるとすれば、「外部」機関といえど有名無実化する恐れがあろう。また、**評価結果の公表**は明示されているが、**評価基準の公表**に関しては一切触れられていない。例えばイギリスのエージェンシー制度では、行政側の目標や評価の方法を公開するなど市民の側が省庁の行動を牽制しうる仕組みが備わっているのであるが、同様の配慮を期待することは出来ないのであろうか。

予算についても、国が現状のまま六割程度は出資し民営化のような**独立採算性**を求めることはないとされているが、例えば、二〇〇一年六月時点で経済財政諮問会議に対し提示された「大学（国立大学）の構造改革の方針」及び「大学を起点とする日本経済活性化のための構造改革プラン」によれば、「評価に基づく競争原理の徹底」により競争的資金を五年間かけて倍増させるとある。これは大学全体に対する資金投下の増大によってなされるのか、それとも他の「非生産的」な分野からの資金引き上げと連動しているのであろうか。(2) このようにさまざまな疑問は尽きない。

果てしなき「競争」と「卓越性」の言説

二十一世紀に入った現在、九〇年代初頭に動き出した「大学改革」から「国立大学法人化」までの一連の流れについて、当時は断片的な点としてしか捉えられていなかった事象が次第に線を結び、相互の連関性を伴ったイメージとして我々の目の前に浮かび上がってきている。詳細を展開するのは後の議論に任せるとして、ここでは個々の事象の背景にあった大きな流れについて二組のキーワードを提示しておきたい。

一組目は「**グローバリゼーション**」およびそれを根拠づけ、正統化する言説を生産してきた「**ネオ・リベラリズム**」（新自由主義）の思潮である。多くの論者が既に繰り返してきた通り、大学改革の流れは中等教育以下の教育改革とも合わせて、いわゆるグローバリゼーションと見事に歩調を合わせてきた。これを支えるネオ・リベラリズムの言説とは、非常におおざっぱに言うならば、全てを市場にゆだね市場の論理により再構築せよ、という原理に尽きる。この言説においては市場原理に乗らない不採算部門は人であれ組織であれ病巣として解釈されてしまう。ここで「病気」の処方箋となるのはただ一つ、その部門に対する「競争原理の導入」、もしくは部門自体の「切り捨て」なのである。

教育という分野は従来ならば市場原理に馴染みにくいものとされ、資本主義市場とは切り離された形でとらえられてきた。歴史的に見れば近代国民国家の役割とはまず、自由競争の行なわれる市場に対し、教育や福祉など市場では採算性の低い領域を引き受けることにあった。いわゆる**近代福祉国家**の誕生である。しかし英国のサッチャー政権以後顕著に現れたように、七〇年代後半以後そうした近代国家の形態が崩れ、国家機構は権威主義的で市場の自由を阻害する時代遅れの装置という烙印を押され、批判の的となっていく。そして規制緩和という名のもと、かつて国家が担うべきとされていた機能、社会保障や福祉、教育などといった分野が市場の論理によって解体され再構築されるという事態が生じるのである。したがって、「国立大学法人化」により大学が直面しているのはまさにこの解体へのプロセスであり、そこからの「再構築」が何を意味するのかを我々はまだ知らない。

二組目のキーワードとなるのが、「**競争**」そして「**卓越**」（エクセレンス）である。我々は、九八年大学答申の鮮やかなタイトル以来「大競争時代の大学」というテーマが繰り返されるのを見てきた。それによると、二十一世紀の世界では国際レベルでの激しい競争があり、国内市場でも能力に応じた絶え間ない競争が展開されることになるのだという。では、一体何が競争の獲得目標となっているのか。その「模範解答」は、まず国際市場に対する人材供給や資金供給において日本のプレステージを保つこと、それから自然科学・技術の開発・研究において業績を残し、それをさらに国際市場を制するような産業発展に結びつけること、などであろう。現にさまざまな産業統計が、とくに米国を意識しつつ、日本の敗北への危機感を込めて「魅力に欠けた日本の教育および研究市場」を証明するために用いられている。この事態を打開するため競争のために大学に期待されている役割は、経済界の用語を借りるとすれば、大学が「イノベーションを生み出す社会システムの中核」となること、「産業人材供給システム」の機能を果たすこと、などとなろう。

そこで、大学がそのようなものとして現実に機能しているかを評価する基準として出現するのが「卓越」、とくに「卓越の拠点」、すなわちセンター・オブ・エクセレンス（COE）の概念である。競争の中で「卓越」とみなされること、それが人々の獲得目標として設定されるのである。「行政法人」同様、「卓越」も欧米における概念をそのまま移入したものであるが、日本においてはとりわけ、さしたる深い認識もなく空虚に使われているという印象を与える。大学改革に関連するものとして記憶に新しいのは悪名高い「**トップ三〇**」騒動であろう。この「トップ三〇」は「分野ごとに卓越した三〇大学を選抜」するということで**二〇〇一年六月**頃浮上した。三〇という唐突な数字には方々からその妥当性を巡って懸念の声があがり、特に、予算配分の際には厳然と存在していたとされる、**旧七帝大**を頂点とする**ヒエラルキーの再固定化**、制度化の口実にされるのではないかとの憶測を呼びもした。結局、数字にはさほどの根拠は無く、文科省も一一月には「三〇という数字はあくまでもシンボリックな意味合いのもの」で、決して大学のランク付けを行なうものではないと明言し、二〇〇二年一月には「**二十一世紀COEプログラム**」という表現が「トップ三〇」に取って代わった。(3) 実際のところ、最初の騒動の割には見込まれる予算額も少なく、他の科学技術研究費部門と比較してさほど重要なものではなかった。ただ、恣意的に設定された数値が一人歩きし、大学の統廃合とも関連するような**国による「格付け」**という不安と疑心暗鬼を関係者に煽ったのである。

そして、現在のところ、「卓越」の名と資金が実際に投下されているのは、旧帝大など、既に暗黙の内に高い社会的地位を与えられていた拠点における研究がほとんどである。(4) とりわけバイオテクノロジー、IT、等々まずは経済的効果の見込めそうな分野には、当然ながら手厚い資金が投下された。いずれにせよ、潤沢な資金は高い確率で、生産性の高い研究・開発をもたらすことになるであろう。その成果によりさらなる「卓越」がもたらされる。このように「卓越」は専ら、かつて暗黙の了解という次元に留まっていたヒエラルキーに名を与えて正当化し、固定化することに貢献している。その結果、経済的強者の中で正の循環サイクルが生じ、その環から外れたものは消えていくことになる。これは、長期的な視野をもたずに既存の価値観を再生産し続けるだけで、当面のあいだ高い経済効果が得られるという可能性をも示唆している。「卓越の拠点」を選び出す際の評価基準が公表されていない現状が続く限り、この懸念は消えることがないであろう。国民の福祉のため不採算部門を敢えて引き受けるという、「重たすぎる」役割などはもはや担いたがらない国家のもとで行なわれるこれらの資金獲得競争は、学問全体にとって果たしていかなる効果を生むのだろうか。

そして大学はどこへ

ここで九〇年代以降の一連の流れを踏まえて大学の問題を考えるに当たり、我々が危機感をもって捉えなければならない現実が鮮明になってくる。それは、市場の呼び声に応答出来るか否かをめぐる空疎な言説に振り回されてしまうほど、大学が固有の言説を生み出せない**一体性を欠いた状況**に陥っているという事実である。では、このまま大学は分裂してしまえばいいのであろうか。早急な答えを出す前にいまここで必要なのは、地道な学問的検証により日本の高等教育政策が内包する諸問題を明るみに出す作業であろう――空虚で口当たりのいいキャッチフレーズに踊らされないためにも。

（隠岐さや香）

注

（1） ただし、イギリスの場合は行政の主たる業務をアウトソーシングしたわけであり、日本のように国立研究所や博物館、美術館など、いわば枝葉末節にあたる機関を主たる対象にしたのとは異なっている。日本で実現した独立行政法人一覧は次を参照。http://www.soumu.go.jp/kansatu/itiran.htm.

（2） 現在のところ、二十一世紀ＣＯＥなど競争的資金に区分される資金投下の増加は確実である。その一方で、法人化すれば、従来では頭割りされていた定額分の校費が（教官等積算校費など）学長裁量に委ねられることになる。従ってこの状況により大きな影響を被る分野が出ても不思議はない。

（3） 共同通信は「作成にかかわった文科省幹部は『全国の大学の五％ぐらいという感覚。一〇％では多いし、三％では競争にならない』と、明確な基準があったわけではない舞台裏を明かした」と報じている。共同通信 2001.07.07 http://www.kyodo.co.jp/17kyodo/number10/newsdigest.html

（4） 同年一〇月二日に最初の審査結果が公表された。国公私立一六三大学の四六四件の申請から、**五〇大学の一一三件**が選ばれた。国立大が七割を占め、東京大、京都大など旧七帝大が四割を超えた。一一三件のうち国立大は八四件で申請数に対する採択数の割合は二九％。私立大は二五件で一七％と低かった。大学別は東京大、京都大がそれぞれ一一件と最も多い。私大は早稲田大、慶應大が各五件。

文献

■一次資料

文部科学省答申や各種審議に関する資料は全て文部科学省のホームページ http://www.mext.go.jp/において入手することが出来る。

イギリスの市民憲章のページ。http://www.servicefirst.gov.uk/index/list.htm

■主な二次文献

○大学改革について

青木昌彦・澤昭裕・大東道郎（2001）『通産研究レビュー』編集委員会編『大学改革――課題と争点』東洋経済新報社。

岡村達雄（1985）「臨教審と大学再編の現在」『インパクション37』インパクト出版会、所収。

古藤晃（2001）「漂流する『大学改革』論議」『別冊　環② 大学革命』藤原書店、所収。

全国大学高専教職員組合編（2001）『国立大学の改革と展望――独立行政法人化への対抗軸』日本評論社。

藤原書店編集部編（1993）『大学改革とは何か――大学人からの報告と提言』藤原書店。

藤原書店編集部編（1995）『大学改革最前線――改革現場と授業現場』藤原書店。

山根伸洋（1999）「臨教審以降の〈大学再編〉過程が指し示すもの――地域社会の再編の統合過程にみる大学の社会的再配置戦

略」『現代思想』、vol. 27-2、六月号。

ビル・レディングズ（2000）『廃墟の中の大学』青木健・斉藤信平訳、法政大学出版局、第二章（Bill Readings, *The University in Ruins*, Harvard University Press, 1996, ch.2)。

○新自由主義について

酒井隆史（2000）『自由論——現在性の系譜学』青土社。
ピエール・ブルデュー（2000）『市場独裁主義批判』加藤晴久訳、藤原書店。

＊　なお、本章の作成において、榎木英介氏（神戸大学、研究問題メーリングリスト<http://researchml.org/>主催者）及び春日匠氏（京都大学）に有益なご指摘を頂いた。ここに改めて感謝したい。

日本型「評価」定着の困難——加熱する大学教員の競争は制御可能か？

　このところ、年功制に代わって多くの企業に**成果主義賃金制度**が相次いで導入される一方で、その見直しの動きが進んでいる。一九九三年に他社に先駆けてこの制度を採用した富士通が、導入八年目にして「短期的な目標ばかりでヒット商品が生まれない」と方針転換した例は象徴的である。社員の成果を評価するという実績・成果を欠いていたために、評価の不透明さや不公正さが広がり、社員のやる気と結束力を失わせるという矛盾が露呈している。今後の大学改革においても評価による差別的処遇は不可避と見られるだけに、産業界の先駆的「失敗」から学ぶ点は多いであろうと思われる。

　ひるがえって高等教育界においては、より客観的な外部評価を行なう第三者機関の必要性から、二〇〇〇年に政府が「学位授与機構」を「**大学評価・学位授与機構**」に改組し、大学等の評価に関わる事業に取り組んでいる。今後はさらに、国立大学法人化に伴う評価委員会、私学関係の機関別評価機関、専門分野別の評価機関などが設立される予定だという。信頼ある評価の確立が最大の鍵になっている中で、純増された定員と予算によって優秀なスタッフが動員され、「多元的な評価システム」作りに向けた専門的英知が結集されようとしている。そうであるがゆえに、これらの機関は評価の客観性確保を目指すのみならず、一種の象徴的権威として認識される存在にもなりかねない危険性もはらんでいる。

　目下のところ、その影響力を最もまともに被っているのは、各大学の学長であろう。学長のリーダーシップが強調される中、**学長裁量経費**や**私立大学補助金**の分配をめぐって、毎年一喜一憂のしのぎを削っている。加えて、小泉改革の下での「二十一世紀ＣＯＥプログラム（トップ三〇構想）」は、採択基準の不明瞭さが問題にされながらも、多くの大学が自らの威信をかけて関心を示すにいたった。従来の自己点検・評価に加えて、特色ある教育研究を推進し、各テーマ・分野の評価項目をクリアし、さらにはスキャンダルや入試ミスも許すことができない。このような傾向に対して、国公私立の各種協会・団体・組合からは度重なる意見や要望が出されているものの、全面的な反対運動にまで発展するにいたらず、問題点を指摘しながらも概ね協力の姿勢をとっているのが実情である。

　協力を示すかぎりには、規定の評価基準にもとづいたレースが始まる。おそらくは政府の方針を従順に受け入れている大学ほど、内部の教員（および教授会）に圧力を高めていかざるをえない。その姿は、**外部評価の数値的指標**に翻弄された上意下達となって、過剰適応に映ることも少なくない。シラバスや自己評価報告書の作成はもちろん、学長裁量の研究プロジェクト、地域社会や産業界との連携、入学志願者獲得のための広報活動、国際交流活動の推進などは、およそどの大学でも取り組んでいる活動になっている。もちろん、これらの活動は、説明責任の観点からは当然果たすべき内容のものである。しかし、それが個々の教員の評価（および資金配分）と一体になって実施されることになれば、その性格が一変してしまう危険性がある。つまり、各教員の内発的モチベーションから離れて、評価のための「点数稼ぎ」自体が目的になってしまうことによる転倒である。じっさい、本人の教育研究活動とは別に、**集客学生数**、**卒業論文指導数**、**就職者数**などが評価の基準になって、大学教員の選別が進むのではないかと危惧して、学生の獲得や就職・生活指導に神経質になっている者もしばしば見られる。

　これは少し以前までの受験競争を想起させるものと同型である。最近の当の学生たちは、一八歳人口の減少と「ゆとり教育」の恩恵を受けて無理な努力をしなくなってしまったが、いまなお最も受験競争的価値観に囚われているのは、他ならぬ大学教員なのかもしれない。入学者減に伴う財務環境の悪化と研究費や給与の節減が予想される中で、とにかく認定基準を満たすことが生き残りの条件となるような状況になりつつある。「背に腹は代えられぬ」と言わんばかりのゼロサム競争の強迫観念と不安が、大学改革に向けた議論に絶えずつきまとっている。そのような状況の中で、研究・教育・社会貢献面ともに「個性が輝く」成果をあげられる教員は、むしろ希有な部類に入るだろう（そういう人材は海外流出する可能性が高いかもしれない）。大多数の「凡庸な」国内教員にとっては、本末転倒の点数争いに巻き込まれて、教育研究の自発的向上をもたらす切磋琢磨を奪いとる結果になりかねない。

　大学教員が外在の象徴的権威に従属した競争主義に翻弄されるとすれば、それは高等教育の「**場＝界**（champ）」**としての自律性**の脆弱さを表している（コラム「P・ブルデューの社会学と大学界の改革」参照）。日本の高等教育の大半を私学に依存し、国立大学も実学系が中心になっている構造は、当初から高い自律性を有しているわけではなかった。その傾向は、市場化と規制緩和を盾に競争原理を主張するネオ・リベラリズムの台頭によって一層加速されつつある。「社会貢献度」、「産業貢献度」という指標によって求められるのは、経済界や政府との自立した連携であるが、現実には資金獲得のために従属に流れる危険性は大いにある。着実な研究業績によってではなく、時流に迎合して「要領よく」予算を獲得することを、暗黙の了解にするような圧力が働いている。しかし、外部資金の多寡によって、従来のピア・レビューによる評価が軽視されることがあってはならない。資金面による管理統制が進めば、教育研究の画一化と形骸化を免れることはできない。

「改革」の掛け声の下で野放図になっている、なりふり構わぬ競争主義と要領主義の跋扈をいかに制御し、乗り越えていくことができるかという点に、日本型「評価」を定着に導くための成否がかかっていると考える。

（大前敦巳）

「大学改革論」批判の視座

——高等教育の歴史的構造とグローバル化時代における役割をどうとらえるか？——

高等教育研究から「大学改革論」へ——ポスト六八年のアカデミズム

前節では、文部科学省など政策当局が主導する現在の日本の高等教育政策の背景とそれが目指そうとする方向性について批判的に検討してきた。本節ではさらに進んで以下のことを批判的に検討したい。現在の日本の状況の中で政策当局の提起している方向性、あるいは、個別の大学でさまざまな「改革案」が提案される際の前提となる認識、そしてこれらを支え、議論に体系性を与える、アカデミズム内部から提起されている大学改革論と、その前提となっている認識、である。

日本においても、戦後改革によって新制大学が発足して以来、常に大学改革をめぐって議論がなされてきた。とりわけ、一九六八年の世界的な大学反乱を前後して、エリート主義的なアカデミズムを軸とする高等教育のあり方に対して、さまざまに疑問が投げかけられ、改革の方向が模索されてきた。六八年を直接の契機とした改革の試みは、世界的にもあるいは日本においても、必ずしも新しい大学あるいは高等教育の在り方を確立しえたわけではない。しかし、この時期以降、教育史や科学史、教育社会学あるいはより広く、社会運動研究や文化研究、社会史や経済史、思想史等の領域も含めて、高等教育のあり方とそれらの諸領域の関わり、あるいはそれらの諸領域の研究を踏まえて高等教育の歴史と在り方を考え直す学的な試みが、広範に展開していった。

八〇年代、日本においてはとりわけその後半以降、強まってきた現実の大学改革の流れは、一方では前節で分析したような、経済状況とそれに対する政治的権力の側からの対応によって水路付けられている。しかし他方で、現在の改革の流れは、単に経済的なあるいは政治的な権力の側からの大学への圧力としてのみ考えては決定的に不十分である。そうではなくて、現在の大学改革の論議を特徴付けているのは、前述のような、**アカデミズムにおける高等教育研究**をバックグラウンドとして、それらの研究の担い手であった人々が、改革の流れに実際に参加していくことによって、改革の動きそのものが成立しているという点である。この事態に注目する必要がある。

それゆえそこでは、これまでの高等教育のあり方の問題点や、大学やその他の高等教育機関が果してきた歴史的役割等への認識が、かなりの程度踏まえられている。つまり、現在の主流の大学改革論には、大学・高等教育に対する固有の考え方があり、その考え方は、かなりの程度、教育社会学研究や歴史研究などによって体系的に基礎付けられているということである。もちろん、私たちは、現状認識や改革の方向性をめぐって個別の論点については、これらの改革論と一致賛同できる部分もある。しかし、むしろそうであるからこそ、私たちは、これらの改革論に対して、私たちの大学と高等教育に関する認識の根本的な部分での違いについても明らかにしなければならないと考えている。これは、大学の理念をめぐる抽象的な議論につきることはない。それだけでなく、高等教育の社会的機能や歴史的役割、今後の高等教育の目指すべき在り方と方向性等について、いいかえれば、大学・高等教育と現実社会の諸問題との関わりそのものについて、批判的な視点を体系的に示す必要がある。もちろん、第Ⅰ部を構成する論文全体をもってしても、それら全ての点について、十分な議論を展開できているわけではないが、出発点としての問題提起を行ないたい。

高等教育の大衆化状況をどうとらえるべきか？――教育社会学研究の諸前提と「大学改革論」

以上のような視点から、本節では、高等教育に関する直接的な国家政策に対しては、相対的に自律的な、アカデミックな高等教育研究や教育社会学研究を前提とする、大学改革論を検討することを試みたい。もちろん、現在のアカデミズム研究者による提言などは、文部科学省の改革方針について、具体的な批判も提起しており、私たちが参照すべき点も少なくない。また個々の論点については一致する点も多い。しかし、前節で述べたように、「改革」を提起する際の前提となる、高等教育観や歴史的な構造をどのような角度から分析しようとするのかといった点において私たちとの差異を明らかにする必要があると考えている。もちろん、現在のアカデミズム内部からの「改革論」は、特定の方法論や理論に基づくものとして積極的に示されているわけではない。しかし、教育社会学あるいは高等教育研究の分野からの改革論は、基本的には、機能主義的な教育社会学(1)のスタンスを継承しているものであるということができる。

文部科学省だけでなくあらゆる立場からの議論は、大学が時代の変化に対応しなければならないという点を強調する。しかし機能主義社会学の立場においては、高等教育の果たすべき機能が、時代状況に応じて変わっていくことは、むしろまったく想定されていない。かつて、機能主義的な教育社会学は、高等教育の機能を、社会の中で相対的に希少な資源である、威信ある地位をメリットに応じて配分するものであると説明した。この場合、高等教育の本質的機能は、教育ではなくて、まさに**選抜**にあることになる。このような社会学的な議論が、序列化された階層的な支配‐被支配関係からなる既存の社会秩序をメリットによる選抜という建前の下に、合理化、正当化、正統化する議論であることは、明らかであろう。

そして現在のように、政策当局が社会的な「強者の側」の利益を擁護する姿勢をもちつづけている状況下において、そのような政策当局が期待する、高等教育の果たすべき機能もまた、まさにこのようなものであろう。そしてその立場から、前節において詳細に議論したように、政策当局は高等教育におけるさまざまなセクターや大学などに対して、支配者の側の期待する機能を、政策という規制力を動員しつつ、文字通り上から割り振っていこうとする。あるいはアカデミックな高等教育論は、自らの象徴的な力を及ぼすことによって、以上のような政策的な押しつけの前提となる理論的な割り振りと押しつけを可能にしているということもできよう。しかし、この期待する機能の割り振りは、各セクター・各学校等に対する、差別的な諸条件の一方的な押しつけにならざるをえない。選別され、割り振られる側の論理は、まったく考慮されないし、差別化されるセクター間、学校間の相互の関係もまったく考慮されないのである。したがって、支配者の側の利益追求のみに立脚するこのような論理によっては、高等教育システムの全体が社会に対してもちうる共通の意義をとらえることは、けっしてできないのである。

あるいは、同年齢人口比の高等教育進学率一五%までをエリート段階、五〇%までをマス段階、それを越えるのをユニヴァーサル段階とする、マーチン・トロウの議論を援用して、発展段階に応じた大学教育の改革が必要であるとする改革論が位置づけられる。(2)

しかし、次節で検討する論点を若干先取りすれば、この議論には、そのような高等教育の量的拡大によって、新たにどのような教育が可能になり、どのような社会が可能になるのかという点についての関心は存在していない。それゆえ次のように指摘することが可能になるだろう。大衆化した大学教員という、もはや「エリート」でありえないはずのものたちが、かつてのエリートと同様の特権を主張することに対する反発がその発想の根底にある。このような問題意識は、かつての**エリート**のみに保障されていた特権が脅かされることに対する、危機意識に他ならない。

そしてこのような発想に基づくとき、歴史研究によって得られた知見も、高等教育の発展を構想するために批判的に活用されるのではなくて、むしろ自分たち自身が維持したいと考えている枠組みを正当化する根拠を歴史の中に求めることになる。それゆえ、たとえば、特定の歴史的な時点において見られる、官学‐私学あるいは帝大‐非帝大という序列化された対立構造を、超歴史的に再発見してしまうのである。(3) そして、特権を許されている一部のものと非特権者という区別を作り出している構造を、ひるがえって同時代的な現実の分析の際にも投影してしまうのである。

ほとんどの「改革論」は、一方ではエリート主義的な教育、あるいは研究におけるエクセレンスを、グローバルな競争的環境におかれるべきもの、またその競争的環境の中で生き残るべきものとして維持・強化することを望んでいる。しかし他方で、「大衆化」への適応という名の下に、あるいは場合によっては、「新たな教育の受け手の要求に応じる」というポピュリズム的な表現さえ用いつつ、大学教育という名の下に、これまでの大学教育とは異なるものを、「新たな受け手たち」に対して提供しようとしている。これは、高等教育システムのかつての状態においては、システムの外部へと排除されていた人々を、形式的にはシステムの内部に包摂しつつ、(多様化の名の下に) 教育の内容あるいはその目的において格差をつけ、**内部において排除**しようとし続けるものに他ならない。

それゆえ、このような改革の方向性において排除されている可能性は、特権として囲い込まれていた知識を広範な人々に解放していき、他方では、そのような広範な人々が関わっていくことによって、学問と大学が変革されていくという可能性なのである。

大学の変革を阻むもの——大学教員のリアリティとしての序列構造

以上のような発想は、大学教育のエリート教育としての位置付けと「高等教育の大衆化」という現実とを、対立的に捉えている。しかしこのような考え方は、単に機能主義的な教育社会学の明示化されない価値前提であったり、あるいは文部官僚のテクノクラート的姿勢のみに支えられているわけではない。そうではなくてむしろ、日本の大学教員自身が日々生きているリアリティに枠組みを与えている知覚図式こそが、この対立図式と合致しているということを指摘する必要がある。むしろこの図式は、多くの教員たち自身に根深く身体化されているとさえいうことができるだろう。具体的には、まず何よりも、先に指摘した官学‐私学あるいは帝大‐非帝大という序列化された対立構造である。

大学教員が、抗しがたい力で自己をも序列化している構造を、受け入れてしまっているのは、このヒエラルキー化された構造と大学教員のアイデンティティが、微妙な関係にあるからである。序列構造が与える直接的な自己の位置（現に〇〇大学の教員であるということ）とその序列構造の中で自己が受け取ることのできる利益（あるいは将来において予測される利益）は、実は相対的には区別されなければならない論理によって成立している。大学教員は、序列化された構造をもった高等教育システム（大学界）の存在に支えられた社会的威信をもっている。そしてこの序列化された構造の中で、一人の教員はある特定の大学に所属している。彼または彼女は、ある特定の大学の教員であることによって始めて、大学教員という地位を持ったもの、大学界の構成員になることができる。つまり、大学教員は、ある特定の大学の教員であることによって、地位とそれに伴う便益をえているのだが、彼または彼女が得ようとする目的となるものは、特定の大学の教員であるという個別具体的な利益では必ずしもない。大学教員であろうとするものが得ようとするのは、**界において普遍的な便益**である。しかし、個々の大学の教員であるという、それを獲得するための具体的な機会は、（第2章で詳しく述べるように）極めて不平等な形で構造化されている。

　それゆえ、大学教員の主観的なアイデンティティとその立場にふさわしいものとして彼または彼女が主観的に欲求する便益の水準と、彼または彼女がその時点においておかれている客観的な位置およびその位置から得られる便益には、ギャップがあることが多い。にもかかわらず、彼または彼女のアイデンティティは、序列上の位置の高い部分にいる人々が享受している威信や便益を自分自身もまた持つ資格があると考えるところに成立しているのである。

　つまり、大学教員という存在は、彼または彼女が所属する大学の序列化された構造の中での位置によって間接的に序列化されている。にもかかわらず、**大学教員のアイデンティティは、その序列の頂点に置かれる人々がモデルとなって、それに適合的なものとして構成されている**。しかも、そのアイデンティティは、序列上の位置に関わりなく、多くの大学教員に共有されている。つまり、大学教員は所属大学を媒介とした自己の客観的な序列上の位置に対して間接化された形で、あるいはもっといえば、それを否認してアイデンティティを持つことが可能であるし、また持とうとするのである。

　たとえば、大学教員の第一次的な帰属意識は、多くの場合は、自分自身がその時点で所属している大学にあるわけでは必ずしもない。研究者としてなんらかの形で関わる公式、非公式な研究者集団、あるいは人によっては、論壇等のメディアを媒介として成立する場が、自己定義を与え、ロイヤリティを要求する関係性として存在する。しかし、実は、そのような共同性（学会等）の中でのヒエラルキーと、制度的な基盤の上に社会的に付与されている所属大学の社会的序列付けは(4)、時にはズレもはらみつつ、重なり合って大学教員の「アイデンティティ」を形成している。それゆえ、一方では、その序列構造から（たとえば学生とは異なって）自分自身は相対的に自由であると意識しつつ、他方ではそれが自己の利益に関わることであるということは、強烈に意識しているのである。

自らがおかれた**客観的な位置を否認**すること（自分が所属する大学の「レベルの低さ」を嘆くことは、大学教員の日常的な愚痴のネタである。彼ら彼女らはそれを口にすることによって、自分が本来所属すべき大学は、序列上の位置がもっと上にある大学であるということをいうのである）が、自己のアイデンティティを主観的に構成するための契機になってしまっているのである。このような構造の中では、自己と自己の置かれた客観的な位置についての明晰かつ真の意味で実践的な対象化・認識は、成立困難である。

その結果として、これまでの大学改革論をめぐる議論は、以下の二つの選択肢のあいだの二者択一として突き付けられてしまっているのである。一方は、教員の主観的アイデンティティに適合的なさまざまな「特権」を維持するために、（自分たちが行なっている教育がいかなる意味で学生にとって意義あるものでありうるのかという問を欠いたまま）小手先の「募集対策」で学生をいかに集めるのかというものである。また、他方は、教員の主観的な特権意識の時代遅れと「分不相応」をあげつらい、「現実」に対応した水準にまで、多くの大学教員の地位と待遇あるいは職業そのものの位置付けを切り下げるというものである。

それゆえ、大学教員が大学の問題を考える際に、このような図式から自由に議論を組み立てていくことは極めて困難である。[5] そしてその結果、教員組合など日本の大学における批判的な勢力も、支配者の側の論理によって押しつけられる差別化された役割を前提とせざるをえず、そして、そこで割り振られた構造的な位置から主張しうる利益を主張する運動に、ほとんどの場合押し込められてしまってきていた。

現在進行している、国立大学の独立行政法人化に反対する運動が、ほとんど失速を余儀なくされている前提としては、この問題がある。現在の状況の中では、独立行政法人化に反対する運動は、各セクターに所属する人々の利害に訴えるという以外には、中心となる主張を組み立てることが困難である。[6] しかし、人々が日常感じている利害に訴えるのみでは、批判的な運動を組織するには十分ではない。批判的なあるいは良心的な人々ほど、自分たち自身の利害のみに立脚する発想の限界を感じているからである。支配者側の論理に従って設定されている対立図式の中で、各セクターに分断された利害が形成されてしまっている。このとき、多少なりとも良心的な大学教員には、政治的な判断に基づき、あえてコーポラティスト的な主張を掲げる運動に参加するか、それを潔しとしないのであれば、部分的には積極的なものであっても、全体としての流れに抵抗することはできない、現場での「改革努力」に（良心的であればこそなおさら熱心に）身を投じるか以外の選択肢がないのである。

近代的高等教育の意義——高等教育研究における歴史認識の問題

日本の大学教員がおかれた以上の様な状況を対象化するためには、歴史的に形成された日本の高等教育の構造をどのように認識するのかについて、根本的に捉えかえす必要がある。高等教育について議論する際の歴史認識を問う必要がある。歴史研究が、現在の我々に自明な対立図式等の自明性を疑問に付す役割を果しているのか、そのような対立図式を歴史貫通的なものとして再発見し、我々にとっての先入見を強化・正当化するものとなっているのかを問わねばならない。

日本における高等教育の歴史は、これまでと異なったあり方でたどり直すことが可能であるし、またそうすることが必要になるだろう。[7] 確かに、日本における近代大学制度の確立の上での画期は、周知のごとく**一八七七年の東京大学の発足**を経て、一八八六年の帝国大学（後の東京帝国大学、現在の東京大学）の設立であった。**帝国大学令**は、帝国大学の目的を「国家ノ須要ニ応ズル」と規定していた。また、戦前期の日本において、エリート官僚の選抜システムとしてあった高等文官任用試験において、東京帝国大学は、法学部（法科大学）教授が試験委員の多数を占める点や、帝国大学出身以外の学生に課される予備試験の負担の過重さ等の点で、差別的といっても過言ではない特権的な位置を占めていた。[8] ついで、**一九一七年の大学令**によって、帝国大学に準ずる位置付けをもった大学へと順次昇格していった官立の工業学校、高等商業学校等の専門学校があった。これらの官立の専門学校は、明確な政策的位置付けをもって設立されていた。

私学セクターには、慶應義塾や早稲田大学に代表されるように、官学セクターに匹敵する歴史をもっている私立大学も含まれる。しかし、国家によっては、私学セクターは、あくまで官学セクターを補完する位置づけしか与えられることはなかった。しかし、国家セクターと私的セクターの並存の問題を、国家によって押しつけられたヴィジョンを受け容れて、私学セクターによる官学セクターへの従属と考え、しかもその構造を、結局はつねに再生産され続ける日本的特殊性として、把握してしまうのではまったく不十分である。

たとえば、フランスの教育システムにおいて国家セクターが圧倒的な比重を占めているのは、近代フランス史においては教育は、近代国家が旧体制と戦うための手段であり、土俵であったからである。これに対して、「外圧」によって近代化を開始した日本においては、程度の差はあれ、社会のあらゆる領域の資源が近代化に向けて動員されざるをえなかった。それゆえ、一方では急速な近代化が可能になるとともに、他方では、旧秩序を部分的に維持し、利用しつつ近代化が進められたのである。

この中で、**民間セクターの意義**は積極的に位置付けられるべき要素をもっている。近代化の過程において、非国家セクターは、一方では旧秩序が存続する領域であったかもしれない。しかし、他方では、「外圧」によって近代化が開始された時点で、既にかなりの程度自生的な近代化の条件を作り出していたがゆえに、国家主導の近代化の過程に対して、時に先行するという水準も含めて、補完的な役割を果たすことが可能になったのではないかと考えられるのである。そして国家主導の近代化そのものも、このような非国家セクターが果たした独自の役割がなければ、ありえなかったはずである。これは、後発的な近代化の過程を、単に西欧と比較してのみ論じるのではなく、植民地化されることによって下からの近代化の可能性を一切破壊された諸国の経験と比較しつつ、研究することによって明らかにしなければならない課題であろう。

したがって、戦後の学制改革によっても、官学による私学に対する支配という二重構造は変わっていないといった、一見正当な認識も、いかなる意味でその構造に注目しようとするのかを問う必要がある。あるいは、旧制高校や師範学校など戦前においては大学の中には含まれていなかった旧制のさまざまな官立教育機関を統合した**新制大学**の発足や、アメリカ的な「教養教育」を目指した一般教育の導入等の戦後改革も、理念が貫徹されぬ不徹底なものでしかなかったという、一見オーソドックスな評価の前提を考える必要がある。これらの視点からは、それまでは特権的少数者のみが享受していた大学自治や研究を、戦後改革によって誕生した新制大学がより広範な層に保障しようとしたことそのものが、むしろ否定的にとらえられることになるだろう。あるいは戦後改革の失敗もしくは、未完成が説かれるとき、そこでなされねばならなかったと想定されているのは、伝統的な大学のモデルとは異なる、教育のみに特化した機関を「大衆的な高等教育機関」として作り出すことだった、と理解して誤ってはいないだろう。

それゆえ、六〇年代以降の高等教育の「マス化」の波は、「ぬるま湯」の中で「分不相応な」特権を享受していた新制大学に、「分相応な」地位そして役割を押しつけるための好機であると、とらえられることになる。前節で示したように、国立大学の「独立行政法人化」という動きも、もちろん、このような方向での改革として位置づけられることになる。そしてそこで追求される高等教育政策の方向性は、一方では、現存する各セクター間、各大学間の格差を前提として（ということはつまり固定化しつつ）、市場的競争の中での生き残りの単位として各大学を位置づけ、各大学を競争させていき、競争からこぼれ落ちる部分は切り捨て、他方では、国家間の経済力や軍事力の競争のみならず、大学そのものの国際的な競争が行なわれる、グローバルな「競争的環境」に、日本の大学をおいていこうとするものである。

大学という社会的空間、高等教育という人々の経験

高等教育の歴史をいかに認識すべきかを問い直そうとすると、たとえば、戦前から戦後まで含めての国家セクターと私立セクターの並存状態についても、差別と格差をはらみつつも日本の高等教育システムが総体として果たしてきた、あるいは果たすことを期待されてきた社会的役割との関連で把握することが、重要になる。これは、言いかえれば、日本の近代において、人々が高等教育をどのようなものとして経験してきたのかを明らかにするということでもある。

高等教育システムは、ある種の**普遍主義**を前提とせずには成立しえない。近代公教育システムは、国民国家の全領

域に教育制度を行き渡らせ、あらゆる住民をその中に巻き込んでいこうとする。そしてとりわけ、高等教育は、それがエリートの選抜と養成という機能を果たそうとする場合においては、少なくとも建前としては、特定の階層からではなく、さまざまな地域からさまざまな出身の学生を集めてくることになる。このような過程は、たとえば、学生が自分の出身の地域・階層・家庭から、自らを主観的に切り離す、象徴的断絶を行なうことを可能にする。そして象徴的な断絶をへて学生が身をおくようになる大学という世界において、人々は普遍主義的な知識や理念を獲得する。そして同時に、多様な出身の学生たちを集めた大学という社会的空間は、通常の社会においては——そこでは、社会的条件の面で親和的な人々が物理的にも近い関係を持ち集団を形成するのが常である——経験しえない、多様な人々のあいだでの差異を経験させる場でもある。

社会的に異なる出自の学生たちは、各々に差異化された固有の戦略に基づいて、大学という、制度に期待をし、そしてそれを利用しようとする。確かに、学生たちの社会的背景に応じて、学生たちにとって客観的に選択可能な選択肢は異なり、戦略も異ならざるをえない。しかし、大学という、制度が保証する一つの社会的空間は、一人一人の学生たちに、多様な選択の可能性の総体を、蓋然性の低い選択肢も含めて、潜在的には選択可能な可能性として提示することができるのである。このことの意味は小さくない。高等教育を受けてそれにふさわしい進路を歩んでいく現実的な可能性を、広範な人々が獲得するためには、その前提としてまず少なくとも、相対的に恵まれない人々にとっても抽象的にではあれ**可能性**が存在するということを、恵まれない人々自らが認識することが必要なのである。[9]

相対的に恵まれない人々をも含む広範な人々の大学に対する期待は、大学は、可能な限り広範な人々が、自らの可能性を認識し、それを実現するための手段を獲得することができる場であるべきである、というものであろう。大学の存立の社会的基盤を考えるのであれば、科学共同体の存在、支配層による支配秩序を維持する手段としての機能、あるいは国家の教育政策だけでなく、人々のこのような期待も考慮する必要があるだろう。もちろん、この期待は、しばしば抽象的なものでしかなく、あらかじめその内容が方向付けられることはない。しかし、むしろあらかじめ方向性をあたえられているものではないからこそ、このような期待は、広範な人々のあいだでの議論を引き起こし、そしてその中で、現在の学問研究と教育の内容そのものを問い直していく際に、準拠すべき要請となりうるのである。

（櫻本陽一）

注

（1）機能主義をはじめとして、戦後初期から八〇年代いたる教育社会学の理論状況・研究動向をレヴューしたJ・カラベル、A・H・ハルゼー編（潮木守一・天野郁夫・藤田英典訳）『教育と社会変動』上・下、東京大学出版会、一九八〇年、を参照。

（2）天野郁夫『大学改革のゆくえ――模倣から創造へ』玉川大学出版部、二〇〇一年、一六七ページ以下参照。

（3）もちろんこのような認識は、天野が、国立大学における講座制と学科目制という制度的な二重性に触れて述べているように、文部省がその政策によって、旧帝大のみを研究大学として位置づける格差構造を再生産してきたという意味で、根拠のないものではない（天野同書一二七ページ以下参照）。しかし、ここで問題にしたいのは、天野だけでなく、政策を立案している文部省当局、さらにまた、後で指摘することだが、日本の大学教員のほとんどが大学について考える際の認識枠組みが、脱歴史化、超歴史化された「官学－私学」、「帝大－非帝大」等の対立図式によって拘束されているという事態そのものなのである。

（4）「偏差値」による序列付けは、「官学－私学」の序列構造とオーバーラップしつつ、この社会的序列付けの（人々に対して外在的な力をもつという意味で）「客観的」な表現として存在している。

（5）これまでのアカデミックな高等教育研究は、むしろこの限界を強化していたといってよいはずである。

（6）たとえば、昨二〇〇二年一一月二二日、**学校教育法の一部改正案**が、法科大学院（ロー・スクール）関連法案とともにほとんど議論のされないまま成立してしまった。これは、国が認証する評価機関による評価を受けることを大学に義務付け、さらに、文部科学大臣が、公立または私立の大学等が設備、授業その他の事項について、法令の規定に違反していると認めるときは、「当該学校に対し、必要な措置を取るべきことを勧告することができる」とし、「当該勧告に関わる事項が改善されない場合には、当該学校に対し、その変更を命ずることができる」「命令によってもなお当該勧告事項が改善されない場合には、当該学校に対し、当該勧告事項に係る組織の廃止を命ずることができる」等の規定を行なっている。従来、(国立を除く)学校の法令違反に対しては、文部大臣による変更命令と学校閉鎖命令が規定されていたが、学校閉鎖命令が発動されるのは、例外的な場合のみであった。それに対して今回の改正では、改善勧告、改善されない場合の変更命令、変更命令でも改善されない場合の当該勧告にかかる組織の廃止命令が新設された。文部科学大臣の裁量及び介入範囲が大幅に拡大されている。確かに本規定は、国立大学を対象としてはいないが、公立大学もまた国立大学をモデルにした「法人化」の動きに巻き込まれつつあるいま、国立大学、公立大学、私立大学に関わる人々が分断されて、それぞれバラバラな主張を掲げて運動するといった状況は乗り越えられるべきであろう。

(7) 高等教育の分野で、最も代表的なものは、やはり『近代日本高等教育研究』玉川大学出版部、一九八九年、『日本の教育システム――構造と変動』東京大学出版会、一九九六年等、**天野郁夫**の一連の研究である。またそのほかには、戦前における私立大学教育の社会的な位置付けを行なおうとしている川口浩編『大学の社会経済史――日本におけるビジネスエリートの養成』創文社、二〇〇〇年といった研究も近年行なわれている。

(8) 潮木守一『京都帝国大学の挑戦』講談社学術文庫、一九九七年は、東京帝国大学の教育の在り方を批判して発足した京都帝国大学が高等文官試験の成績不振を契機として東京帝大的な暗記主義の教育に回帰していく経緯を明らかにしている。

(9) この問題は、より大きくは、近代国家における人々の経験という問題に関わる。近年の歴史学の議論の中では、近代国家の形成過程を「国民化の過程」を含むものとして批判的に読み直していくことが試みられてきた。しかしその中で、「国民化の過程」は、またたとえば、戦間期の都市空間において、移住者たちが「国民となる・なれない・ならない」というさまざまな経験を生きていく過程でもあった、といったことが議論されている(山根伸洋「都市における移住者の世界――戦間期の社会変容と国民化」歴史学研究会二〇〇一年度大会近代史部会主旨説明『歴史学研究』七四九号)。制度は、一つの社会的空間を切り開き、その中で人々が生きることを、根底的に条件付けつつ、可能にする。そしてその過程は、制度が与える枠組みが、一方でその枠組みそのものが人々にとって押しつけられたものでありつつも、同時にそれが、人々のあいだでの差異を際立たせ、葛藤や出会い、あるいは秩序の押しつけに対する抵抗を引き起こしていく過程でもあるのである。

私立大学の「危機」

日本の私立大学の「経営」はたしかにたいへんである。学生からの入学金や授業料では足りず、企業、自治体、卒業生、父兄、さらには雇用している教職員にまで**寄付**を請い、アジア各地に教員を派遣して**留学生**を探している。なりふりかまわぬその「競争」のなかで、大学としての自律性を喪失してしまっているところも多い。留学生が夏休みのあいだにごっそりいなくなり、歯科医師国家試験の問題が漏洩し、医学部への不正入学斡旋が行なわれるといった不祥事は、「大学淘汰の時代を迎えた私立大学で明るみに出た経営をめぐるモラルハザード」(『日本経済新聞』2002.7.10の社説)と言われている。しかし、このような競争に生き残る大学がはたしてよい大学なのだろうか。それぞれの大学の真摯な「改革」への取り組みが、日本の大学システムを崩壊させ、ひいては生き残る大学の首をもしめるということにならないだろうか。

「国立大学法人化」や「公立大学法人化」が検討されつつあるいま、「大学法人」としての私立大学を国・公立大学と区別する根拠は薄れつつある。法人化を進めていって公的な責任がますます希薄になった場合に、国・公立大学にもいまの私立大学と同じ問題が生じる可能性は十分にある。

一連の不祥事は、**学生全体の七七・三%を私学が受け入れる日本の大学システム**全体からのSOS、あるいは、公共サービスとしての高等教育を私学にゆだねてきた明治以来の政策が行き詰っていることの証しと考えるべきである。

日本の私立大学は、大衆に開かれた高等教育を担っているという意味では、フランスの大学に似ている。しかしそのことは、日本の文部省が、国立大学を拡充する代わりにもっぱら私立大学を利用して、六〇〜七〇年代の**高等教育の大衆化**を乗り切ったということを意味している。それゆえ、日本の私立大学とフランスの大学は似ているといっても、それらのあいだには基本的な差異がある。まず後者においては教育がほぼ**無償**なのに対して、前者においては学生の納める学費が主財源となっており、**初年度納入金は平均一二〇万円**ほど、**医学部**だと場合によっては**一千万円**を越える。たしかにフランスにも、「高等教育を受けるのは事実上裕福な家庭の出身者が多いのだから、無償であるのは彼らをさらに優遇するだけだ」という議論がないわけではない。しかし日本では、高等教育を受けるのはよく勉強して学費の比較的安い国立大学に入ることのできる優秀な若者か、さもなければ、ある程度裕福な家庭の子息ということになっている。私大の医学部には金持ちの息子しか入れないということになれば、それはもはや構造的な問題であり、「モラルハザード」は起こるべくして起こったというべきなのである。

次に、フランスではバカロレア（中等教育修了資格）がそのまま大学へのパスポートとして通用するのに対し、日本では、どんな私立大学にも**入試**があるため、高校での教育が大きく歪められてしまっている。入試の多様化が図られているとはいえ、高校はそれに応じた教育を強いられている。日本の私立大学は、学生にさまざまな分野の知識を統合できるような学の理念を授けるどころか、まずは彼らに欠けている知識を与えるところから始めねばならないという矛盾を自ら作り出してしまった。

こうしたなかで、自らをグランド・ゼコールのような高等教育機関に仕立てようとする私立大学が多い。有力私大はロー・スクールや公共政策大学院などの、**高度な専門職**に向けた機関を充実させようと競っている。しかし「改革」に乗り遅れる多くの中小私大は「淘汰」の危機にさらされ、しかもそのような形での大学の数合わせが、少子化とともにやってくる「大学全入時代」には学生の質を維持するために不可欠であると、批判もなく受け入れられてしまっている。

しかしそのようにして日本から「大学」がなくなってしまうということは、大衆のなかに「学のある」者がいなくなるということである。社会にはますます宗教的迷妄、デマゴジー、ポピュリズムなどがはびこるようになるだろう。「グランド・ゼコール」出身のエリート、あるいは「細分化されて経済的にのみ機能する専門知識」（本書第Ⅱ部『危機にある大学への診断と緊急措置』三二八ページ）を駆使するテクノクラートらは、そのような傾向を抑止するどころか、自らの支配をより磐石なものとするために利用するだろう。

政府が高等教育への公財政支出をいまのＧＮＰ比〇・四七％から一・一％にまで高めれば（それでもフランスの一・二％より低い）、すべての私立大学に国立大学なみの財政援助をすることはできる（コラム「国家財政に占める高等教育費の割合」参照）。また「全入時代」が来るのだから、**大学入試を廃止**して高校が責任をもつバカロレアを導入することもできる。そしてそのうえで、大学に採用する教員は全国的な大学教員公募システム（コラム『大学教員の採用、真の公募制のために！』参照）を併用して、厳格に選ぶこともできる。しかし文部科学省は、大衆は「米百俵」などという時代錯誤のお話でだませるくらいに、いつまでも「愚か」であるほうがよいと思っているようである。私立大学を淘汰に追い込むようなネガティブな改革ではなく、それらをより充実した「大学」とするためのポジティブな改革が求められる。

（**岡山茂**）

あらゆる人々のための大学改革、新たな高等教育の理念を求めて

批判的な知の可能性をあらゆる人々のために――真の意味での高等教育の民主化に向けて

歴史的な議論を踏まえて、もういちど現状についての認識に立ち返りたい。確かに、日本の高等教育には、二重構造といわれるような構造が存在している。しかし、単にそれを指摘するだけの議論には欠落がある。そこには、その二重構造そのもの中での各セクター間の関係のあり方、すなわち、各セクターがいかなる意味で異なる社会的な位置に置かれ、社会的な役割を果たしているのかに関する、各セクターの間の相違と共通性そのものが、まったく異なるものへも変わりうるという認識が欠けている。実際には、各セクターのそれぞれのあり方、そして高等教育システム

総体の社会の中での位置づけが変化すれば、たとえば、私学と国公立といった各セクター間の関係も異なったものになるのである。

大学自治や研究はごく一部のエリート層のみが携わるべき特権的なものであるという、保守的な立場は、既存の秩序を前提とする大学教員の日常的な現実認識の枠組みと共犯関係にある。アレゼール提言の意義は、それがまさにこのような保守的な高等教育観とそれと共犯関係にある認識と議論の枠組みの双方をラディカルに乗り越えうる方向性を示している点にある。

日仏アレゼールは、今日において学問研究、とりわけ人文社会科学的な**批判的学問**は、民主主義社会の形成者としての広範な市民にとって不可欠の**教養**であると考えている。そして大学教員は、そのような意味での高等教育を支える立場である。それゆえ、研究は、一部の特権的な大学に所属するものが特権として与えられるべきものではない。大学教員は、今後、学問界での成果の発表や政策実現あるいは社会運動等との結びつき等の形で、研究成果を**社会的に還元**していくことがますます期待されていくだろう。しかしその前提として、「大衆化した」大学において、多様な出身の学生たちと日常的に向き合いつつ、その学生たちに対する教育を通じて、研究の成果を還流していくことが、まずもっては大学教員の職務となる。

限定されたあり方においてであれ、学問研究をすることそのものを学生に教える――このことを可能にする教育方法上の革新も必要とされる――ということは、広範な人々が現実の社会において突き当たらざるをえない問題に対して、その人々自身が、学問的批判的な方法を武器に立ち向かっていく能力を育てようとすることに他ならない。そしてこのことは、同時に研究者の側の学問研究のあり方も、このような教育を可能にするものへと刷新されていかなければならないということでもある。(1)

前節で述べてきたように、日本の高等教育の全体のあり方についての私たちの認識そのものが、根本的に刷新される必要がある。そしてそのような方向で私たちが知的作業を進めていくうえで、フランスのアレゼールの活動とその提言は、私たちが参照するべき大きな意義をもっている。アレゼールの提言は、高等教育の問題を現代においてあらゆる人々の利益に関わる普遍的な問題として把握する視点を示している。またアレゼールの活動は、そのような視点から、大学に関わるあらゆる人々の共同の作業として日本の大学の現状についての分析と改革の方向性についての提言を作り上げていくためのヒントとなっている。現在のような、日本の大学教員・研究者が追い込まれているルサンチマンに満ちた**分断状況**を乗り越えて、私たちは、アレゼールに学びつつ、アレゼールに比肩しうる取り組みを作り上げていく必要があるだろう。

現在において大学が改革を迫られているというのは、高等教育とさまざまな分野での学問研究のあり方の総体が問われているということである。そして、高等教育の量的な拡大、より広範な人々の高等教育へのアクセスは、教育と学問研究のあり方の総体に関わる根底的な変革を要請するとともに、それを可能にする条件でもある。このことは同時に、私たちが批判してきたような本質的に保守的な立場から、「大学改革」を推進しようとしても、それは、日本社会における高等教育のあり方そのものを破壊する形でしかなしえないということでもある。以下この点について若干の指摘を行ないたい。

押しつけによる「改革」の不可能性

根本的に保守的な立場からの改革は、一見すると、それが想定される諸条件に対応する合理的な選択肢であるかのように示されているとしても、根本的な限界をもっている。端的にいってそのような改革は、それが保守的なものであるがゆえにこそ、大学に現実にかかわる人々が、自らの能力を最大限に発揮することを望まないし、ましてやそれらの人々を動員することはできないからである。それゆえ、多くの「改革」プロセスは押しつけとなり、押しつけを貫徹するために、たとえば「市場の圧力」といった、人々の手の届かない力、人々、とりわけ恵まれない人々にとっては、むしろ構造的な暴力にほかならない力を動員しようとするのである。しかし、実は、そのような外的な圧力は、高等教育がその機能を発揮していくことを阻害するものでもある。

たとえば、国内における、高等教育システムへの「市場」的メカニズムの導入は、現状においては、初期条件における格差を意識的な施策によって是正するのではなく、逆に、競争を通じて格差そのものを競争の「結果」として正統化することにより押しつける、という支配のあり方を可能にする。これは、これまでは（しばしば前近代的であるとか身分制的である等と形容されていた）さまざまな社会的な障壁が果たしてきた、「エリート」と「大衆」のあいだを隔てるという機能を、その競争によって排除される側自身も排除の正当性を認めざるをえない、「自由な競争」を媒介とした競争における勝者と敗者への振り分けの過程に、負わせようとすることなのである。

このようなあり方は、一見すると社会の既存の支配秩序を維持しようとする側にとって極めて好都合な方法であるかのように思われる。しかし、実際には、**競争を媒介とした排除**を、排除される側に押しつけるためには、そもそも排除されるであろう人々自身が競争に参加していなければならない。したがって、支配者の側にとって好都合なものである、教育システムの秩序維持・再生産の機能が、効果的に達成されればされるほど、恵まれない人々をも競争へ巻き込んでいくという正統化の効果は掘り崩されざるをえない。教育システムへのアクセスの機会が、「一般的」には拡大しつつ、他方で教育システムにおける威信ある地位あるいは職業キャリアの上での有利さと直結した地位へのアクセスの可能性が、あいかわらずあるいはこれまで以上に、一部の恵まれた層のみに独占され続ける場合、システムによる再生産の機能は隠蔽されるのではなく、白日の下に露になってしまう。[2] この意味で、今日学歴達成への意欲の低下が、とりわけ、相対的に恵まれない階層において顕著になりつつあるという事態は、いささかも不思議ではない。[3]

あるいは次のように言うこともできる。競争によって差異が正当なものとして押しつけられることが自己目的とされれば、そこにおける序列化の論理は空洞化したものとならざるをえない。序列付けの根拠となっているはずの論理が陳腐化し、そしてそのような過程で選抜されるエリートの能力も陳腐化し、その結果として支配の正統性そのものが危機に陥る可能性が生じるのである。

競争という問題をめぐって、支配者の論理と被支配者の論理は鋭く対立せざるをえない。支配者は、競争が支配秩序を維持・再生産しつつ、その再生産される秩序を正当化することを期待する。被支配者は、公正な競争を求め、そして競争における公正さを求めざるをえないがゆえに、競争の条件の不平等を告発せざるをえない。しかし、それだけではない。この対立は、それが社会的な力を背景として、教育政策のあり方に影響を与えうる水準にまで発展すれば、支配者の側に、特権の維持を優先させ教育を切り捨てていく傾向と、教育システムの正統性を人々のあいだで高めるため現実に教育の民主化を受け入れようとする傾向との分岐を作り出していくだろう。支配層の中で、自らの支配者としての正統性を教育制度に負うがゆえに教育制度にコミットするものが、教育制度そして自らの正統性を守るために、教育システムを民主化し、特権を維持するための装置としての教育システムの機能を破棄していこうとする可能性は、少なからずある。この可能性を拡大していくため介入していくことが、教育システムをめぐる批判的な社会的運動の重要な課題である。

別の言い方をすれば、自由、平等といった**リベラリズム**の諸理念は、単にブルジョア的なものあるいは近代主義的なものではない。そうではなくて、リベラリズムの諸理念を契機としてどのような論理が社会的に現実化しうるのか、社会的に力をもつべきなのか、あるいは現実にもっていくのかをめぐって、支配する側と支配される側、特権の維持・保守を求める者と既成秩序の変革をめざす者が、鋭く対立せざるをえないのである。ネオ・リベラリズムとは、この対立に対する保守の側、反動の側からの回答であり、私たちはそれに対する抵抗、そしてオルタナティブを作り出していこうとしているのである。私たちの目指すものは、リベラリズム批判であるとともにリベラリズムの諸理念を真の意味で実現しようとするものでもある。

また、「**グローバリゼーション**」の進展によってもたらされる、グローバルな空間の中での競争という面についても指摘すべき点がある。世界規模の市場における序列化は、一方では序列化されるものの内実への評価を極限的に空洞化させつつ、序列それ自体のもつ権力効果を発揮していく。もちろんこの論理は、それ自体一つの非合理的な純粋論理的なものであるだけに、その実現可能性は制約されざるを得ない。現実には、グローバルな競争化の論理は、既存の支配構造を追認し、それを強化していくものでしかないのである。

たとえば、世界規模で、大学あるいは高等教育機関を比較し、序列化しようとする場合においては、その比較は極めて抽象化された基準によらざるをえなくなる。それゆえ結果的には、学生の「数」をいかに確保するのかといった、高等教育に不可欠の質・内容の問題を徹底的に空洞化するきわめて抽象化された「成果」をめぐっての競争になっていく。このとき、**アメリカ**の経済的、政治的、軍事的な優位性が、世界的な市場の中での人の移動の方向性を規定する前提条件となっている以上、アメリカに向う世界中からの学生の流れを押しとどめることはできない。アメリカの大学は、国際的な競争市場において、まさに大学がアメリカ合衆国内に存在しているという事実そのものを一つの資本としうるという決定的に有利な立場にある。それゆえ結局、グローバル市場における競争は、一方では空洞化した序列を形成しつつ、他方では、前述のような「市場」の外部において働いている力関係に基づいて、アメリカの大学とそれ以外の国々の大学を序列化していく結果をもたらすのである。

格差、構造化された暴力を前提としたグローバルな市場における競争は、さまざまな文化的伝統、地域、「国民」のあいだにおける差異を、経済的、政治的、軍事的にヘゲモニーをもつ勢力を頂点に一元的に序列化し、押しつけることに帰結する。もちろん、学生があるいは研究者が、国境を越えて移動・交流し、学問研究を発展させていくことは望ましい。しかし、そのような交流の促進は、一元化による序列化の圧力に対して抵抗するものである必要がある。さまざまな領域での「**国際標準化**」の試みは、この点から批判的に分析する必要があるだろう。

以上、第Ⅰ部の本節まで、国家レベルでの高等教育政策と文部科学省の主導する現在の「大学改革」の状況、そして大学改革論の論理とその社会的な位置づけについての検討に議論を集中してきた。そしてその中で、大学と高等教育をめぐる問題が、大学関係者ましてや文部官僚だけの問題ではなく、広範な市民が関心を持ち、議論を展開する中で、社会的な力を形成していかなければならない問題であることが示されたのではないかと考えている。より具体的な問題についての分析、批判、提言は、以下の各章で展開される。

（**櫻本陽一**）

注

（1） たとえば、「オープン・ユニヴァーシティ」での教育プログラムを重要な出発点とするイギリスにおけるカルチュラル・スタディーズの試みなどからも私たちは、学ぶ必要があるだろう。

（2）保守的な教育システムが、人々の教育要求の前に譲歩し、より広範な人々を受け容れるようになるときにも、その教育システムが、それがエリートのみに保障してきた有利さをエリートならざる人々に対しても配分していくなどということは、確かにありえない。しかし、教育システムは、それがより広範な人々を受け容れざるをえなくなるとき、人々に対して、人々が（場合によってはその中で伝達される知識をも契機として）自分たちを排除するまさにその当のシステムについての批判的な認識を作り上げていく可能性を拡大することになる。

（3）たとえば、**苅谷剛彦**の一連の著作『大衆教育社会のゆくえ』中央公論新社、一九九五年、『階層化日本と教育危機』有信堂高文社、二〇〇一年、『教育改革の幻想』筑摩書房、二〇〇二年等参照。ただし、苅谷は、恵まれない階層の子どもたちの「意欲の低下」を指摘しているが、その事態をもたらしているのが、まさに階層構造そのものであるということを議論の中心に置こうとはしない。それゆえ苅谷の議論は、階層構造とその構造自体が恵まれない人々に及ぼす象徴支配の効果を批判するよりもむしろ、「意欲の低下」を嘆き、子どもたちに学習を強いるための圧力としての受験体制の意義の復権を主張するといったものになっている。

大学をめぐるメディア言説

バブル経済崩壊後、日本の国際戦略の上で大学改革が焦眉の課題となって以来、マスメディアもさまざまなかたちで大学問題を論じてきた。そこで展開される多様な言説の底に流れる通奏低音は、国公私の大学設置形態のいかんを問わず、国家による保護政策の否定である。国立大学独立行政法人化（さらには民営化）の支持や研究費のばらまき構造批判（「トップ三〇大学構想」の方向性への支持）、私学助成の見直し論など、主張にある程度のグラデーションや力点の差異などはあるものの、新自由主義《ネオ・リベラリズム》的な大学改革への支持・承認という点では認識的な共通点がある。

なるほど、日本の大学が自国の置かれた**国際環境の変化**に上手く対応できていないということは事実であろう。GHQによる特権階級的帝国大学の解体政策と戦後復興および高度経済成長に適した労働力供給の視点から行なわれた大学制度の戦後再編（大学の大衆化）は、八〇年代までの日本の経済繁栄の基盤の一つを形成していた。しかし、オイルショック以後の世界規模での新自由主義的経済グローバリズムの潮流のなかで、**日本企業の多国籍化**に起因する産業構造の変化、高度金融資本主義への移行といった**労働力構造の変動**を前に、大学に要求される人材供給のあり方は大きく変化した。従来も存在した先端研究・専門・教養の大学間の役割分担はさらに分離・強化され、予算の配分は一部エリート大学の、しかも日本多国籍企業の国際競争力に貢献する一部の学問分野に「重点化」される。戦後日本の高度経済成長を支えた一般的な中間労働力から一部の先端的エリート労働力へ資本と予算の投下場所が変わりつつある。しかし、どれほど産業的な必要性が認められるにせよ、エリート層への重点的投資は、国際競争に起因する厳しい財政運営と予算配分のために、中間から下部にかけての労働人材への投資の削減をひきかえとする。

こうした事態が、いわば「**中流社会日本**」**の崩壊**の引き金の一つと考えられるが、マスメディアがこの問題を十分に認識・分析し、さらに批判できているようには見えない。むしろ、メディアは産業界の要請する新自由主義的改革（経済合理性を中心とした構造改革と社会の再編成）に加担する言説を流布している。メディアのこうしたあり方については多様な原因・動機があると思われるが、スポンサー主義による産業界とメディア界の結託、記号資本主義における「勝ち組」としてのメディアといった表層的議論にとどまらないためには（もちろん、そうした問題もメディア従事者たちの「リアリティ」構成を考える上で極めて重要であるが）、日本のメディアが抱える**公共概念**をめぐる問題を考える必要があるだろう。

伝統的に日本のメディアやジャーナリズムは、明治以来の強権的な国家形態への対抗勢力としてみずからを位置づけてきた（もちろん体制加担的なメディアがつねに存在することも看過してはならない）。市民や大衆の存在や「現実」を抑圧し我有化する国家主義に対する批判勢力としてのジャーナリズムは評価されてしかるべきだろう。そうしたメディアの批判力は、戦後の中央集権的官僚制を軸とした復興政策および高度成長政策がもつ国家主義的側面に向けても発揮された。しかし、七〇年代半ば以降、国家の権力や関与を最小に限定し、社会を経済の「自由」に任そうとする、いわば「小さな政府」を目指す政策が、オイルショックをはじめとする経済上の理由から世界的に主流となったとき、国民国家の絶対主義を批判してきたメディアの批判力は新たな経済自由主義に容易に回収されていくことになる。国家の力を経済の力で縮減する新自由主義に、国家否定という点で、批判メディアがたとえ意図的でなくてもある種の共同戦線をはる結果となってしまうのである。その際に、多くのメディアが資本主義の新たな転回に敏感に反応できなかった原因としては、それだけ、日本近代の国家主義イデオロギーの拘束が強力だったのだともいえる。つまり、日本近代のあまりに強権的な国家主義のために、それに抵抗する側も「国家」という装置の問題を、公共性の問題として十分に思考することができず、絶対主義化してしまったのではないか。国家主義に我有化された公共概念（「公」）に対し、そうした「公」概念に取り込まれるがままにならない、人々《ピープル》の問題としての公共概念を突きつけていたはずの批判的マスメディアは、敵対する相手の矮小化された「国家」概念（**国家主義的「国家」概念**）にひきずられて、単純に国家対民衆、公対私、官対民という構図へと公共性の問題を矮小化してしまったのではないだろうか。国家や官僚に対する非難はもちろんのこと、昨今顕著な、大学をも含めた公共部門に対する全体主義的といわざるをえないバッシングと民営化圧力は、本来「公私」の二元論的図式で考えられてはならない公共性の概念を単純化し、それを国家概念へ矮小化したり、あるいは国家概念とは相容れないものとして画一的に、二元論的に硬直させてしまった帰結なのではないだろうか。

大学の公共性を国家主義と民間主義のどちらか一方へ、あるいは両者へと引き裂くような発想は、公共性や国家や民といった概念の単純化にもとづく絶対主義へ陥る危険があるのではないか。絶対化されるものが国であれ民であれ、どちらか一方の絶対主義化は必ずそれらの否定・崩壊を導かざるをえない。社会の基盤を個人や大衆に置かなければならないのは、哲学理念上も、社会の経済学あるいは経済の社会学の上でも疑い得ないと思われるが、個や私の尊重が大事であればあるほど、主要な調整装置の一つとしての国家の役割を軽んじることなく、すなわち国家か個人か、あるいは国家か市場かではなく、**国家を個人に根づいた公共性のための装置**として思考し、利用し、絶えず再構築してゆく必要があるだろう。そのときに、大衆に思考材料を提供し見取り図を与えるメディアの役割は、社会や国家と個人とを「媒介」する公共の場として極めて重要となる。大衆に最も近い公共性の場としてのメディアが、大学というこれまた公共的な場（すなわち、社会や国家のなかにありながらも、そこに取り込まれることなく、外部的視野からその枠組みを客観化し批判的再構築に寄与する場）と、立場やあり方は違えど同じ公共空間として互いに刺激しあい、建設的な批判を行ないあう関係を構築することこそが大切であり、それこそが真の公共圏の形成につながるだろう。いま必要なのは、一方で、大学を国家主義的管理の場や私企業的存在へと矮小化することなく真に公共性の場として思考し機能させるようなメディア側からの介入と、他方で、国家あるいは市場への自己の特権的関係に充足しないような、そして大衆への接続回路の重要な契機であるメディアと批判的連帯の関係をつねに維持するような大学側の自己開放＝応答責任の開拓ではないだろうか。

（藤本一勇）

I

chap.2 大学界を貫く不平等構造

大学教育機会の不平等

はじめに

一口に不公平といっても、人々が大学に対して感じている不公平にはさまざまなものがあると考えられるが、本節ではとくに大学教育の機会均等の問題を取り上げてみたい。経済格差の拡大が盛んに取り沙汰され、医療や年金といった生活に不可欠の基盤さえも聖域ではないことが判明しつつあるいま、大学教育を受ける機会が経済格差の広がりによってどのように変化していくのかは誰にとっても大きな関心事であると思われる。かりに大学が教育機会の不平等を是正するどころか不平等の維持や拡大に加担するとすれば、それこそ放置しえない不正義であることを否定する者はいないであろう。

そのさい、そもそも近年の景気低迷を考慮に入れる以前に、日本社会において大学進学機会の平等がかつて一度も実現されたことはない、という点に注意しなければならない。一〇年おきに「**社会階層と社会移動** Social Stratification and Social Mobility: **ＳＳＭ**」**調査**を実施している研究者のあいだでは、大学進学率には**家庭の所得水準**、**親の学歴や職業**によって明確な格差があり、その格差のために日本社会ではこれまでも職業選択における**実力主義**（メリトクラシー）は実現していないし、今後も実現しそうにないというのが、共通理解になっているからである（cf. 原純輔・盛山和夫 2000）。ところがその一方で、これまでの日本では「高等教育機会均等そのものを政策的に達成するという課題が社会的コンセンサスとなったことはなかった」（金子元久 1994）。文部（科学）省は国立大学の存在意義を主張する場合に「大学教育の機会均等」について言及してきたが、それも政府のコンセンサスになってきたとはいえないのである。そこでまず問題となってくるのは、大学進学機会の不平等をめぐる社会的議論がこれまで深まることがなく、現在もそれほど盛り上がる気配をみせていないのはなぜかという点である。本節ではまずこの問題を取り上げ、次に大学進学機会の不平等についてその実態を把握した後、最後にこうした不平等の認識をふまえ、大学がどのような実践的行動を求められているのかを簡単にではあるが考えてみたい。

大学進学機会の不平等について議論することを妨げるもの

大学教育の機会均等についての議論が低迷している背景にはいくつかの理由があると思われる。まず第一に、**少子化**による一八歳人口の減少によって進学競争が緩和され、しかも新しい大学の設立が相次いで「大学全入」の時代がやってくるかもしれないのに、いまさら大学進学機会の不平等を問題にするのは時代錯誤だろうという考え方がある。同じように一九六〇年代後半から七〇年代前半にかけては、大学進学率が急速に伸びて大学の「**大衆化**」が実現したために、家庭の経済的事情から大学進学を断念した者が多かったはずの世代も自分の子供の代になれば大学に進学する機会は平等になるだろうという期待があり、進学機会の不平等が不問に付される傾向があったのだと思われる。いずれの考え方にも共通しているのは、パイが大きくなれば自動的に各人の取り分も平等になるという前提である。しかし、この前提は正しくない。後述するように家庭の所得水準による大学進学機会の格差の推移を分析すると、大学進学率が急増していた一九七〇年代前半までの時期に所得階層による在学率の格差はかえって広がっていたのである。その理由は、高所得層の子供でそれまでは学力不足のために大学に進学できなかった層が、学生定員の増加によって容易に進学できるようになったためである。反対に進学機会の格差が縮小傾向に向かう七〇年代後半は、大学の地方分散化と進学率の抑制が図られた時期に対応している。

現在の状況に話を戻せば、たしかに少子化によって数合わせの点だけからみれば大学進学のハードルは下がっているが、景気が低迷するなかで重い**教育費の負担**を強いられるという意味ではむしろハードルは上がっている。また、この点に異論を唱える者はいないだろうが、たとえ「大学全入」の時代が到来したとしても、あるいはそうした時代が到来すればなおさらのこと、重要なのは**大学に入ることではなく特定の大学に入ること**なのである。大学に多くの定員が用意されるほど、機会の不平等は大学の進学／非進学から、どの大学に入ったかという大学間序列にシフトしていくと考えることができる。じっさい、先ほど大学進学機会の不平等をめぐる議論が低調であると指摘したものの、学力ランクの高い大学が高所得層によって占められつつある点については世論はそれなりに敏感である。たとえば、東大合格者に占める**有名私立進学校**出身者の割合が高まっているといった指摘は各種のメディアを賑わせてきたが、そうした議論を通じて、高所得層が難易度の高い大学に、低所得層が難易度の低い大学に進む分化が進みつつあることを人々は微妙に感じ取っている。追って、家庭の所得階層によって進学する大学のタイプがどのように異なっているのかをデータをもとにやや立ち入って検討するつもりである。

高等教育の機会均等についての議論を阻害している第二の理由として、大学に対して人々の抱く不公平感が「**学歴社会論**（**学歴社会批判**）」と呼ばれる言説に水路づけられてきたことが挙げられよう。一口に学歴社会論といっても時期によって、あるいは発話者自身の位置によってその内容が異なっているのはもちろんだが、大卒者あるいは特定の大学を卒業した者がその後の努力や実力とは無関係にキャリアや処遇において優遇されたり、何らかの特権を享受できることを非難する点がおおむね共通項であるといえる。ところがこうした非難は、**苅谷剛彦**が一連の著書のなかで精力的に論じているように、「学歴取得以降の差別」にもっぱら人々の注意を惹きつけることによって、かえって「学歴取得以前に生じる教育の不平等」（苅谷 2001b、三八ページ）を不問に付してしまう傾向をもっていたのである。

この点で苅谷もふれている**石田浩**による日本・アメリカ・イギリスの比較研究は、学歴社会論の「イデオロギー性」、つまり学歴社会論が我々に刷り込むイメージが現実と大きく乖離していたことを明らかにする刺激的なものだった。石田の分析によれば、職業的地位や所得に対する学歴の規定力はアメリカと比べてもイギリスと比べても日本の方が小さい。つまり日本はアメリカやイギリスよりも「学歴社会」ではないということになる。その反面、学歴取得に対する社会的背景（「生まれ」）の影響は、アメリカよりもイギリスよりも日本の方が相対的に大きい。社会的背景が現在の仕事に及ぼす影響も日本が最も大きい。つまり学歴社会論の信憑とは正反対に、日本は職業的地位が「学歴」以上に親の職業や学歴によって強く規定されてしまう社会だったのである。我々は長く学歴（学校歴）によって人々がカーストのように分類されることを非難してきたが、少なくともそうした議論は、学歴を取得する機会が社会的に均等であったことがないという事実の認識とつねにペアでなされるべきだったのだ。

以上二つが、大学制度に対して抱かれる不満や怒りが教育機会の不平等についての認識やメリトクラシー（実力主義）そのものへの批判に結びついてこなかった主な理由である。しかしそれ以外にも、いくつかの付随的な理由を挙げることができる。第三の理由としては、大学を卒業していないことによるさまざまな社会的不利を甘受させられている人々に大学を批判する発言権が与えられることはほとんどないことが挙げられる。現在の**反・大学的言説の担い手**はインテリ層であり、新聞、雑誌の記者や編集者、民間調査・研究機関の研究員、予備校など大学以外の学校講師、評論家（あるいは学問的威信の点で必ずしも成功を収められなかった大学教師たち）といった人々である。こうした人々は世論の形成を左右するという点で大学教師と競合関係にあるのみならず、**自身が大学教師になることを断念したルサンチマン**を抱えていたり、あるいは逆に**大学教師になるチャンスをうかがったりする位置**を占めている。そのために大学の現状を批判する動機や、大学を評価したり序列化したりする権力を自らの側に保持することに明らかな利益をもっているのである。ところがこうした文化プロデューサーたちも学歴を自らの権威の源泉にしている点では大学教師と変わらない。そのために彼ら（彼女たち）の大学批判がラディカルな水準に達する、つまり教育機会の社会的不平等を指摘したり、メリトクラシー信仰そのものを疑うといった水準にまで達することはあまり望めないのである。

加えて、冒頭でふれた社会階層と高等教育の機会均等をめぐる専門的な議論にも不十分な点があったことを指摘しておきたい。主に**社会学**におけるこの分野の議論は、ホワイトカラーとかブルーカラー、あるいは職業威信といった社会学用語を用いてなされることが多く、教育費の負担や居住地域（全国地図のレベルでの地域だけではなく、ある地域内の居住エリアも含まれる）を中心とした人々の実感と必ずしも結びつかない水準で展開されてきた。「社会階層」とは何かをめぐる社会学的議論の学問的意義を否定するつもりはないが、授業料や奨学金の額をどのような水準に設定するのか、授業料が相対的に低い国立大学が大学教育の機会均等に役立ってきたのか否か、といった政策課題に直結するテーマとの関わりでいえば、**社会階層はまず所得階層として理解されるべき**であろう。にもかかわらず、所得階層と教育機会との関係についての分析はごく最近になるまで一般に低調であり、そのことが社会階層論の研究成果を広く社会的に共有させるための障害になってきたといえるのではないだろうか。

加えて、前述したように教育機会の格差が大学への進学・非進学だけではなく、難易度の高い大学／難易度の低い大学といった大学間序列に翻訳される傾向があるとすれば、**ＳＳＭ調査**も万能ではないことに注意する必要がある。あくまで日本社会全体の階層構造を明らかにすることを目的としたＳＳＭ調査では、個々の大学別の集計を必要とする分析にとっては十分なサンプル数が確保できないのである。この点で唯一、全国レベルでの分析を可能にするデータは**文部**（**科学**）**省**が二年おきに実施している『**学生生活調査**』である。八年ほど前から、一部の研究者のあいだでこの調査の個票データを用いた分析が行なわれるようになったが（cf. 矢野眞和編 1994）、機会の不平等をめぐる議論の裾野を広げる意味でも、こうしたデータ利用が広範囲に認められることをぜひ要望しておきたい。次に、主にこの調査のデータから、教育機会の不平等がどのように浮かび上がるのかを検討してみよう。

所得階層からみた大学進学機会の不平等

所得階層別に見た進学率の推移

これまで『学生生活調査』が階層研究者の耳目をそれほど集めてこなかった理由として、このデータが月並みで新鮮味に欠けるという印象を多くの人が抱いていたことが挙げられるだろう。調査結果は公表されているし（文部省高等教育局学生課編「大学と学生」）、文部（科学）省自身この調査結果を「家計調査」（総務庁）のデータと組み合わせて家庭の経済状態による大学教育機会の格差を評価し、一般に公表しているからである（ただし所得分位ごとの教育機会

図1　高等教育機会の趨勢

（四年生大学昼間部学部全体）

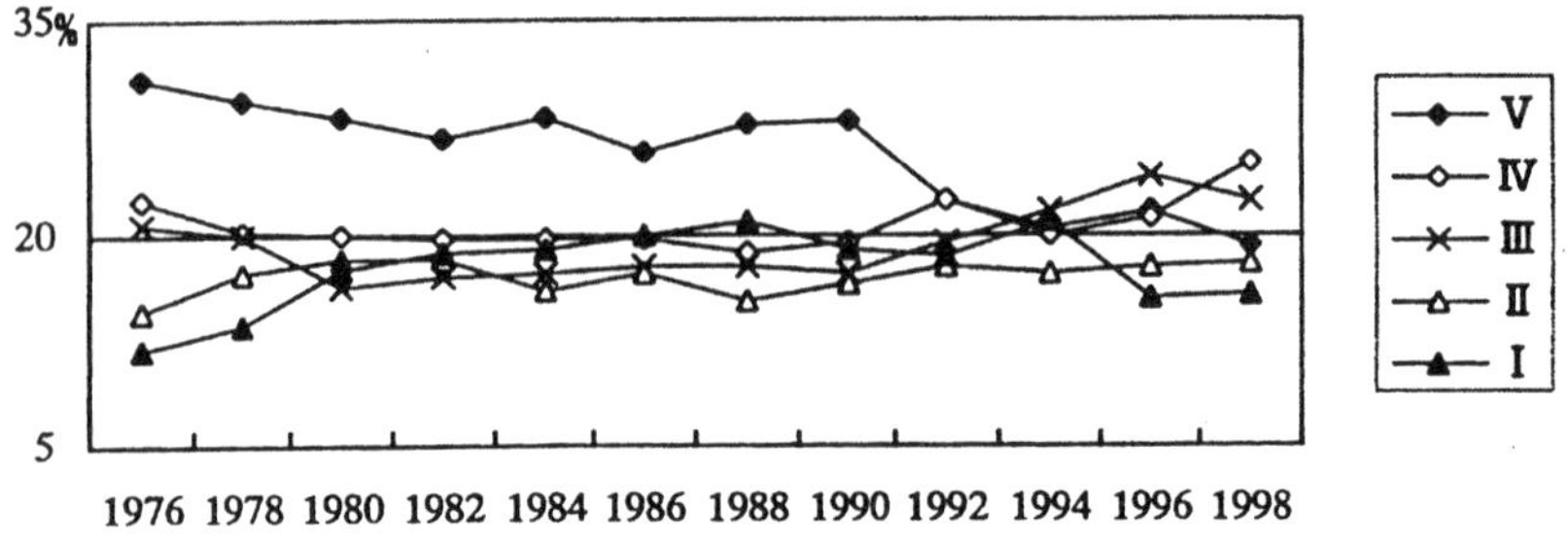

注）　Vは最上位の収入層、Ｉは最下位の収入層（以下、図6まで同じ）
引用出所）　近藤博之（2001）、2ページ

の趨勢結果が『国民生活白書』に紹介されたのは平成四年度版が最後である）。

文部（科学）省の推計法を用いた分析にしたがえば、一九七〇年代後半以降所得階層による大学進学率の格差は縮小する傾向にある（**図1**）。この時期までは最も所得の高い層が三〇％前後の進学率であるのに対して、最低位では一〇％程度の進学率にとどまる程度には機会の格差が存在していた。それが一九八〇年代に入ると、最上位を除く四つの収入階層が二割前後の進学率で横並びになり、一九九二年と九四年にはすべての所得階層で進学率が同水準になり、高等教育の機会が平等になったかの印象さえ与えるほどになる。九六年、九八年にはやや格差が広がるものの一九九〇年よりもその度合は小さく、そのうえ教育機会の格差の序列が収入層の順位には対応していない。

このように『学生生活調査』にもとづく文部省の推計を表面的に眺めると、大学進学機会が平等化してきているトレンドを確認して終わってしまうことになる。それが階層研究者には「物足りなさ」の印象を与えたのかもしれない。しかし、**異なる視点から再分析**を行なえば、同じデータから教育機会の構造について異なる像が浮かび上がってくる。

文部（科学）省の推計方法に異を唱え、異なる推計方法によって所得階層と教育機会との関係を再検討したのが**近藤博之**（2001）である。ここで

図２　大学在学率の推計

（全体）

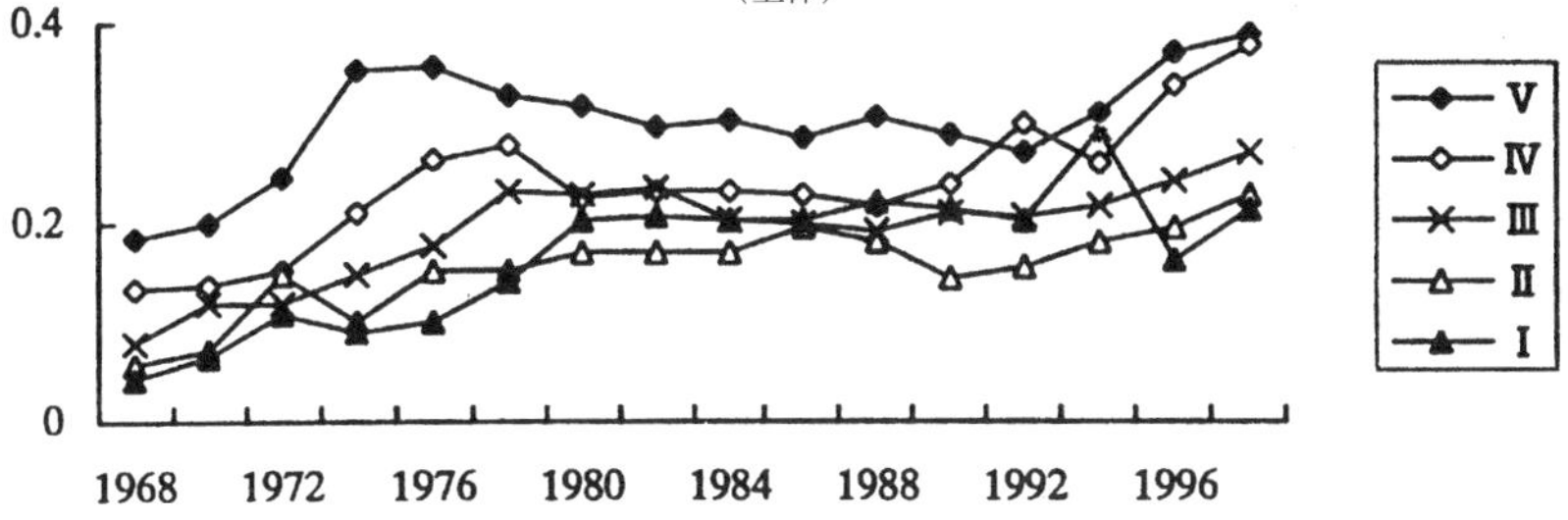

引用出所）　近藤前掲論文、6ページ

図３　国立大学の選抜度指数

（全世帯）

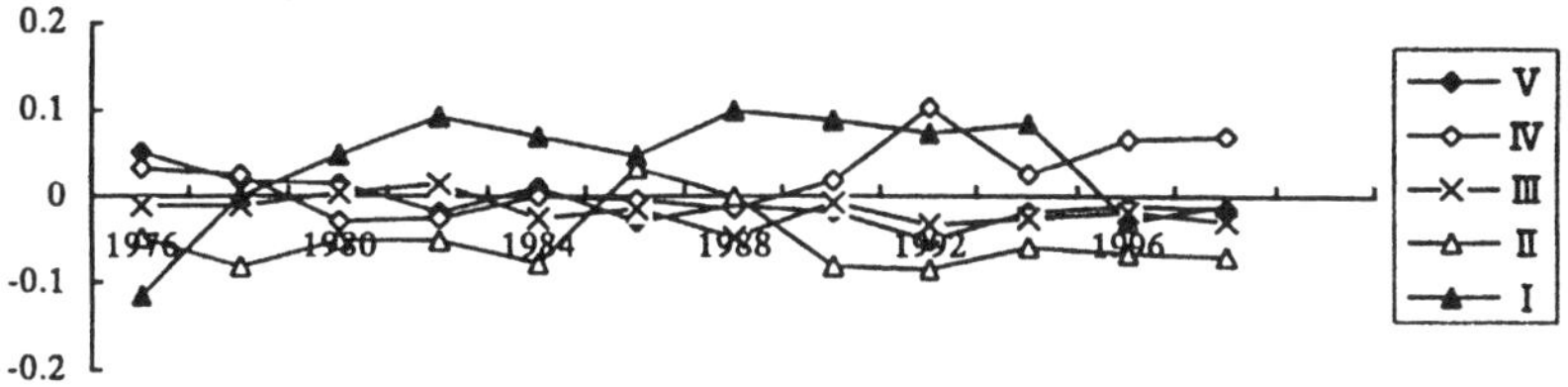

引用出所）　近藤前掲論文、5ページ

図４　私立大学の選抜度指数

（全世帯）

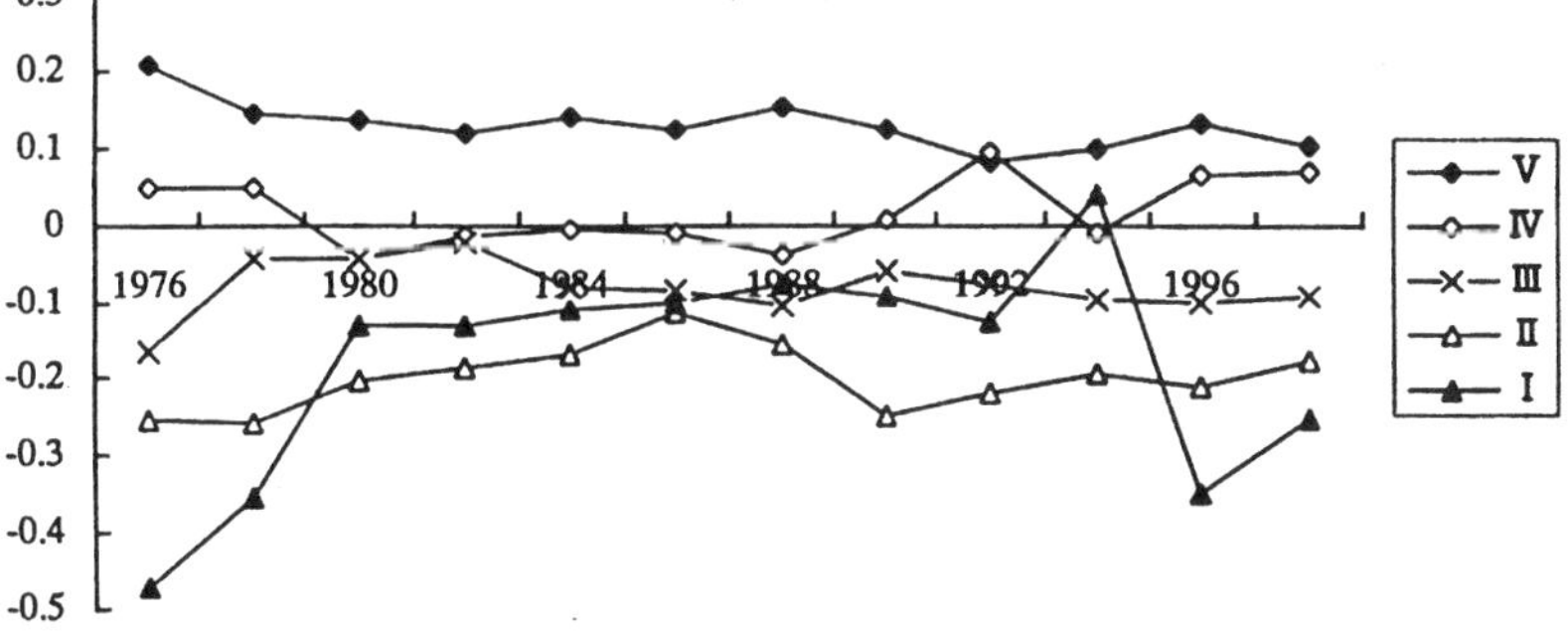

引用出所）　近藤前掲論文、5ページ

図５　男子の四年生大学在学率

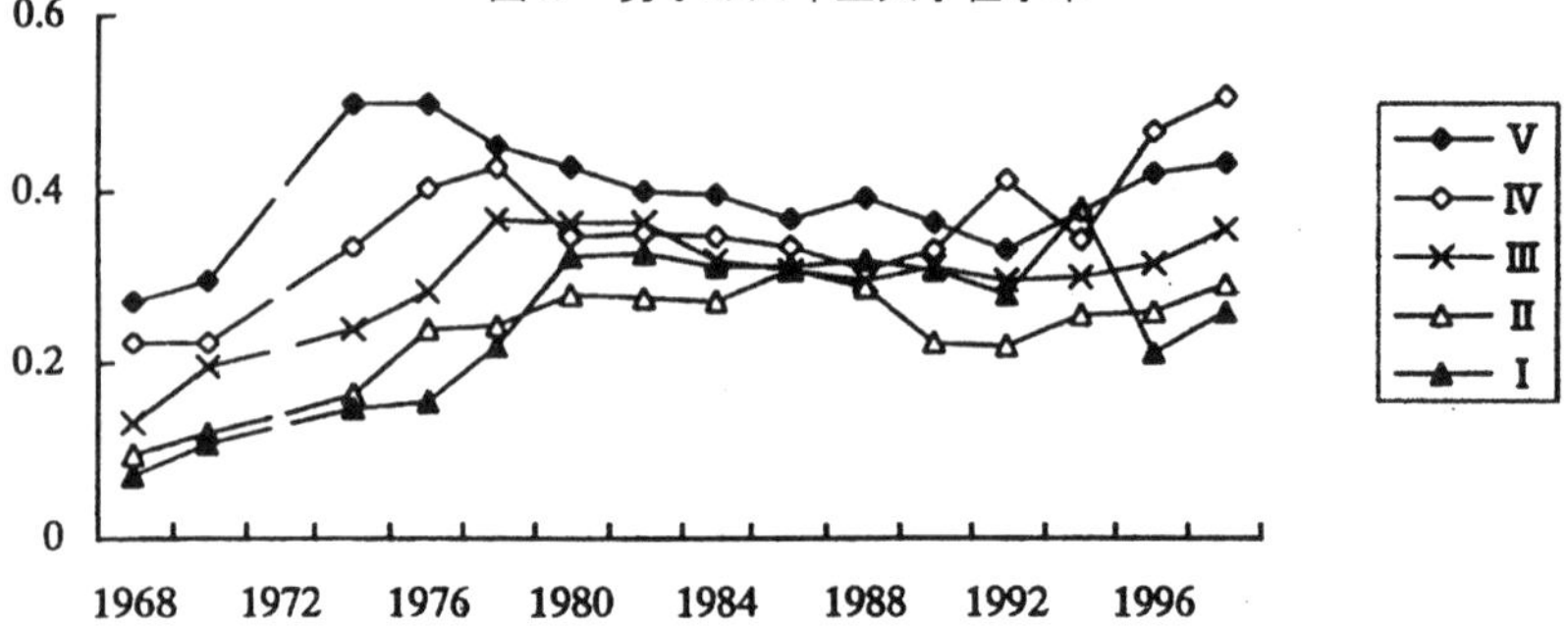

引用出所）　近藤前掲論文、7ページ

図６　女子の四年生大学在学率

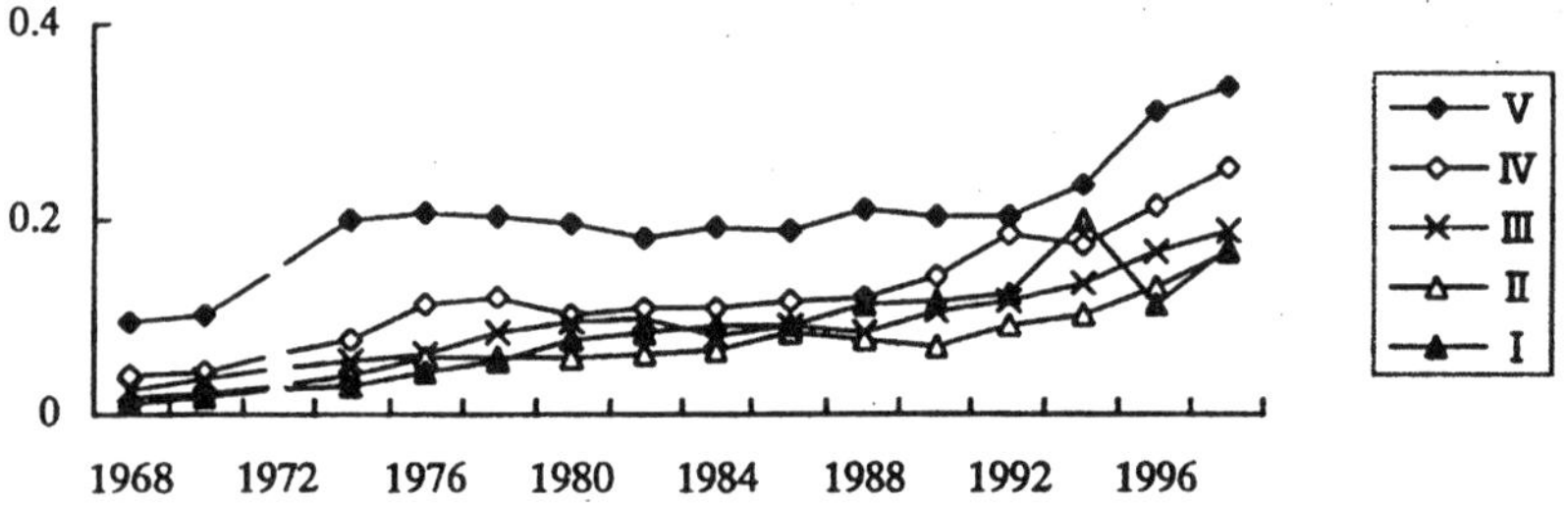

引用出所）　近藤前掲論文、7ページ

その分析の詳細に立ち入るわけにはいかないが、文部省推計は大学生を子供にもつ家庭を世帯主年齢四五歳～五四歳層に代表させ、『家計調査』にもとづいてその年齢層の世帯収入分布を五等分して家計の収入区分を設定したうえで、この収入区分を「学生基本調査」のデータにあてはめて所得分位別の学生割合を推計している。それに対して近藤は、各時点でそれぞれ五つの所得分位に子供数がどのように分布しているのかを推計し、子供数の推計を分析の出発点にする。『家計調査』からは、自宅通学の大学生に限られるものの親の年齢分布がわかるので、いくつかの仮定をおけばそうした推計が可能になるのである。近藤の分析は文部省の推計に比べて、高齢化にともなう所得分布の変化をより正確に反映させることができるメリットをもつ。

近藤の推計法によって明らかにされた事実と文部省の推計結果とが一致しているのは、一九八〇年代に大学進学機会の不平等が縮小したこと、とりわけ国公立大学では最も所得水準の低い階層の占める割合が顕著に高まった事実である。このことは、国公立大学が大学教育の機会均等に果たしてきた役割を評価するうえで重要である。また、この点は実は文部省の推計方法によっても観察できるのだが、一九九〇年代に入ると国立大学においても低い所得層の占める割合が減少しつつあり、代わって中所得層の占める割合が増加している。近藤の分析もこの事実を確認しており、**低所得層からの大学進学が徐々に困難になる兆し**を読みとることができるのである。

一方、両者の推計結果のあいだに顕著な違いが現れた点も少なくない。たしかに八〇年代に平等化が進んだという点では一致しているが、九〇年代に入ってその趨勢が反転し、**教育機会の格差が再び広がりつつある傾向が近藤の分析によって鮮明になっている**点が対照的である。九〇年代に入ると上位二つの階層の進学率が高まり、最上位層と最下位層では進学率に二倍近い開きが生じているのである（図2）。また、近藤の分析では文部省推計に比べて進学率の格差も大きく、最も高い所得層が一貫して突出している。この間低収入層の底上げがあったものの、進学機会の基本的な格差構造は変わっておらず、これはSSM調査から得られる知見とも一致するという。さらに、私立大学では所得階層による格差が過去も現在もおおむね維持されていることがわかる（図3、図4）。そのうえ重要だと思われるのは、男女別の集計にもとづいた指摘、**一九八〇年代の平等化の恩恵に浴したのは男子だけ**であり、女子においては一貫して、最も所得の高い階層が残りの階層の二倍近い進学率を維持しているという事実である（図5、図6）。これら一連の観察からは、過小評価できない大学進学機会の不平等が改めて浮かび上がっているが、重要なのはその点ばかりではない。近藤が強調するのは、大学進学率が急激に上昇した一九六〇年代後半から一九七〇年代前半にかけて大学進学機会の格差がかえって拡大したように、少子化の影響で大学進学率の上昇のための条件が整った現在、同じ仕組みから大学進学機会の格差が広がることが懸念される点なのである。

もちろん、一方的に近藤の推計方法に軍配を上げるには慎重でなければならないが、「大学教育機会の不平等は一貫して縮小し続けてきた」とする文部省推計に疑問を投げかけた一点だけでも、その功績は大きい。今後、機会の格差を評価する推計法をめぐって論議が高まることが期待される。

所得と学力との相関

ここまでの分析は、国公私立の設置者別を除けば、大学全体をひとくくりにして一般的趨勢を観察したものだった。しかし、設置者別に加えて**所在地別**、**偏差値ランク別**など、大学のタイプをさらに細かく分類しながら所得階層とのかかわりを分析することにより、『学生生活調査』のデータから所得階層ごとの教育機会の格差をより鮮明に把握することができる。

実は以前から、個別大学が実施しているさまざまな調査や、全国大学生協連の調査などから、大学によって親の平均収入に著しい違いがあることは知られていた。たとえば、一九九一年では東京大学で**親の平均年収**が一〇五三万、京都大学では九三八万、名古屋大学では六六三万、大分大学では五四一万、長崎大学では五二二万といったようにである（田中敬文1994、一八二ページ）。『学生生活調査』の個票データからこの点を体系的に検証したのが**加藤毅**（1994）である。加藤によれば、一九九一年度のデータで親の平均年収が最も高かった東京の私立大学に自宅から通っているグループは、過半数の世帯で年収が一〇〇〇万円を超えており、年収が七〇〇万円未満の家庭は二割程度しかいない。東京の国立大学に自宅から通うグループも同様であり、四五%以上が一〇〇〇万円を超え、七〇〇万未満は三割

図7　地域・設置・居住形態別の学生の家庭収入（大学・学部・昼間部）

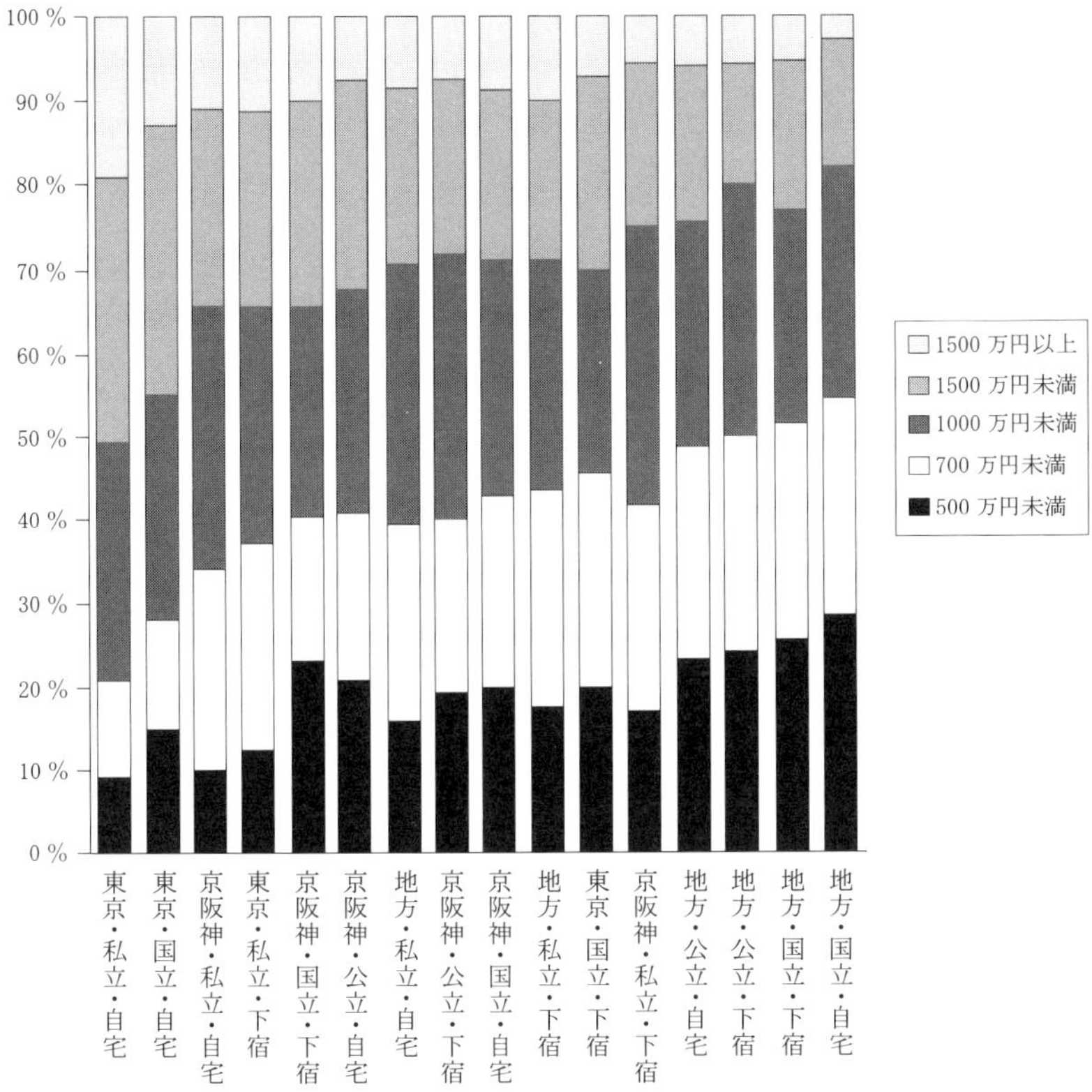

引用出所）　加藤毅（1994）、146 ページ

に満たない。対照的に、地方国立大学に在学する学生の家庭の年間収入階層別分布についてみると、自宅、下宿に共通して五○○万未満の家庭が四分の一を占め、過半数の家庭が年収七○○万未満となっている（**図7**）。ちなみに一九九一年度の家計調査によれば**勤労者世帯の平均年収**は六六四万、四割が五四四万円以下の収入で生活しているから、**地方国立大学在学生の家庭でも平均よりは高い水準**にある（加藤毅 1994、一四六〜七ページ）。

加藤の分析結果からは、**地方国立大学が相対的に低所得層に進学機会を提供する**というかたちで、大学教育の機会均等に貢献してきたことがはっきり確認される。その反面、もともと収容力の大きくない東京・京阪神圏といった**大都市圏の国立大学**は高収入層に独占される結果になっていて、教育機会均等にはあまり役立っていない。近年、国立大学も高所得層によって占められており、私立大学とのあいだで授業料の格差があるのは不公平であるとする議論が現れているが、それは主に大都市圏の国立大学にしかあてはまらない。少子化を理由に地方の国公立大学を再編・縮小する方向に進んでいる現在の大学改革は、教育の機会均等に真っ向から逆行するものであるといわなければならない。

ところで、加藤の分析は難易度ランクと所得との相関については立ち入っていない。そのため、大都市圏と地方とのあいだで学生の家庭の所得水準に格差があるという事実を解釈する場合に、難易度の高い大学が大都市に集中する傾向にあって大学の偏差値ランクと親の所得水準とのあいだに相関があるからなのか、それとも大学の所在地域の平均収入がもともと高い、つまり所得の地域間格差があるためなのかが判別できない。その点を同じく学生生活調査の個票データから検討しているのが**小林雅之**（2001）、**島一則**（2001）の分析である。小林、島の分析をまとめると、国公立大学の方が親の平均所得は低いが、所得の分散は私立大学の方が大きい。高偏差値の大学で家計所得が高く、低偏差値ではその逆になるという傾向もはっきりと読みとることができ、その傾向は大学所在地別に集計をした場合でも変わらない。つまり**難易度と所得との相関**は、**地域間の所得格差には還元できない**ということである。加えて、国公立大学の偏差値の上位校は家計所得の平均値は高いが、分散が大きく、広い所得階層に開かれている。これに対して、私立大学では学力ランクが上がるにしたがって所得も高くなり、偏差値の高い大学が高所得層によって占められる傾向がよりはっきりしている。この分析結果からは、難易度ランクの高い国立大学も難易度ランクの高い私立大学に比べれば、相対的に広い所得層から学生を集めていることが確認できる（この点についてはコラム「奨学制度」を参照）。同時に、低所得者に大学教育機会を提供している私立大学も少なくないことが示された。大学進学機会の不平等を拡大するのを阻止するためにも、**私学助成**は正当性と合理性をもっているのである。

最後に、そもそも学生生活調査のデータがなければ、以上のような事実について現実的な議論さえできなかったことを強調しておきたい。ここでふれた教育機会の問題だけではなく奨学金や学費免除の問題についても、学生生活調査は不可欠のデータを提供しているのである。

「学歴社会」を越えて

以上見てきたように、大学進学の機会には家庭の所得水準によって明確な格差が存在し、しかも少子化の影響による大学収容力の増大によってその格差は縮小するどころか、逆に拡大していく公算が高い。こうした格差の実態を把握するためにデータの整備や拡充が切迫した課題であることを既に指摘したが、不平等の拡大という事態に対処するために大学にいま、何が求められているのかをさらに立ち入って考えてみたい。

現在、大学は少子化という状況下で学生の数を確保するために、**入試方法を「多様化」**するというかたちで入試のハードルを下げつつある。かつて日本の大学は「入るのは難しいが、入ってしまえば容易に卒業できる」システムとして、卒業する（資格を取得する）ハードルが高い欧米の大学と対比的にとらえられることもあった。しかし現在ではもはやこのような対比は成り立たず、一定以上の富裕層であれば、たとえばＡＯ入試（アドミッション・オフィス――自己推薦による自由応募入試）を通過する「**文化資本**」を身につけることを通じて、簡単に入試というハードルをくぐってしまうことも可能である。日本の大学は、家庭が経済的に恵まれてさえいれば「入りやすく容易に卒業できる」システムに移行しつつある。大学が入学してきた学生をトコロテン式に卒業させ、出口の地点でクオリティの保証をする努力を怠るなら、消極的なやり方によってではあれ、こうした不公平に加担することになる。

ところで「入るのは難しいが、入ってしまえば容易に卒業できる」システムとペアになってきたのが、やはり日本独自の仕組みである**新規学卒者の一括採用・一律賃金のシステム**である。かつて矢野眞和は、日本の「学歴主義」と呼ばれるものの真の特異性が**採用の年齢制限**（年齢差別）とセットになった新卒者の一括採用・一律賃金と深く結びついていることを指摘した（cf. 矢野眞和 1996）。不公平なのは大卒者が高卒者に比べて優遇されることではない。四年間の潜在的な所得放棄や学費を考えれば、両者のあいだで処遇に差がつけられるのは正当だからである。むしろ問題なのは採用に年齢制限が設けられていることであって、かりにたとえば高卒者がお金を貯めて大学に入り直し卒業しても、年齢制限にひっかかるために大卒者として就職することはできない。つまり年齢制限がキャリアを挽回する余地を阻んでいる点に、日本型受験競争の圧迫感や明らかな不公平があるのである。また指摘するまでもなく、新卒者一括採用の制度は**結婚**や**出産**でいったん退職せざるをえない女性を企業の中枢から排除してきたという意味でも差別的なシステムである。

新卒者の一律賃金も、学歴主義をエスカレートさせる効果がある。なぜならかりに難易度の高い大学の卒業生ほど高い初任給を得ることができれば、企業の側には人件費を抑えるために難易度の低い大学から人を採用する動機づけが生まれる。しかし、すべての新規大卒者に一律賃金が適用されるなら、当然ながら企業はできるだけ難易度の高い大学から新卒者を採用しようとするからである。

この数年、企業では日本型の雇用慣行が急速に崩れつつある。ところが、多くの業種では依然として新卒者の一括採用・一律賃金のシステムが続いている。**就職活動**の時期が大学三年次にまで降りてくることによって正常な大学教育が妨げられる状態も相変わらずである。そもそも近年進められている大学院教育の拡大や専門大学院（プロフェッショナル・スクール）の創設は、一括採用・一律賃金のシステムには根本的に馴染まないはずである。

　家庭が経済的に恵まれている層にとっての「入りやすく容易に卒業できる」大学と新卒者の一括採用・一律賃金の制度とがペアになって雇用市場が分断化されると共に、**本当の選抜**は企業のなかでおこなわれて社員が容易に**リストラ**される。日本社会が向かおうとしているのは、このような悪夢のようなシステムなのだ。このように考えてみれば、大学が取るべき道はおのずと明らかである。すなわち、大学の出口で学生のクオリティを保証するための方策と、そのクオリティに応じた**資格と職業との連関**を強めることも必要である。これらの点については本稿に与えられたテーマの枠を超えるので詳述できないが、大学が無為に手をこまねいていることはできないだろう。採用に関する年齢や性差による差別を完全に撤廃するよう、企業に働きかける必要もある。その一方で学力達成、資格取得率と家庭的背景（とりわけ家庭の所得水準）とが相関していないかを**データによって監視**し、両者のあいだに相関がみられた場合には改善策を講じる。重要なことは、こうした改革は大学人が大学界全体の共通利益を認識し、一致団結しなければ行なえないということである。学生の卒業時点でのクオリティを高めようと努力しているとき、各々の大学はそのルールを破ることによって短期的には利益を得ることができる。いわば「囚人のジレンマ」のゲーム構造が成立しているわけだが、そうした違反者をゲームから退場させるための断固たる処置も必要となるだろう。

　現在の大学改革ならぬ大学「解体」の追い風になっているのは、明らかに広く共有された反・大学のムードである。法哲学者のジュディス・シュクラーによれば、「正義」とは何かを積極的に定義できない場合でも、人には不正義を見分ける感覚が備わっているという。だとすれば**現在の反・大学的ムードにもそれなりの根拠が存することになるが、その根拠こそ大学教育機会の不平等**であることを本章では改めて強調したい。大学教師が「特権層」であるという当事者からすれば（私自身からすれば）根拠薄弱なイメージも、実は機会の不平等から派生する不公平感に根をもっているのではないだろうか。そうした根拠を洗い出して対策を講じることは大学に求められている責務であり、そのためにここで次のことを提言したい。

提言

1　地方国公立大学の統合や縮小に反対する。これらの大学は、教育の機会均等の点から重要な役割を果たしている。

2　大学評価や大学への財政的助成に際して、国公私立の設置者別にかかわらず、相対的に低所得層出身の学生を多く受け入れているという点を考慮の対象とする方法について検討する。

3　機会の不平等についての社会的議論の基礎となるデータの整備を望む。文部（科学）省の『学生生活調査』については、サンプル数、調査項目からみた一層の改善と充実を望みたい。とくに教育機会と家計との関連を明らかにするためには、家計全体を捉えるための世帯の情報、とくに兄弟姉妹の在学者つまり世帯人数のうちの学生・生徒・児童数と在学校種（国公私立）を調べる項目が必要である。また、奨学政策とのかかわりで奨学金の無利子貸与／有利子貸与の別についての質問項目が必要である。これらの項目が加えられることを要望する。

4　『学生生活調査』のデータの公開度を高める。たとえば、家計支持者（世帯主）の年齢などが公開されていないために、近藤博之の分析の場合にも複雑な推計が必要になっていた。専門的研究者には情報の取り扱い責任を明確にしたうえで、個票データの利用を認める。

（水島和則）

引用文献

石田浩（1999）「学歴取得と学歴効用の国際比較」、『日本労働研究雑誌』472、四六～五八ページ。

加藤毅（1994）「学生生活調査からみた大学選択と機会平等」矢野眞和編（1994）、一三九～一五二ページ。

金子元久（1994）「国立大学の授業料――理念と現状」、『IDE』No. 361。

苅谷剛彦（2001a）『階層化日本と教育危機――不平等再生産から意欲格差社会へ』有信堂高文社。

――（2001b）『NHK人間講座「学歴社会」という神話』日本放送出版協会。

小林雅之（2001）「教育機会の均等の現実」、矢野眞和編（2001）二七八～三〇一ページ。

近藤博之（2001）「高度成長期以降の大学教育機会――家庭の経済状態からみた趨勢」、『大阪大学教育学年報』六、一～一一ページ。

――（2002）「学歴主義と階層流動性」、原純輔編『流動化と社会格差』ミネルヴァ書房、第二章、五九～八七ページ。

島一則（2001）「銘柄大学進学機会の階層間格差と規定要因分析」矢野眞和編（2001）三七八～三八九ページ。

田中敬文（1994）「個別大学『学生生活調査』の分析と家計負担」矢野眞和編（1994）一七九～一九六ページ。

原純輔・盛山和夫（2000）『社会階層――豊かさの中の不平等』東京大学出版会。

矢野眞和編（1994）『高等教育費の費用負担に関する政策科学的研究』文部省科学研究費補助金・研究成果報告書。

――（1996）『高等教育の経済分析と政策』玉川大学出版部。

――編（2001）『高等教育政策と費用負担――政府・私学・家計』文部科学省科学研究費補助金・研究成果報告書。

授業料の推移

高等教育への進学に際しては、**家計の負担**も考慮される。地方国立大学の人気が最近高まってきていると言われるのも、その重要な要因として、下宿などの生活費を含めた支出をできるだけ少なく抑えて進学しようという意向が反映されているととらえることができる。

しかし今日、国立であっても大学の授業料は決して安いものではない。国立大学の場合、授業料と入学金がそれぞれほぼ隔年で値上げされてきており、二〇〇二年度で見れば、入学金が二八万二〇〇〇円、授業料が四九万六八〇〇円で、いわゆる初年度納付金は七七万八八〇〇円となる。大学四年間に払う入学金および授業料は二二六万九二〇〇円以上となる。「以上」というのは、一九九九年度入学者から、在学中に**授業料改定**が行なわれた場合には、既入学者に対しても、改定時から新授業料が適用されることとなったからである。

国立大学の授業料は、私立大学の授業料との格差是正を名目として値上げがなされてきた。確かに、一九七五年度には五倍以上あった私立大学の授業料との格差は、二〇〇一年度には一・六倍程度にまで縮小している。また、かつては私立大学が国立大学の約二倍の水準にあった入学料も、現在では**私立大学と国立大学でほぼ同程度**の水準となっている（**表1**参照）。しかしこの格差是正は、高額である私立の授業料にすり合わせる形で行なわれてきたのであり、この期間に国立大学の授業料は一三・八倍もの高い比率で**値上がり**している。ちなみに、私立大学授業料の値上がり率は四・三八倍、公立大学授業料の値上がり率は一七・六四倍である。なお比較のために見ておけば、この間、**消費者物価指数**は一・八二倍となったに過ぎず、しかもこちらは近年のデフレ傾向を反映して、一九九九年以降は前年比でマイナスとなっている（**図1**参照）。一九七五年から二〇〇一年の期間の国立大学の授業料の上昇率と消費者物価指数の上昇率とを比較すれば、前者は後者の七・六倍にも達することになる。

ここでは統計的な資料で示すことはできないが、大学に入学した後でも、金銭的な家庭の事情等で退学や休学を余儀なくされている学生は確かに存在しており、勤務先の大学というごく小さな身近な範囲でもこうした学生に出会うことがある。また、大学に入学する以前において、金銭的なことを理由に、進学を諦める学生、生徒も存在しているであろう。奨学金という支援の制度も手薄であると同時に

図1　大学授業料と消費者物価指数の推移（1975年の値を1とした比率）

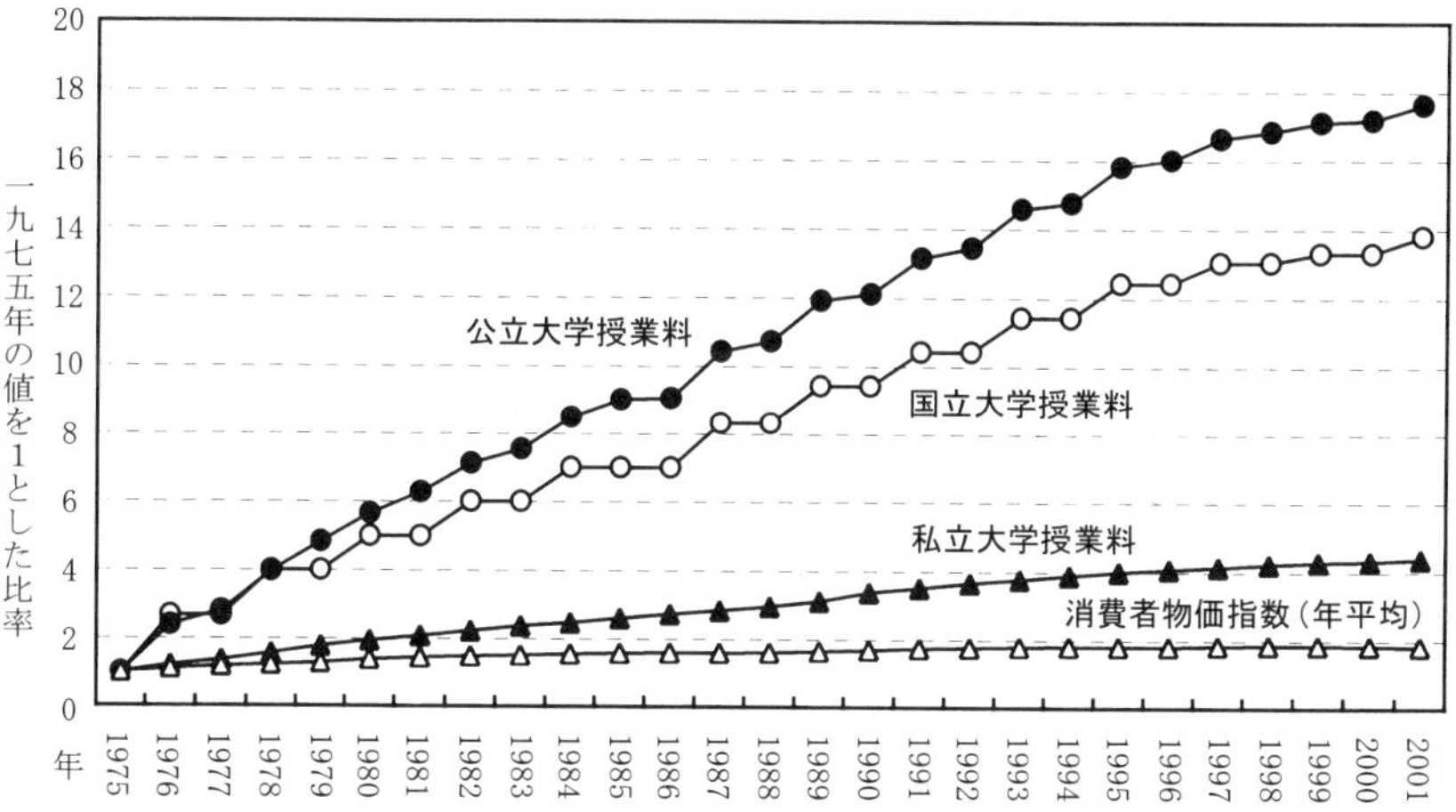

（コラム「奨学制度」を参照）、授業料自体もかなり高額となっているのが日本の高等教育の現状である。ちなみにフランスの大学の納付金は年間数万円程度であり、いくつかのグランド・ゼコールでは逆に学生に手当が支払われる。

国立大学法人化の議論のなかで、定常的に交付される経費は現在の教官定員の三分の一程度として計算されるということが伝えられ、しかも大学の「経営」ということが全体的な議論として強調されるなかで、独自の収入を得ようとすれば、現に私学でも考えられているように、入学金や授業料といった学生からの納付金に依存し、場合によってはその値上げが考慮されるというのは自然な流れであろう。現に私立大学全体では、**財源**の四分の三は学生生徒納付金によって占められているとされる。

また、ここで示されている私立大学の授業料は平均値に過ぎず、とりわけ**医学系**や**理工系**といった分野ではこれより高額の授業料が徴収されている場合が少なくない。現在の国立大学では、分野間の格差はなく授業料は一律であるが、私学の現状を見れば、この原則が崩されるおそれも十分に考えられる。授業料をめぐるこうした観点からしても、公的な責任を減退させようという基本的な方向で進められている、現在の大学改革の議論が大きな問題を孕んでいることは明らかである。

（白鳥義彦）

表１　国立・公立・私立大学の授業料および入学料の推移

年度	国立大学		公立大学		私立大学		私立／国立比率（国立＝１）
	授業料	入学料	授業料	入学料	授業料	入学料	
	円	円	円	円	円	円	
1975	36,000	50,000	27,847	25,068	182,677	95,584	5.07
1976	96,000	↓	66,582	74,220	221,844	121,888	2.31
1977	↓	60,000	78,141	80,152	248,066	135,205	2.58
1978	144,000	↓	110,691	90,909	286,568	157,019	1.99
1979	↓	80,000	134,618	104,091	325,198	175,999	2.26
1980	180,000	↓	157,412	119,000	355,156	190,113	1.97
1981	↓	100,000	174,706	139,118	380,253	201,611	2.11
1982	216,000	↓	198,529	150,000	406,261	212,650	1.88
1983	↓	120,000	210,000	167,265	433,200	219,428	2.01
1984	252,000	↓	236,470	178,882	451,722	225,820	1.79
1985	↓	↓	250,941	179,471	475,325	235,769	1.89
1986	↓	150,000	252,000	219,667	497,826	241,275	1.98
1987	300,000	↓	290,400	230,514	517,395	245,263	1.72
1988	↓	180,000	298,667	261,639	539,591	251,124	1.80
1989	339,600	185,400	311,686	268,486	570,584	256,600	1.68
1990	↓	206,000	337,105	287,341	615,486	266,603	1.81
1991	375,600	↓	366,032	295,798	641,608	271,151	1.71
1992	↓	230,000	374,160	324,775	668,460	271,948	1.78
1993	411,600	↓	405,840	329,467	668,046	275,824	1.67
1994	↓	260,000	410,757	357,787	708,847	280,892	1.72
1995	447,600	↓	440,471	363,745	728,365	282,574	1.63
1996	↓	270,000	446,146	371,288	744,733	287,581	1.66
1997	469,200	↓	463,629	373,893	757,158	288,471	1.61
1998	↓	275,000	469,200	375,743	770,024	290,799	1.64
1999	478,800	↓	477,015	381,271	783,298	290,815	1.64
2000	↓	277,000	478,800	383,607	789,659	290,691	1.65
2001	496,800	↓	491,170	387,200	799,973	286,528	1.61
2002	↓	282,000					

注１）　大学及び私立大学の額は平均額である。また、公立大学の入学料は、他地域からの入学者の平均額である。
　２）　年度は入学年度である。

大学間格差

「大学間格差の解決」という詭弁

改めて指摘するまでもなく、明治以来、高等教育に対する国家政策の基調になってきたのは資源の傾斜配分という考え方である（cf. 天野郁夫 1986）。**傾斜配分**とは、高等教育機関の序列化を前提としたうえで、限られた資源を国家の必要とする人材養成と研究活動を行なうことを期待された機関に重点的に配分することをさす。明治期に官学／私学、大学／専門学校という二元・二層的な構造として始まった序列化は、度重なる批判にもかかわらず、大正期の改革や戦後改革を通じても基本的に変化することはなかった。とくに、高等教育機関同士の垂直的序列を是正することを目指した戦後改革においても官立＝国立大学に資源を重点的に投入する方針は変わらず、ひと握りの大学院大学は研究教育の基礎単位として「**講座制**」をとり、それ以外の「**学科目制**」をとる地方国立大学に比べて遙かに有利な**教**

官定員と予算配分を受けることになった。それは「官学セクター内部でのハイラーキカルな構造をそのまま温存し、さらには拡大させるものであった」（同書、一九五ページ）。一九七〇年代に入って私学に対する経常費助成が始まると、こうした大学間格差をどのように解消すべきかをめぐる議論が活発に行なわれるようになり、それがある意味では今日の大学改革まで続いているのだが、これまで提出された議論にどのようなものがあったのか、簡潔にふりかえってみよう。

① **格差から役割分担へ**　まず、一元的な垂直的格差を斥けるために、多様な高等教育機関相互の役割分担を明確化すべき、とする議論がある。中教審のいわゆる「種別化構想」がそうした役割分担論の代表であり、一九七一年の中教審答申（いわゆる四六答申）のなかでは高等教育機関のタイプ分けが行なわれた。

② **硬直化した格差から競争的・流動的なランクへ**　大衆化した高等教育制度がピラミッド型の階層構造をもつことはむしろ当然だとしたうえで（しばしばアメリカの高等教育制度が引き合いに出される）、その階層序列が固定していて硬直していることが問題だとする。こうした議論からすれば、たとえば大学評価の体制を整えることによって、大学ごと、部局ごとのランクを競争的・流動的に設定することが望ましい。テニスのランキングや相撲の番付のように、大学や部局も成果主義によってそのランクが上下することになる。こうしたランキングは正当な評価にもとづいたものだから、硬直した大学間序列とは異なっている。

③ **資源配分に競争原理を導入**　同じように、資源配分を非競争的で傾斜的なやり方から、競争的で可変的なやり方に変えていく。たとえば、大学の経常予算を抑制する一方、科学研究費のような競争的で成果主義的な財源を充実させていくべきとする考え方である。

④ **教員の流動化の促進**　やはり高等教育制度がピラミッド型の階層構造をもつことを前提としたうえで、教員の

流動化を促進しようとする。そのための代表的方策としては、教員の任期制の導入が挙げられる。

⑤　**国立大・私立大の補助金格差の縮小**　私立大学への公費助成を拡大したり、あるいは逆に国立大学の学納金（授業料）を引き上げたりして、国公立大学と私立大学との財政上の格差を是正すべきとする議論がある。

⑥　**国立大・私立大の設置形態の統一**　国立大の設置形態を私立に近づける。つまり国公立大を民営化したり法人化したりすべきとする議論である。

以上のように列挙してみると、すべての意見が現在の大学改革において何らかの実行に移されていることが分かる。皮肉なことに「大学間格差の解消」という謳い文句は、現在の大学改革に少なからぬ影響を与えているのである。一連の改革を通じて「不当」な格差から「正当」な序列への、あるいは垂直的序列から「多様化」への転換が計られるというのが、改革の公式のスローガンなのかもしれない。とはいえ、このような理念を額面通りに受け取る者はいないだろう。現在進行している過程は明らかに、既成の格差を正当化するとともに強化することだからである。「正当化」という言葉の二つの意味の反転（正当性を付与するという意味と、もっともらしい理由をつけるという意味）はここでも真実である。そこで、上に挙げた六つの意見が実際の改革に移されることにより、どのような負の結果が生まれつつあるのかを考えてみよう。

拡大する大学間格差

役割分担論の困難

まず役割分担論から検討してみたい。現在日本に存在する多数の大学の間には、たしかに多様性が存在する。しかし、その多様性を「役割分担」というかたちで明示化することは、「格差としての強いられた多様性を是認し、その制度的な固定化をはかろうとする」(天野前掲書、一九九ページ)企てと紙一重なのである。実際、これまで高等教育研究者によって試みられてきた大学分類は、すべて大学の序列化といえる性格をもっている。**分類** classification **は格付け＝順位づけ** classement でもあるのだ。たとえば官学―私学、旧制―新制、総合―単科、中央―地方、一期―二期、講座制―学科目制、学位授与権の有無、大学院前期課程、後期課程それぞれの有無、創設年、入学者の選抜度、知名度、付置研究所の有無と数、専任教員あたりの学生数といった指標は、すべて大学人が大学を序列化するために日常的に用いている認知図式の一部分をなしているものである。しかもこうした指標を用いずに大学分類や大学間の役割分担を定めることは難しい。

たとえば大学院重点化が旧帝大のような特権的大学に「**大学院大学**」の称号を授けることによって、これまでも享受されてきた予算配分上の特権を拡大し、正当性を与えるものにすぎなかったことを否定する者がいるだろうか(むろんこのことは、旧帝大に所属する教官にとっても大学院大学への移行が研究条件を悪化させる場合があったことを否定するものではないが)。真に役割分担というなら、大学院大学はたとえば**フランスの社会科学高等研究院**のように、大学院レベル以上の研究者養成機関に特化すべきであろう。しかし、現実には重点化を受けた大学も教養部を改組した専門大学院を別にすれば、学部教育を手放してしまったわけではない。他大学で学部までの教育を受けた学生だけでは不安だとか、大学院の学生募集に支障をきたすといったさまざまな事情があると思われるが、それでは「役割分担」を行なうところまで日本の大学界が成熟していないことを暴露しているのも同然である。

国公立大と私立大との関係を役割分担として理解しようとする見解にも疑問がある。文部(科学)省は、国立大学に独自の役割として大学教育の機会均等の保証や、専門分野構成・地域配置等を考慮した大学の均衡ある発展を挙げることが多い。しかし「大学教育機会の不平等」の節で検討したように、**低所得層出身者は国公私立を問わず難易度ランクの低い大学に集まる傾向**があり、低所得者層に教育機会を提供しているのは決して国立大学ばかりではない。地域配置についても同様のことがいえる。じっさい、これらの理由だけでは国立大学の存在意義としては根拠が弱い(たとえば教育の機会均等が目的なら、私学助成や奨学金を拡充すべきである)ことから、大学院重点化政策によって研究者養成という役割を強化したり、産官学の協力や「地域連携」というかけ声のもとで地方国公立大学に独自の役割を模索しているのである。しかし、そうした場当たり的なやり方こそが「専門分野構成」の「均衡ある発展」を妨害するものにほかならない。近視眼的に、短期的な時間スパンで役に立つような専門分野だけを重視する結果をもたらすからである。

競争原理の導入と格差の拡大

次に、現在の大学改革の基調になっている競争原理の導入という考え方が、大学間格差を改善できるのかどうか、検討してみよう。一部の論者は、これまでの大学間序列は固定的で変化の余地がなかったから問題だったのであり、正当な評価にもとづいて設定されるならば大学間序列は正当かつ当然のものである、と主張する。しかしこうした発想が危険であることはいうまでもない。競争原理の導入は大学間格差にメスを入れることが目的なのか、それとも明治期以来の国策である大学間への資源の傾斜配分、つまり大学間格差を強化することが目的なのか、不分明だからである。

大学の「護送船団方式」を解体してすべての機関、すべての大学人に競争を導入し、資源配分にいっそうの効率性を求めるやり方によって、改めて指摘するまでもないとはいえ、①国立大学が**独立行政法人化**されれば、**授業料が同**

一という原則が崩れる危険性がある。そうなれば授業料を上げても学生の集まる大学は学費を値上げできるが、魅力のない大学は学費を抑制せざるをえず、授業料の大学間格差が広がる。学費を上げられない大学は収入が減り、教育、研究環境も整備できない窮境に陥る公算が高い。学費格差によって、「大学教育機会の不平等」の章でみたように高収入層が難易度の高い大学に、低収入層が難易度の低い大学に進む傾向が助長される。②大学教員・職員の**給与・研究費**についても大学間格差が広がる。**独立行政法人化**によって国立大学教官の兼務や副業がより自由になるので、トータルな収入の格差も広がるだろう。それによって優秀な教員が一部の大学に集まる傾向が促進される。③財務省（大蔵省）が以前から主張しているように、金のかかる医学部など理工系学部で学費が値上がりし、同じ大学の学部間で授業料の格差が生まれる可能性がある。理工系の授業料が高くなれば、低所得層に対する門戸はさらに閉ざされると考えることができる。いうまでもなく、それこそが日本の科学技術分野における競争力の低下につながるだろう。④科学研究費のような**競争的予算ばかりを拡充して大学の経常予算を据え置く**現在のやり方は、行革による事務職員数の削減と相まって、大学教員の日常的業務の負担を重くすることになる。こうした事態がより深刻なのは、もともと財政の傾斜配分の序列のなかで低い位置にあった大学、たとえば**医学部を持たない地方国立大学**である。これらの大学はすでに、日常的業務に支障をきたすほど予算額が低かったり事務職員数が減らされていたりする。こうした状態が放置されれば当然ながら教育の質は低下し、大学間格差も拡大の一途を辿るだろう。

競争的研究費の拡大――大学間格差を崩しつつあるが……

それでは、大学間の硬直した格差を突き破ることを狙った競争的資金（コラム「国家財政に占める高等教育費の割合」を参照）の導入は、大学間格差にどのようなインパクトを与えつつあるのだろうか。

競争的資源配分の代表にもみえる**COE**を考えてみれば、人文科学系の採択数は（理工系分野で国立大学の採択数が圧倒的なのは自明であるから）、国立大学の一三件に対して私立大学では六件。採択率でも国立大学の三〇％に対して私立大学では一八％と大きな開きがある。こうした結果からは、競争的資金が既成の固定的格差を広げる結果を招くようにもみえる。しかし、COEよりも大きなインパクトを持つと考えられるさまざまな競争的資金（**科学研究費**、**特殊法人等における基礎研究推進費**など）の効果についても考察する必要があるだろう。ここでは、平成一〇年一一月〜平成一一年一月の間に国立・私立大の専任教官一万六〇〇〇名に対して郵送法により実施された調査（筑波大学大学研究センター、『大学研究』、二一号、二〇〇〇年に詳しい結果が掲載されている）にもとづく、**加藤毅**（2001）の分析に依拠して話を進めてみたい。

加藤の議論を一言で要約すれば、たしかに競争的な研究資金は既成の大学類型（国立大学／私立大学、国／地方の設置者別、学部／大学院、旧制／新制 etc.）を突き崩す効果をもっている。つまり大学間ボーダーの弱体化という現象が進行しているのである。しかし、**専門分野**によって変化の内容が異なるために一般論は意味をもたないが、競争的資金は大学間格差とは別の意味での格差を広げつつある。その代表ともいえるのは専門分野間の格差である。加藤は、平成九年度の**年間研究費**を人文社会、理学、工学の三分野で比較しているが、単純に平均額を比較すると**人文社会の二一四万**に対して**理学**では**二二五八万**、**工学**では**一三〇〇万円**。人文社会系と理工系とのあいだには決定的ともいえる相違が存在していて、それに比べれば大学類型間の差などそれほど大きくはない。むろんこの点は数字を確認しなくても、われわれが直観的によく知っていることである。研究ツールの値段が段違いだから当然、という意見があるかもしれないが、それなら資源の傾斜配分による序列化を、理工系と同じように人文社会系に適用するのは不条理である。じっさい、「研究活動の規模においてこれほど大きな格差が存在しているにもかかわらず、大学を構成する同等の一部局として、必要とされる制度的対応を欠いたままフローの直接的研究費のみが拡大してきた」（加藤毅2001、二四ページ）ことは、大学改革の大きな盲点といえるだろう。加藤はさらに、助成金額の大きな資金が研究費配分にどのような影響を与えているのかを分析している。平成七年から九年への増減をみると、薬学（一五五％）、化学（一四九％）、生物（一四二％）といった専門分野では軒並み高い増加率を誇っているのに対して、人文社会系では一～二割の増加率にとどまっている。つまり競争的研究費は、重点化された研究分野に対する一層の集中を加速させているのである。

それでも、人文社会系でも二割程度の研究費増がなされているのではないか、という見方もあるかもしれない。しかし加藤は同じ調査結果から、競争的研究費が研究者間の格差を拡大するように作用していることを示している。人文社会系で最も研究費の少ない二〇％に属する研究者の研究費の伸び率は九％にとどまっていて、伸び率の高い第四分位の二六％との間には大きな差がある。研究費の少ない研究者が、学術研究予算の大幅増という動きのなかで取り残されつつある。競争的資金は、たとえ大学間格差を突き崩す場合でも、それとは別のタイプの格差を広げつつあることがわかる。

見えない大学界の共通利益

教官の**任期制の導入**による人事の流動化については、大学人が当事者であるだけに数多くの議論があるものの、ここで一言だけ付け加えておきたい。多くの大学教師は、「任期制」とか「流動化」をただちに身分保障やリストラの問題と結びつけて考える傾向がある。しかし本来人事の流動化とは、同じ部署に同じスタッフが長期間とどまることによる停滞を避けるため、人事異動によって組織の風通しをよくすることであろう。たとえば同じ教官が数十年にわたって小講座に「小天皇」として君臨するような事態を避けるために、同じ大学に十年以上とどまることができず、他の機関に移動しなければならないというルール（任期制）を設けることはたしかに有効である。しかし、現実にはそうした議論はほとんどない。いうまでもなく、そうした**人事異動を可能にするシステム**が存在しないからである。現状で教官の任期制を導入すれば、プロ野球のフリー・エージェント制のように優秀な人材の集中を招くと同時に、大半の教員のリストラをもたらす可能性がある。こうした事態を避けて真の意味で人事の流動化を行なうためには、**人事を司る上位機関**が必要になってくるのである。

この点とかかわって重要なのは、国公立大学を法人化するプランが現実味を帯びてきたとき、大半の大学人が個々の大学が別個の法人になる、というイメージをいつの間にか自明視していたことなのである。人事の流動化を大学界全体の利益に通じるかたちで行なうためには、たとえば**全国立大学が一つの法人になる**というプランの方がずっと現実的だったのだ。それでは新しい省庁（たとえば国立大学庁？）をつくるだけで、各大学ごとの自由裁量の余地がなくなり、大学の「多様化」に逆行すると反論されるかもしれない。しかし、お役所ではなく法人を創設する以上、同じ法人に組み込まれたから各部署が自由裁量を発揮できないというなら民間企業のダイナミズムは存在しないことになる。逆に別々の法人になったから多様化が図られるという保証もどこにもない。そもそも、改革の謳い文句が不当な格差ではなく正当な序列（ハイアラーキー）というところにあったとするなら、新制度学派による市場か序列かという議論を改めて引くまでもなく、内部組織の方が効率的に序列を設定できるという見解もありうる。むろん、ここで言いたいことは大学界の構造を新制度学派の視点から分析するのが有効か否かということではなく、個々の大学が別々の法人になって生き残りをかけて相互に競争するという**ネオ・リベラリズム的なイメージ**を、大学人がいつの間にか植え付けられていることが最大の問題なのである。

最後に、**国公立大と私立大との格差**を是正しようとする議論について考えてみたい。いうまでもなく日本の大学界は、**大学生定員の八割を私立大学が占める**ユニークな特徴をもっており、国公立大と私立大との格差をどう是正するかをめぐってさまざまな議論が戦わされてきた。国立大の学納金の引き上げ、私立大への助成の増額など、実行に移されてきた政策も多い。しかし、いずれの方策も決め手に欠けることは明らかである。国立大学の授業料をこれ以上引き上げることは非現実的であり、国立と私立に対する国庫支出を完全に均等化することは、私立大学側も望んではいない。日本私立大学連盟は、「国立大学と同じ国庫支出を受けることは**私学存立の意義**を忘却することになる」と述べている（市川昭午 2000、一二三ページ）。国立と同じ公費助成を受けることは私立大学の国有化といってもよく、国立と変わらない政府統制に服することになるので、「私学がその自由と独立を保持するためには、経費のなかに占める私学助成の割合に一定の制約が出てくることは、これを甘受しなければならない」からである。また、国立大学の設置形態を変えることによって私立大学との均衡を計るという考え方も一九七一年以降しばしば登場しているが、独立行政法人化がはたして格差の是正につながるのか、全く不明のままなのである。

大切なことは、国立／私立の格差を解消させてくれる魔法のような方策を求めて空理空論を積み重ねることではなく、むしろ格差の現状はどうなっているのか、最も深刻な問題点がどこにあるのか、その実態を把握することである。目下のところそうした**実証研究が決定的に不足**している。そこで次に、数少ない実証研究を手がかりにして、設置者別大学間格差が深刻な問題となっている点はどこかを考察してみたい。

大学間格差──設置別なのか研究機能の強弱による序列なのか

国公立／私立の設置者別で研究環境・教育環境にどのような違いがあるのかを厳密に議論するのは難しい。たとえばKaneko（1989）によれば、一般に国立大学の方が私立大学よりも学生一人あたりの教育費が平均として高くなるのは、私立大学において社会科学など教育費が比較的安価な専門分野が多いことが一つの理由だと指摘している。設置者別の格差を問題にする前に、まずは**専門分野間での教育費のばらつき**を問題にしなければならないのである。

最初に、学生に対する教育・研究条件の違いを明らかにするために、各大学の学生一人あたり消費的支出（設備投資にあたる資本的支出を除いた支出）を国立／私立の学部ごとに比較分析している業績を参照したい（cf. 米澤彰純・吉田香奈 2001）。この論文は一九九六年のデータをもとに、次のことを明らかにしている。

① 国立大学の消費支出が私立大学のそれを明確に上回っているのは文学部、農学部、工学部、理学部、薬学部であり、その際は農学部で最も大きい（ほぼ二対一）。工学部、理学部、薬学部では国立大の一に対して私立大が〇・八前後の開きがある。

② これに対して、教育学部、経済学部、法学部では国立大学と私立大学の差が少ない。

③ 歯学部・医学部では、私立大学の消費支出が国立大学を明確に上回っている。

以上により、専門分野ごとにみれば設置者間に必ずしも教育費の大きな格差が存在するとは限らず、分野によってはむしろ私立大学の教育費が国立大学を上回っていることが明らかになった。

それでは、国立大学の文、農、理、薬学部で学生一人あたりの消費的支出が私立大よりも大きい理由はどこにあるのだろうか。米澤らによればそれは**人件費の格差**であり、学生一人あたりの本務教員数の多さにある。学生一人あたり消費支出をさらに費目別（人件費、教育研究費、管理費・補助活動事業費）にして比較してみると、人件費は歯学部・医学部を除いて国立が私立を上回っているのに対して、教育研究費は農学部、薬学部を除いて私立が国立を上回っている。また、学生ではなく教官一人あたりの支出（給与、研究費、補助活動費）を比べてみると、今度は医学部を除くすべての学部で私立大学の方が高く、文学部や農学部では逆に私立の方が倍近い支出額に達している。「国立大学の方が研究条件がよい」という一般的見方は、資金面に関する限り大半の学部でむしろ逆の結論になりそうである。学生一人あたりの支出では国立大学が上回るのに、教官一人あたりの支出では私立大学が上回るという逆の結果が出てくるのはなぜだろうか。その秘密は、私立大学では授業を行なう教授以外の助手や講師、若手助教授といった補助的な本務教官数を絞り込んで、**非常勤講師への依存**を高めている点にある。つまり私立大学で学生一人あたりの支出が少ないことのしわ寄せは、非常勤講師への負担となって現れているのである。設置者別の大学間格差とみられたものは、国立大と私立大の支出構造の違いを通じて非常勤講師層という不安定なグループに転嫁されている。換言すれば**大学間不平等が大学人の不平等へシフト**されているということであり、こうした点にこそ、真剣に対処しなければならない真の問題が潜んでいるのである。非常勤講師については次節の「大学人の不平等」において詳述されるので、ここでこれ以上はふれないことにする。

むろん以上の比較はあくまで平均値であり、国立大学内部にも私立大学内部にも著しい大学間格差がある。米澤らの分析では、学生一人あたりの消費支出では国立大学の分布と私立大学の分布とが重なり合っていて、国立／私立といった設置者の違いは、大学の経済的な教育条件を示す指標として十分なものではなくなっているのである。したがって、「国立大と私立大の格差を解消する」といった粗雑な問題設定は現実から乖離しており、大学改革の指針とならないことは明らかである。むしろ先の非常勤講師の例でみたように、格差の歪みによって**誰がしわ寄せを受けているのか**を明確にすることこそ大きな課題である。

ところで国立大学／私立大学の間ではなく、それぞれ国立大学内部、私立大学内部での教育条件の格差は何に由来しているのであろうか。予想されるのは、研究機能の強弱から把握される大学間序列であり、米澤らも学生数に占める大学院生の数を研究機能の強弱を示す指標として、大学院生の割合と学生一人あたりの消費支出との関連を検討している。その結果、理学部、工学部、農学部などの自然科学系の学部では、大学院生の割合の高さと教育研究費の高さとに明確な正の相関が認められることが判明した。これらの学部では、研究大学―非研究大学の軸が大学間格差を規定していると考えることができる。しかしその一方で、文学部、経済学部、法学部など文科系の分野では、大学院生の割合と消費支出の高さについて相関がみられない。薬学部、歯学部、医学部においても同様である。つまり、財務状況からみた大学間格差が何に由来するのかは、自然科学系以外の分野では依然として不明なのである。声高に「大学間格差の解消」を叫び、行き当たりばったりの「改革」によって大学界を翻弄するよりも、格差の実態とその形成要因の分析について、地道なねばり強い実証研究が求められているといえよう。

（**水島和則**）

引用文献

Kaneko, Motohisa（1989）*Financing Higher Education in Japan - Trends and Issues*, Research Institute for Higher Education, Hiroshima University.

天野郁夫（1986）『高等教育の日本的構造』玉川大学出版部。

市川昭午（2000）『高等教育の変貌と財政』玉川大学出版部。

加藤毅（2001）「大規模外部研究資金のインパクト」、矢野眞和編『高等教育政策と費用負担――政府・私学・家計』文部科学省科学研究費補助金・研究成果報告書、二一～四二ページ。

米澤彰純・吉田香奈（2001）「日本型マス高等教育の財政構造」、矢野眞和前掲書、七九～九七ページ。

大学人の不平等

大学空間はさまざまな大学人の、さまざまな格差によって階層的に構成されている。一般的に「大学人」と言うとき、大学で行なわれる研究・教育に携わる人々――すなわち、教授、助教授、専任講師、非常勤講師、助手などを念頭に置くことが普通であるが、今日の大学の実情では、事務職員や技術職員、さらにはTA（ティーチング・アシスタント）[1]を受け持つ大学院生たちの存在も無視することはできない。これらの多様な人々による、多様な階層格差によって維持・運営されているのが大学の現実である（もちろん、この「格差」が全面的に悪であるわけではない）。

フレキシビリティと分断統治

しかし、そのなかでも**非常勤講師**をめぐる諸問題には、現在の大学制度あるいは大学改革が抱える矛盾が集約されている。少子化と国際競争への対応を口実に、雇用のフレキシビリティの美名をまとった**不安定雇用**の強化・拡張の問題が大学空間全体を覆おうとしており、そのことが大学に携わる多くの人々の自己規制や萎縮を生み出している。今日、大学空間の階層格差を論じるとき、大学人の全身分における不安定就労化の問題を避けて通ることはできない。経営原理に好都合な労働の**流動化**（＝**不安定化**）の論理は、非常勤講師や助手や事務職員や技術職員といった、従来も弱者の立場に置かれてきた人々ばかりでなく、個別大学内外における競争原理や評価制の導入とともに、これまである意味で「特権的」身分にあった専任教員にも適応されようとしている。

もちろん、従来、大学の専任教員が、大学や学問の自治・自由の名目のもとで、単なる自己保身や既得権益の擁護といった自閉論理に陥っていた面があることを忘却するわけではない。しかし、だからといって昨今日本の大学空間に吹き荒れる新自由主義《ネオ・リベラリズム》的「改革」が展開しているような、戦後高等研究教育の貧弱な予算配分の抜本的改善を抜きにした、あるいは国家政策責任を棚上げしつつ節約経済《エコノミー》論理を運命として甘受することを課す政策が、大学や学問の発展や社会貢献の実現に寄与するとはとても考えられない。そこに生まれるのは、人為的・政策的に貧血状態へと追い込まれた予算と縮小再生産に起因する**分断支配**以外の何ものでもない。一部の少数者（理事会などの経営サイドとそこと関係する教員）を除く大学人全体の非常勤化傾向は、従来よりもいっそう露骨かつ低劣な自己保身の論理を（自己責任の論理として）醸成・正当化し、経営的合理主義を甘受するように仕向けるのみならず、それに加担するような専任教員をも生み出し、その結果、専任教員の内部で、そして、その他の身分の人々とのあいだに、ルサンチマン溢れる関係が出現し、そうしたリアリティを背景に分断統治が関係者の発想そのものにまで浸透しつつある。

非常勤講師という名のサバルタン（従属世界の抑圧された存在）

非常勤講師は大学での**全授業の平均四〇％**を担っているが、経済上・身分上・社会保障上、極めて劣悪な条件で搾取されている。本務校を有する兼任講師、その他の定職を有する兼業講師はともかく、どこの機関にも本職をもたない専業非常勤講師は極度の**低給**、**無権利**、絶えざる**リストラの恐怖**に晒されている。給与は**一コマ**（週一回九〇分）**月二万五〇〇〇円前後**が相場で、ボーナスも昇給もない。長期休暇分（夏休み、冬休みなど）は無給の大学も多いし、交通費の支給がないところさえある。原則的に**一年辞令**であるから、将来どころか次年の家計の見通しもつかない。当然、一コマ分の給与では独身であっても生活できないから、複数の大学で一〇コマ以上も掛け持ちする人も出てくるが、その場合に要する**移動の時間と労力**は膨大となるケースも多い（午前は千葉の大学、午後は神奈川の大学といった具合）。実際は、それほど多くの大学に同時に**コネ**を得るのは難しいので、塾や予備校の講師や高校の非常勤教員で補う場合が多い。しかし、少子化の現実は大学ばかりでなく教育産業全般を構造的不況業種へ追いやっていて、かつて大学院生たちや非常勤講師たちを支えた受験産業も雇用が激減、労働条件も悪化しており、予備校の講師はいまや狭き門となっている。よしんば採用されたとしても、経営合理化圧力による労働強化のなかで、大学における研究職、教育職をあきらめざるをえなくなる者も多い。

社会保障や**福利厚生**も専任教員と較べて存在しないに等しい。年金や健康保険が国がかりであるのはもちろん、家族手当や住宅手当は支給されない。大小にかかわらず病気や怪我は失業に直結する。このような状況は多くの専業非常勤講師たちを、現在および将来に対する精神的不安のなかにつねに置き続けることを意味する。非常勤講師たちの経済・身分・福祉厚生などにおける不安定と不平等は、彼らの生活・教育・研究条件に著しい不利と不平等をもたらすものであって、労働問題を惹起すると同時にほとんど**人権問題**にすらなりかねない(2)。

また、大学のカリキュラム構築が非常勤講師の協力なしには不可能であるにもかかわらず、非常勤講師には、みずからがその一部を担っているカリキュラムの編成や運営にまったく**発言権**がない。それどころか、担当授業が学部あるいは学科のカリキュラムのなかで、どのような位置づけと意味合いをもつのかについて詳しい説明がなされることすらほとんどない。講師がカリキュラム構成の基本的情報開示を受けていないので、学生への対応にも戸惑うことになる。これは教育の観点からみても大きな制度的欠陥である。さらに非常勤講師はカリキュラム編成のみならず、大学全体の問題についても議論の埒外に置かれている。今日、多くの大学で急ピッチで進められている「改革」について、自分の職場の問題であるにもかかわらず、専業非常勤講師はそれらの重要な議論に一切参加することはできず、決定された結論だけが一方的に通達されるのを甘受せざるをえない。専業非常勤講師は、まさしく、大学という知的空間における疎外された低賃金労働者（大学空間における「南北問題」）、「サバルタン」（声なき者、存在しない者）といえるかもしれない。

教職員組合も非常勤講師のこうした劣悪な条件を同じ職場の問題として取り上げはするが、その優先度は低い。学内の新自由主義《ネオ・リベラリズム》的再編成が強行する専任教職員の数減らし圧力への抵抗や既得権利の擁護にエネルギーを奪われ、非常勤問題に関する対応は後回しにされているのが現状である。それどころか、非常勤講師の権利の伸張は専任教員の権利の縮小につながる（あるいは経営側がそうした交換戦略をとってくる）とみなされると、組合が同一職場に属する人間の労働条件を無視するという事態も生じかねない。ここにも分断統治の温床がある。

以上のごとき「搾取」と呼ぶしかないような、さまざまな不公正な境遇を多くの専業非常勤講師たちに受け入れさせる理由は、もちろん大学の専任職への希望にほかならない。しかし、日本の大学の場合、その**専任ポストの選抜システム**が極めて**不透明**なことが、ますます専業非常勤講師たちの閉塞感をつのらせ、またはルサンチマンを醸成してゆく。多様な専門が存在する以上、完全に公正な選抜基準はありえないが、最低限の説明責任も果たされていない現状は改善されるべきであろう。

浸透する不平等

ここまで、専業非常勤講師制度が抱えるさまざまな問題を提示してきたが、それは単に非常勤講師だけに関わる問題ではなく、今日、もっと広く助手や大学院生、職員、さらに専任教員の問題ともなってきている。まず、**助手**について言えば、将来の助教授への昇任が保証されていた、かつての専任助手のような制度はもはや少数の特権的大学あるいは特権的学部にしか存在せず、国立大学においても助手の**任期制**が一般的になりつつある。それも二、三年の短い任期が多い。その権利の縮減が著しいにもかかわらず、教室や講座の土台を支える労働力として助手は過剰な労働にさらされていて、「若手研究者の育成」「博士論文作成の身分的・経済的支援ポスト」という助手採用の理念はほとんど有名無実と化している。そして任期が切れれば、右の非常勤講師生活が待っており、また短い助手任期のあいだに専任職を見つけることは、大学空間全体の緊縮財政政策のなかで、最も多くの植民地大学を抱える東京大学の在籍者・出身者でさえ年々困難になっている。

専業非常勤講師問題と並んで、日本の大学政策の矛盾が顕著に現れているのが、**大学院生**（とりわけ後期博士課程およびオーヴァードクター）問題である。一九八〇年代に準備され一九九一年から推進された**大学院重点化**方針の結果、大学院生の数はこの一〇年で倍増したが、経済合理化政策の同時的導入で教員ポストの量自体は縮減されている。つまり大学教員市場の需給バランスが完全に崩壊しているのだが、この国家レベルの失策を文部科学省や経済産業省や財務省は認識していない。研究者希望の大学院生の就職難は専任ポストが得られるかどうかという以前に、非常勤講師に就くことさえ狭き門というところにまで至っている。そうした研究教育機関への就職不安という背景が、とりわけ理工系大学院生を**研究室**や講座の下働き労働へと駆り立て、また、研究室側も経費削減のあおりを食って、安手の、あるいは無償の労働力として院生たちをあてにせざるを得ない。非常勤の労働力なしには大学のカリキュラム運営が不可能であるのと同様に、**大学院生の労働力**なくしては研究室の機能が維持されえない状況が生まれている（特に理工系）。しかし、そうした労働力の動員の見返りは当然保証されているわけではなく、極めて不透明かつ曖昧なかたちで、就職を世話することも実質的にできなくなっている教員への無為の**忠誠心**として蕩尽されている。しかも、学内外の事情から多くの大学院生にとって動員への**拒否権**を行使することは極めて困難である。にもかかわらず、就職が結果的に獲得されなかったとしても、それは大学院生個人の自己責任というかたちで不透明に処理されるのである（暗黙の共犯関係における不利益甘受圧力）。

日本育英会などの奨学金制度や**学術振興会**（学振）**特別研究員**の採用などを享受できればまだ良い。けれども、各種奨学金や学振の拡大も大学院重点化に伴う院生数の急激な増大の前には焼け石に水である。さらに悪いことに、奨学金の、とりわけ学振特別研究員の採用は、院生個人の実力や研究課題の重要性を無視して、明治から戦後へと引き継がれた**大学間格差構造**に組み込まれたかたちで（不平等に）配分されている。ここから、またしても、大学間あるいは同一大学内・同一研究室内における、院生同士のルサンチマンや閉塞感が産出される。（本人の実力とは関係なく大学間格差あるいは分野間格差などによって）奨学金を受けられず、研究室での下働きに動員される学生たちは、まさに知的ルンペン・プロレタリアート（資本主義社会の最下層に位置する浮浪的な極貧層を意味するマルクス主義的用語）と呼ぶにふさわしく、なおかつ、彼らは学費を払いながら、そうした状況に置かれているのである（生活のためだけに搾取されているのではない点で、純粋なルンプロとは異なるが）。

競争的配分の硬直性

以上のような苦労のゴールにあると期待されている専任教員の現状がどうかと言えば、これまた市場圧力によるさまざまな困難に直面している。任期制導入、教職員削減と改革業務による労働強化（教育・研究への足枷）、トップダウン方式による人事権・自治権の弱体化および剥奪（教授会、教室などの中間集団の弱体化・崩壊）、学生評価・外部評価の導入による教育・研究への近視眼的業績圧力、大学院重点化がもたらす指導学生の過剰、大学院教授昇格にまつわる大学間格差——その他、学問の自由の「理念」を脅かす数多くの問題が山積みであるが、枝葉末節をあえて暴力的に捨象し、その根幹的問題だけを抽出すれば、そこに見られるのは、新自由主義へと傾斜した政官財癒着構造が押し付ける、公正な競争とは程遠い不平等競争、安上り教育研究政策であり、さらにその「安上り不平等政策」を糊塗する市場合理性と評価制と不均衡な説明責任（中下層の人々には説明責任を義務づけながらも、その義務を課す上層部は説明責任を実践しない）などの新自由主義的イデオロギーである。また、このイデオロギーは、上述してきた大学空間を構成する各階層のルサンチマンのリアリティを原動力にもち、各大学人の意識下レベルで分断統治のヘゲモニーを起動させるだけになおさら始末におえない。

教授、助教授、専任講師、助手、（専業）非常勤講師、大学院生などのあいだでの、不透明なルールと支配関係が生み出す身分差別体制それ自体が[3]、明治以来の日本の大学空間の身分制（知的封建制）として批判されるべきなのは正論なのだが、その正論が市場原理による身分制の打破という欺瞞に流用されてしまうのは問題である。確かに、大学空間の不平等を市場原理の導入によって一気に解体しようとする欲望は、不透明な選抜システムを温存するアカデミック差別に苦しむ（専任教員以外の）人々にとって一見手っ取り早い解決策に見えるかもしれない。だが、そのとき注意しなくてはならないのは、市場原理、競争原理の導入が差別を解消する際に目指すのは、専任以外の人々の経済的・身分的・社会的権利を専任の水準に引き上げる上昇的解決ではなく、専任の諸権利を非常勤の水準に引き下げる**下方的解決**だという点である。すなわち、低水準の諸権利を否定し、高水準の権利を万人に平等に分け与えることではなく、高水準の権利を否定し、低権利へと引き下げ低水準を常態化《ノーマライズ》することなのである。専任の「特権性」は否定されるものの、大学空間を構成する大多数の人間が「平等に」賤民であることに満足して良いのだろうか。

　また、この低水準化は**学問分野の「選別」政策**とも表裏一体である。研究資金の重点的配分政策が目指すような、ごく一部の少数の先端科学研究の発展が、その他大多数の研究分野の犠牲と引き換えにされて良いのだろうか。そうした方向で、果たして、長期的に見た場合に先端科学研究の足腰が弱体化し、二十一世紀の「科学技術立国」の礎が危うくなることはないのだろうか。そもそも健全かつ成熟した市民社会の豊かさの実現のためには、先端科学研究（もちろんこれも必要だが）以外の、一見「無益」に思われる（すなわち経済合理主義的競争原理にはのらない）分野の擁護・発展が必要なのではないか。経済技術的な短期的視点ではなく、**基礎的・長期的な視点**からの慎重かつ公共の場に開かれた議論がもっと必要であるように思われる。

提言

1 非常勤講師の生活・労働・研究・教育条件に関する文部科学省による全国実態調査（兼業非常勤講師、専業非常勤講師、任期付き外国人講師、女性講師などのカテゴリー別調査も含めて）。
2 1に基づく待遇改善。
3 非常勤や任期制などの不安定雇用から少しでも多くの有能な研究者・教育者を解放するために、国公私立大学への財政支出の対GDP比を少なくともOECD加盟国平均水準にまで引き上げ[4]、その中から人件費の充実を図る。
4 本務校または他の定職をもたない非常勤講師（専業非常勤講師）にたいしては、講師給のほかに、一定額の研究費を支出することを義務化する。
5 科学研究費申請の非常勤講師枠の設定。
6 任期付き外国人講師の正規専任教員化。
7 女性専任教員枠の設定（アファーマティヴ・アクション）。

（藤本一勇）

注

（1） 優れた大学院学生に対し、教育的配慮の下、学部学生や修士課程学生に対する実験、実習、演習等の教育補助業務を行なわせ、これに対する手当支給により、学生の処遇の改善に資するとともに、大学教育の充実及び指導者としてのトレーニングの機会提供を図る制度。

（2）二〇〇二年二月および九月に、首都圏大学非常勤講師組合、京滋地区私立大学非常勤講師組合、阪神圏大学非常勤講師労働組合、全国一般労働組合東京南部大学教員支部が文部科学省と厚生労働省に提出した陳情書を参照のこと。http://quoniam.social.tsukuba.ac.jp/union/200202Chinjo.html。また首都圏大学非常勤講師組合ホームページ http://quoniam.social.tsukuba.ac.jp/union.shtml も参照のこと。

（3）そうした格差それ自体が単純に悪であるわけではない。公正かつ透明なルールが、考え得る最大限の努力を払って作り上げられ、その下で行なわれる健全な競争の結果としてならば格差は容認されるだろう。問題なのは、説明原則を最大限尊重した、最大限の公正さと透明性を確保した人事評価ルールを、大学人が自主的に構築する努力を怠ったところで生じる、また大学人の自治が及ばない外部の力が介入したところで生じる、不公平かつ不透明な差別なのである。格差はなんらかの力関係を必然的に孕まざるをえないからこそ、完全な公正さと透明性を目指して、たとえそれが不可能だと分かっていても（あるいは分かっているからこそ）、最大限の努力をしなければならないのである。

（4）「ＯＥＣＤ教育インディケーター集」（一九九七年版、大学審議会答申資料より）によれば、一九九四年のＯＥＣＤ平均は一・一％で、日本は〇・五％である。この資料からの数字と分析に関しては、日本科学者会議大学問題委員会編『二十一世紀の大学像を求めて』水曜社、二〇〇〇年の「第七章　大学と財政」（六七〜七二ページ）に多くを負っている。ここに記して感謝したい。

セクシュアル・ハラスメント

近年、ほとんどの大学にセクハラ相談窓口が設置され、女性教官を採用すべしという圧力もそれなりに強まるようになった。しかし、それをもってセクハラ問題が一段落したと考えるのは早計であろう。セクハラ相談窓口の設置はほとんどの場合、セクハラ事件の発覚が学生募集にとって大きなダメージになるといった**危機管理的な発想**から行なわれているのが実状である。

セクハラ対策の推進力が危機管理的なものであるということは、セクハラの発覚をできるだけ隠したり押さえ込んだりする発想が根底にあるということである。セクハラ窓口の相談員には学内の教官が任命されていたり、同じ大学の出身者で教官に頭が上がらないスタッフがあてられていたりすることが多い。このような場合、窓口に相談が持ち込まれても、被害者の救済ではなくセクハラの隠匿が優先される可能性さえないとはいえない。反対に、セクハラが発覚して事件化するケースのなかには、**教官同士の争い**(対抗する教官の追い落とし)が背景にあるものが多く、それがまたセクハラに対する人々の認識を歪めることにつながるのである。それでは、相談窓口の設置といった対処療法的ではない解決案とはどのようなものだろうか。二つのケースを取り上げて考えてみよう。(なお、これらのケースは裁判によって真偽についての最終的判断が下されたものではないので、ここでは「論理的にこのようなことが起こりうる」ことを示す思考実験の材料として提示するにとどめ、「練習問題」と表記することにする)。

●**練習問題**(1) 研究者志望で他大学から大学院に進学した女性。その研究室は教官が全員男性、大学院生の大半も男性が占めていた。教官の一人が明らかに彼女に好意をもってきたが、直接に一対一で誘うことはせず、参加が強制される**飲み会**や泊まり込みの**合宿**が増えていった。教官が彼女に好意をもっていることがわかったのは、二次会や三次会で隣席したときにそれとないほのめかしが繰り返されたからである。合宿は対象地でのフィールドワークが一応の目的になっているものの、実際の作業や打ち合わせに比べて歓談だけの時間が長く、飲み屋のはしごやカラオケは苦痛以外の何ものでもなかった、と彼女は言う。彼女は次第に二次会以降の参加を断るようになった。あるときその教官に呼び出され、「君は研究には向いていない。修士号は出すけれども後期課程へは進学できない」と言われた。修士論文執筆中の指導はほとんどなく、論文の口述試験の際にも教官が彼女の論文を読んでいないことは明白だった。結局彼女は大学院前期課程だけを修了して民間企業に就職した。

●考察――私の見聞した範囲で非常に多かったのがこのようなケースである。こうしたケースが難しいのは、**直接のセクハラ行為**（卑猥な言葉、猥褻行為など）**があるわけではない**ので、セクハラ相談窓口に持ち込むのが不可能だという点である。研究活動が集団での行動を前提としている場合、目をつけた女子学生に個別にアプローチする必要はなく、二四時間彼女を**研究室に縛りつける体制**を敷くだけでよい。この体制に背を向ければ「研究への指向性がない」というレッテルを貼られ、事実上研究者への道を断たれることになる。このようなかたちで進学を断念した女子学生は少なくないのではないか。

共同作業が長時間・長期間にわたる実験・実習や調査・フィールドワークを遂行する研究分野では、教官が男性だけの研究室に男子学生（あるいは研究室の男性教官や男子学生と夫婦同然の関係になった女性教官や女子学生）しか在籍せず、次の世代の教官候補としても男だけがサバイバルする公算が高い。そうした研究分野はとくに**理工系**に多いと考えられるので、理工系に男子学生が集まり、文科系に女子学生が集まるという**性別進路分化**の一因ともなりうる。事態の打開には何らかのアファーマティヴ・アクションが求められるが、まずはその基礎となる**データの整備**が必要だろう。すなわち、**大学院前期課程進学者の男女比と後期課程進学者の男女比が大きく異なる場合**、あるいは**後期課程進学者の男女比と研究職についた者の男女比とに数字の開きがある場合**、何らかのセクシュアルハラスメントか、あるいはブルデューの言葉を借りれば「**象徴的暴力**」がこの過程で行使されたと考えるのが自然である。まずはそうしたデータの作成を義務づけることによって、閉じられた密室となっている多くの研究室を監視するところから始めるしかない。

また、女性教官の採用については、〇割といった「目標《ノルマ》」の機械的達成よりも、人事採用プロセスの透明化こそが重要ではなかろうか。私の主観的推測にすぎないが、採用が完璧に公平かつ透明に行なわれるなら、少なくとも人文社会科学系に関する限り、女性教官の割合が半分に達するのは時間の問題であるように思われるからである（コラム『大学教員の採用、真の公募制のために！』参照）。

●練習問題（２）　大学院に在籍するある女子学生は、同じ部局にいるある男性教官（指導教官ではない）の研究上の話し相手になることが多かった。二人だけで過ごす時間は長かったものの、会話は研究上の話題に限られ充実していたので、女子学生の方もこの教官と話す時間を楽しみに、誇りに思っていた。ところがある時、その男性教官は自分の妻に向かって、「好きな人ができたので離婚してほしい」と別れ話を切り出した。「好きな人」というのはほかならぬ、彼の話し相手になっていた女子学生である。驚いた教官の妻は、その女子学生の指導教官である女性教官に苦情を訴えた。女性教官の方は、男性教官の妻の話を鵜呑みにしたこともあって、自分の指導学生である女子学生の方が男性教官を誘惑したのだと思いこんでしまった。そこでただちに女子学生を呼び出し、男性教官のもとへ出入りすることの禁止と「私が悪かった」という**反省文の提出**を申し渡した。呼び出された当の女子学生の方は男性教官に対して学問的な尊敬の念こそ抱いていたものの恋愛感情はとくに持っていなかったので、彼女にとって女性指導教官の怒りはまったくの濡れ衣だった。しかし、指導教官に逆らうことはできずに結局虚偽の「反省文」を書いて読み上げる羽目になった。「女子学生が男性教官を誘惑した」という虚偽の噂が部局中に広まり、女性指導教官との関係も冷え切ったままなので、その女子学生が研究職をめざす道は事実上閉ざされてしまった。彼女は精神的に不安定になり、現在も病院通いを続けている。一方、台風の目だった男性教官は、妻と離婚もしなければ女子学生のために釈明をするわけでもなく、今も平然と構えている。

●考察――この事例は、セクシュアル・ハラスメントとアカデミック・ハラスメントの境界例である。男性教官は直接女子学生に性的関係を強要したり、誘惑したりしたわけではないので、直接のセクハラ行為は行なっていない。しかし、この女子学生のことを「愛している」とカミング・アウトしたことを通じて、結局この学生をアカデミズムから排除したことは事実なのである。この男性教官は、「愛している」という言明が権力関係のなかに埋め込まれた場合にどのような効果をもつのかに無自覚な点で、間違いなく加害者であるといえるだろう。

また、この事例では女子学生を排除したのは女性教官であり、**男性教官＝敵、女性教官＝味方という単純な二分法が成り立たない**ことが示されている点も重要である。私の知る限り、セクハラ被害者となった女子学生を同じ部局の女性教官がサポートするケースは少ない。なぜならセクハラとは権力関係の問題なのであり、加害者＝男／被害者＝女という単純な構造に還元されるようなものではないからである。男であれ女であれ、教官は大学の秩序を防衛するという意味で共犯関係にある。この女性教官は男性教官との良好な関係を維持するために女子学生を犠牲に供したともみることができるが、これはイブ・セジウィックが定式化したホモソーシャル（男性同質社会）な関係である。このような閉じた小社会が再生産する権力関係を変える方策を講じない限り、セクハラやアカハラがなくなることはないだろう。その方策についてここで十分な議論をする余裕はないが、セクハラやアカハラを**監視するのが大学の外部機関**であることが最低限の条件であることを強調しておきたい。さらに、若手教官であれ大学院生であれ学生であれ、非常勤講師であれ技官であれ事務助手であれ、アカデミズムで弱い立場に置かれた者たちが**大学を横断して連帯する**ネットワークを創出したり、大学間の移動を容易にする措置を講じることも必要であろう。

（**水島和則**）

研究者養成に絡む諸矛盾

長期的な視野と展望を欠落した、場当たり的な高等教育政策の一番の犠牲者となっているのが、若手研究者、あるいは研究者予備軍の人々である。日本の高等教育システムは、彼らに矛盾を一元的に押し付けることによって成立している。

二〇〇〇年九月、東京大学で**定年の延長**が決定された。年金支給年齢の引き上げに対応して、順次、定年を六五歳まで引き上げるというものだが、若手研究者を対象に任期制の導入が急速に推し進められている現状を考えたとき、そこには、日本の高等教育システムをめぐる問題点が象徴的にあらわれている。定年延長は評議会の決定に基づくものだが、評議会とはそもそも、総長、各研究科長（学部長に相当）、各附置研究所の所長と、各研究科の教授会によって選出された教授陣から構成されるものであり、そのことから容易に窺えるように、定年延長とは、自らの定年を目の前に控えた利害関係者の集団によって、まさに自分たちの個別的利害を守るために決定されたものにほかならない。そこには、日本の高等教育の未来をどのように作っていくのか、そのなかでまがりなりにも日本の大学の頂点に位置する東京大学がいかなる位置を担っていくべきなのかについて、高等教育と学術研究に携わるものとして将来を見据えたビジョンを作り上げていこうという姿勢は、一切、見受けられない。そしてなによりも問題なのは、将来の研究と教育を担っていくことになる若手研究者たち、そして同時に定年延長によってもたらされるポスト減少の一番の被害者である研究者予備軍を完全に排除したところで、そのような決定がなされていることである。

高等教育と研究の将来を担うはずの人々が、高等教育と研究の将来を規定していく諸決定が行なわれる場から完全に排除され、短期的なビジョンと個別的利害に基づいた場当たり的な政策に翻弄されていく。ときに、研究を取り巻く環境に対して疑問を提示し、なんらかの声をあげていこうとすると、とくに大学院生にとっては圧倒的な権力をもつ**指導教官**から**指導という名の圧力**をかけられ、ひどい場合には研究の場から締め出されていく。それが、若手研究者や研究者予備軍にとって、学術研究の将来を見据えた長期的なビジョンを構築し、そのために必要な連帯を形成していくことを、困難なものとしている。ここでは、そのような問題の所在を見据えるためにも、若手研究者や研究者予備軍を取り巻く状況をみておこう。

急増する大学院生

研究者予備軍を取り巻く基礎的な条件として、大学院生の数が急増している。大学学部生数の増加を勘案して、学部生の人数に対する大学院在学者数の割合を見てみると、とりわけ一九八〇年代以降、その割合が急速に増大していることがわかる（**図1**、**図2**）。それはとくに**修士課程**に著しく、六〇年代後半から七〇年代いっぱいまで二％前後で安定していたものが、八〇年代に入ると急激に増加し、二〇〇〇年には五・二一％とわずか**二〇年で三倍**近く上昇し

図１　大学院在籍者数の推移

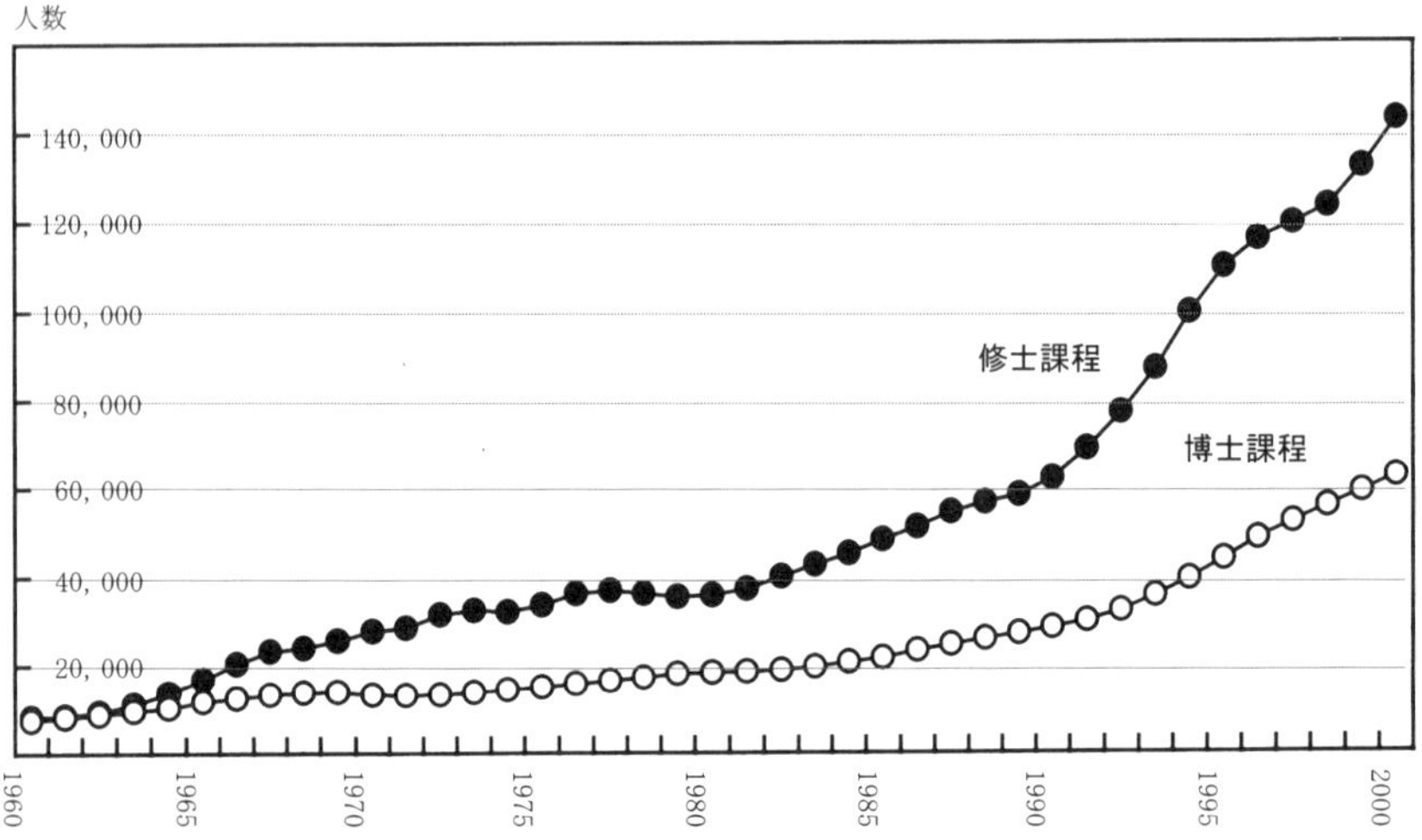

図２　学部生に対する大学院在籍者の割合

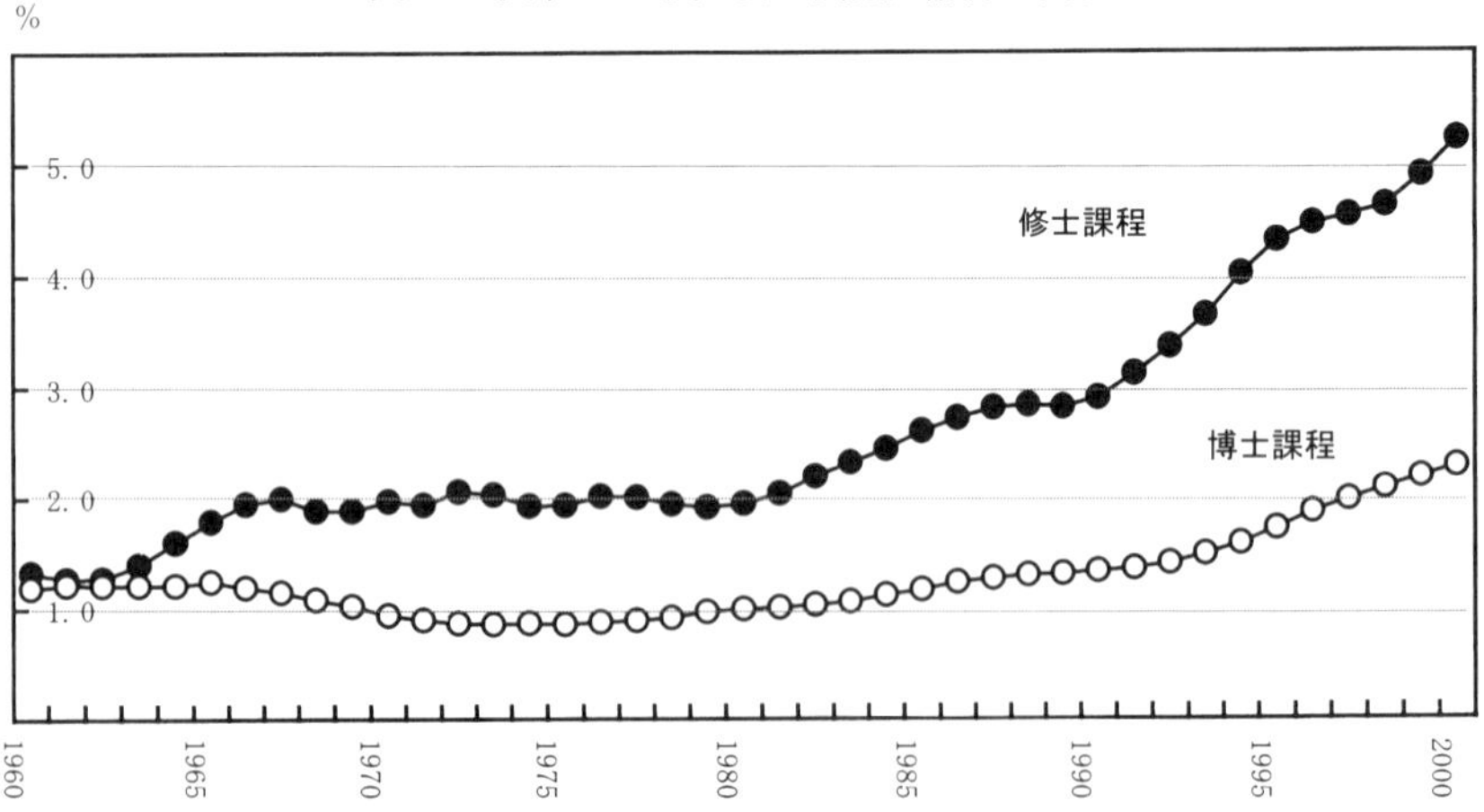

出典）ともに『学校基本調査報告書——高等教育機関編』各年度版より作成

ている。それほど著しくはないとはいえ、**博士課程**についても事情は同様であり、対学部生比率でそれまで一％前後で安定していたものが、八〇年代初頭から緩やかな増加傾向をみせはじめ、やはり二〇〇〇年には二・二八％と、こちらも**二倍以上**の伸びを示している。

ここで、このような増加が、**一九八四年**に提出された**学術審議会答申**「学術研究体制の充実のための基本的施策について」と**八六年**の**臨時教育審議会第二次答申**、**九一年**の**大学審議会答申**「大学院の整備充実について」、同「大学院の量的整備について」などを基盤とした積極的な政策的介入のもとで実現されたことに留意する必要があるだろう。一九八四年の学術審議会答申は、それまでも整備拡充の必要性が繰り返し主張されていた大学院について、**研究者数の需要予測**を具体的に立て（二〇〇〇年に研究者総数六〇万人）、その予測を基にして大学院修了者の「適切な供給」を政策的に実現して行くことを主張した。その提言は、「大学院の飛躍的充実」という名目のもと、二年後の臨教審第二次答申にも引き継がれた。そして一九九一年の大学審議会答申は、八四年の学術審議会答申から七年を経て、それまでの大学院在学者数の増加傾向と社会的動向とを踏まえながら、あらためて二〇〇〇年における大学院学生数を九一年当時の二倍程度の規模に拡大することを確認したのだった。

では、大学院の量的拡大という政策的指針は、どのような判断に基づくものだったのだろうか。以上の答申群がその根拠としてあげているのは、以下の四点である。❶学術研究の飛躍的な発展にともなう創造的研究者の需要拡大、❷企業などにおける高度の専門職業人に対する需要の拡大、❸海外からの留学生受け入れの増加、❹先進諸国（アメリカ、イギリス、フランス）に比較したときの大学院生数とその対学部生比率の少なさ（九一年の臨教審第二次答申では、これに❺社会人リカレント教育に対する需要の増大が付け加わっている）。

ここでなによりも問題なのは、大学院在籍者のこれだけ急激な拡大を図るにもかかわらず、その根拠が十分な合理性を持って提示されていないことである。一九九一年の大学審議会答申では、そのような政策を続行するにあたり、企業側が将来的に大学院修了者の採用を大幅に拡大したいとの意向を持っているとの調査結果を根拠としてあげながらも、その一方で、「企業の人材需要は必ずしも数量的に明確な把握はできない」ことを認めていた。その結果、具体的なデータが提示されているのは、③、④だけにとどまっており、そこからは、上記の数値目標の設定において、先進諸国並みの大学院生比率の実現という目標が先行しているかの印象さえ受けてしまう。じっさい、同答申は中間決済としての意味を持っているにもかかわらず、そこでは先進諸国に対する大学院生比率における劣位が指摘されたうえで、八〇年代以降の大学院在籍者数の拡大傾向を継承しそれにわずかな上方修正を加えることによって、二〇〇〇年の「需要」規模が算定されている。そのようなかたちで、八〇年代以降一貫して、大学院の規模拡大が先にありきという状況が作り出されてきたのである。

その結果、大学院在籍者数の量的な拡大、とりわけ博士課程のそれは、**供給の拡大に需要の拡大が追いついていかない**という現実に直面した。そのような状況のなか、一九九六年の大学審議会答申では、大学院における教育・研究の質的向上という題目のもと、産業界からのニーズにかなったかたちで大学院教育を再編成していくことを次なる課題として設定することを余儀なくされることになる。なるほど、そのような政策的修正は長期的には一定の成果をあげるかもしれない。しかしその傍らでは、二〇一〇年には五〇〇〇人から六〇〇〇人の博士課程修了者が供給過剰になるという予測が、すでに一九九八年に大学審議会大学院部会という公の場で提出されているように、八〇年代以降の野放図なまでの大学院拡充路線のツケとして、博士号を取得したにもかかわらず少なからぬ人々が職を見つけることができないという、深刻な**ポスドク問題**が引き起こされているのである。

若手研究者、研究者予備軍への経済的支援制度

大学院の量的拡大と並行して、それを経済的側面から支援する体制が組まれてきた。**一九九六年**七月に閣議決定された**第一期科学技術基本計画**において、「若手研究者層の養成、拡充等を図る」ものとして「ポストドクター等一万人支援計画」が打ち上げられ、同計画を二〇〇〇年度までに達成することが謳われた。その中核をなしたのが、**一九八五年**にやはり同様の目的で設置された**日本学術振興会の特別研究員制度**である。設立当初、一四四人を対象に研究奨励金を支給するにすぎなかった同制度は、設立以降着実に規模を拡大し、一九九五年の段階ですでに三一〇〇人への支援を行なうものとなっていた。「ポスドク一万人計画」の決定は、そのような規模拡大を一層後押しし、さらに海外特別研究員制度や外国人特別研究員制度、リサーチ・アソシエイト制度、国立学校特別会計に基づく非常勤研究員制度（以上、旧文部省の管轄）、科学技術特別研究員制度、基礎科学特別研究員制度（以上、旧科学技術庁）、産業技術フェローシップ制度、ＡＩＳＴフェローシップ制度（旧通商産業省）、厚生科学研究推進事業（旧厚生省）、新技術・新分野創出のための基礎研究推進事業（旧農林水産省）などなど、実にさまざまなかたちでポスドクを支援・活用するための体制が組まれ、その量的拡大が図られてきた。その結果、「ポスドク一万人計画」は、当初予定の二〇〇〇年を待つことなく一九九九年には早くも実現された。そのようなポスドク支援体制の量的充実の達成を踏まえ、**二〇〇一年**に閣議決定された**第二期科学技術計画**では、ポスドク制度の質的充実へと重点をシフトすることが謳われるにいたるのである。

また他方で、大学院生に対する旧来からの経済的支援策としての**日本育英会**の奨学金についても、拡大が図られて

きた。その規模はとりわけ一九九三年前後を境として急速な伸びを見せ、一九八〇年代には一貫して二万人台後半で安定し、一九九三年にも三万一九六〇人にとどまっていたものが、翌九四年には三万五四六〇人、九五年には三万九六六〇人と大幅な伸びを見せ始め、九八年には五万人を突破、二〇〇〇年度には七万五二九〇人へと、わずか七年のあいだに二倍以上の量的拡大が実現されるのである。

しかし、以上のような経済的支援体制の大幅な拡大にもかかわらず、それらの施策が、先に確認した大学院生数のあまりにも急速な増加をフォローしえていないことに留意する必要があるだろう。**博士課程**の在学者に着目すると、総数**四万五二二二人**のうち、日本学術振興会の特別研究員として研究奨励金の支給を受けているのは二九二四人（**六%**）、育英会奨学金を支給されているのは二万九四三人（**四六%**）に過ぎない（二〇〇〇年度）。そのほか、リサーチアシスタント（約四四五〇人、**一〇%**）やティーチングアシスタント（約八〇〇〇人、**一八%**）などの制度もあるものの、前者については年額四四万円程度、後者についても三三万円程度と、その支給額は僅かなものでしかない。その結果、博士課程在学者のほぼ**半数**が、日本学術振興会からも育英会からも経済的支援を受けることができず、家庭からの援助を頼るかアルバイトに奔走することを余儀なくされているのである。じっさい、博士課程在学者のうち**アルバイト**に従事している者は六三%にのぼり、しかもその半数は、アルバイトなしでは大学での研究を続けていくことが困難であるか、あるいは不自由を感じている。しかし問題は、たんに、経済支援策のそのような量的不足だけにあるのではない。

第一に、さきに確認したように、学術振興会の特別研究員制度の恩恵を蒙っているのは、博士課程在学者に限ってみればわずか六%に過ぎない。しかも、特別研究員制度の充実は、その恩恵にあずかることのできた幸運な若手研究者にとっても、差し迫った数年間の経済的問題を解決してくれるにすぎない。近年、若手研究者を対象としたポスドク制度は大幅に拡充されてきたが、しかしその後のポストに大幅な増加が見られない以上、若手研究者にとってポスドク制度は、**抜本的な問題の解決を先送り**するものにすぎない。そもそも問題は、大学院の量的拡充の前提となった**研究者需要の将来予測を、大きく見誤った**ところにある。その結果、博士課程修了者の供給がその需要を大幅に上回るという現実が生み出されている。拡充されたポスドク制度は若手研究者にとって、数年間の食い扶持をつなぐことを可能とさせてくれるものの、しかし構造的な問題としてポスドク後の将来的な展望が描けない以上、わずか数年後の先すら見ることのできない、非常に不安定な地位に置かれているのである。構造的な需給関係の大幅な不均衡のもとでは、若手研究者の流動化を通した活性化の実現というお題目は、実際には、将来への展望を抱くことのできない地位の不安定化をもたらすものでしかないのだ。現実に、ポスドク制度の恩恵をこうむることのできた「優秀な」若手研究者たちの少なからぬ部分が、ポスドク後のポストを見つけられることなく、毎日の生活さえままならない状況に陥っている。しかもそのような苦境は、構造的な需給関係の不均衡を背景としている以上、すぐれた研究成果を着実に積み重ねていけば回避できるというものではないのである。なるほど、一定の競争は研究活動を活性化させうるし、有意義だろう。しかしながら、需給関係におけるそのような深刻な構造的問題のもとでは、競争の強調は、将来への展望も抱けないような若手研究者をめぐるあまりに不安定な状況を隠蔽することでしかない。

第二に、**育英会奨学金**をめぐる問題。日本育英会の奨学金は、**博士課程在学者の約半数**が利用していることからもわかるように、大学院生が生活を営んでいく上で最も身近な経済的措置だといえるだろう。ただし、育英会の奨学金があくまで**返済**を前提とした借金であることを忘れることはできない。かりに修士課程の入学以降、博士課程を満了するまでの五年間にわたって育英会の奨学金を利用した場合、博士課程の終了時に残る**借入額は六二八万八〇〇〇円**にも及ぶ（二〇〇二年度の支給額をもとに計算）。しかも、ポスドク問題の深刻化により、博士課程を修了したあとには、借金を抱えたまま路頭に迷う可能性が高まっている。さらに二〇〇一年一二月には、行政改革の一環として、**日本育英会を独立行政法人**へと移行することが閣議決定されるとともに、これまで教育職や研究職についた場合に認められていた**返還免除制度も廃止**されることとなった。返還免除制度に代わるものとして、若手研究者に対する競争的資金の拡充などの政策的手段が検討されているとのことだが、そのような措置はこれまで以上に、競争的資金の恩恵を受けることのできた若手研究者と、その恩恵にあずかることのできなかった人々のあいだに、さらなる**格差の拡大**をもたらす可能性がある。競争的資金の導入は、深刻なポスドク問題という現実のもとでそれがなにを意味するのか、ということを踏まえた上で考慮される必要があるだろう。研究者予備軍、若手研究者の身分のより一層の不安定化という事態だけは、なんとしても回避されなければならない。

第三に、以上の論点とも密接に関わっているのだが、若手研究者や研究者予備軍を取り巻く一番の問題として、学術振興会の特別研究員制度、貸与型の育英会奨学金制度、そしてそのいずれの恩恵にもあずかることのできない不運の三者が補強しあうかたちで、若手研究者のあいだに不公平を拡大し、**若手研究者のあいだに亀裂**をもたらすものとなっていることである。学術振興会の**特別研究員制度**についていえば、なるほどそれは恩恵を受けることのできる一部の「優秀な」若手研究者にとって、非常にありがたいものだろう。特別研究員に一度、選抜されれば、**博士課程**の在学者で**月二〇万五〇〇〇円**、**ポスドク**の場合は**月三七万九〇〇〇円**の研究奨励金を支給され、さらに年間**一五〇万円以下の研究費**も支給される（二〇〇二年度）。それだけを取り出してみれば、特別研究員制度は「優れた」若手研究者に望ましい研究環境を提供し、研究能力の向上に大きく貢献するものとなっている。

にもかかわらず、特別研究員制度が一方で、その制度の恩恵を蒙ることのできた一部の幸運な人々と、その恩恵を蒙ることのできなかった他の人々のあいだの溝をさらに拡大するものであることを見逃すことはできない。研究環境の面においても、それを支える経済生活の面においても、特別研究員に選ばれるか否かが若手研究者の研究人生を大きく左右する。特別研究員に選ばれさえすれば、二、三年にわたり、そうでない人たちに比べ格段に有利な条件で研究を進めていくことができる。それは、特別研究員制度の恩恵を不幸にも受けられなかった人たちにとって、逆に作用することとなる。特別研究員に選ばれるか否かという、初期条件としてはそれこそライン上ではごくわずかな能力の差が（いや、選考の常として、より優秀な能力を持った人が選別されるとは必ずしも限らない）、環境の全く異なる二、三年のあいだに悪循環的に拡大され、結果として、研究成果の大きな違いとして現れることになる。初期条件の小さな差がより大きな差を作り出しているのであって、そこでもたらされているのは、公平な条件を前提とした実りある成果へとむけた競争ではなく、有利な条件に一度立つことのできたものが、それゆえによりいっそうの便益を確保できるという現実である。その一方で、そのような競争的資金の恩恵をこうむることのできなかった者が、育英会奨学金という名の多額の借金を背負い、返還が猶予される五年間のあいだにポストを見つけることができなければ、経済的な困窮状況にもかかわらず、最も大きな経済的負担を負い込むことになるという現状がもたらされている。そしてそれが、競争的な資金の分配と、能力主義の徹底という名目のもとに行なわれているのである。

そのような政策のなかでも、非常に優秀なポスドクを対象に「助教授なみ」の待遇を提供するものとして二〇〇三年度から設置されることになった「**スーパー特別研究員制度**」（**研究奨励金月四六万八〇〇〇円、研究費年間三〇〇万円以内**）は、問題の所在を根本的に見誤っているというほかない。その恩恵を蒙ることができるのは、新規採用者数でわずか**一二名**に過ぎない。しかしむしろ目指されるべきは、そのようなかたちでごく少数の人々に格別の研究環境を提供することよりも、支給額を多少、圧縮するとしても、より多くの人々がその恩恵をこうむることができるような制度を構築することではないだろうか。

粗製濫造される博士号

高等教育と学術研究の健全な将来への展望を欠落したところで、「先進諸国並み」の水準をひたすら追い求める姿勢は、博士号をめぐる政策にも如実にあらわれている。

一九九一年二月に提出された学術審議会答申「**学位制度の見直し及び大学院の評価について**」では、国際化の進展や留学生の受け入れを理由に、「**学位授与の円滑化**」を図り、博士号の授与を積極的に推進していくことが謳われた。そこでは、一九七四年に制定された大学院設置基準において明確にされた課程制大学院の考え方とそこにおける博士号の位置付けが、とくに人文、社会科学系の分野で十分に理解されていないことを指摘し、あらためて「課程制大学院制度の基本理念に沿って」学位授与状況を改善していくことが主張された。そして、同答申に基づき、近年になってようやく、人文、社会科学系でも博士号を授与するケースが急速に増えてきた。

問題は、にもかかわらず、そのような方針が実施されるにあたって、大学間、専攻間の格差が非常に大きいところにある。数多くの博士号を量産する大学や専攻がある一方で、いまだほとんど博士号を出していない専攻も数多く存在している。ただし後者についても、上述の方針を無視しているのではなく、むしろ博士号授与の方針転換を行なうにあたって、そこで要求すべきクオリティを慎重に見定めているところだというべきだろう。しかしそこで問題となってくるのは、文部科学省のイニシアティブによって「学位授与の円滑化」ということそれ自体が目的化されるなかで、一部の大学、専攻では博士号の「乱発」とでも呼ぶべき事態が生じ、その結果、最低限のクオリティさえ保障されないケースさえもたらされていることである。ときに博士号の水準を満たしているとはとても思えないような論文が、大学によって、あるいは専攻によって、博士論文として受理されることになる。にもかかわらず、たとえばアカデミック・ポストへの応募時には、応募者数が余りに多いがために、選別を行なうにあたって博士号の有無が大きな意味を持つという状況も生み出されている。所属する大学や専攻といった偶然性に左右され、それ自体に内実があるとは必ずしもいえないような博士号の有無が、意味ある指標として利用されるという状況にあるのだ。それが本当の意味での健全な競争を保障するものではないことはいうまでもないだろう。学術研究の将来的展望を見据えることなく、短期的な視野しか持たない政策的判断が先行した結果、学術研究の健全な発展が阻害されるという非常にいびつな構造がもたらされているのである。そこに表現されているのは、国際的な体面と短期的な収益性を追求するかげで、批判的な討論を繰り広げることを通して練り上げられる研究そのものの持つ価値を軽視するという姿勢ではないか。

そのような状況を踏まえたとき、国家レベルで**博士号取得に統一的なクオリティを要求**しようとするアレゼールの試みは、非常に魅力的な響きをもってくるだろう（本書第Ⅱ部『危機にある大学への診断と緊急措置』第3章参照）。このままだと、政策的判断に押されて、博士号が粗製濫造されるという状況が進行していく。そうではなく、明確な基準と品質保証を伴った博士号授与システムの構築こそが必要なのではないだろうか。

提言

以上、若手研究者の養成をとりまく事情を検討してきたように、公平性、平等性を確保し、健全な競争が実現されるような土台を作っていくことが求められている。それは、ごく一部の人間に集中的に資金を投下し、圧倒的に有利な状況を与えることによって、能力格差を拡大するようなものではない。そこで問われているのは、学問研究の将来的な展望を見据えた上で、あくまで集団的な事業としての学問研究の未来を、協同的な作業として作っていくことができるのか、そしてそのためにはどのような基盤が必要なのか、という視点だろう。そのような基盤を構築するものとして、次のことを提言したい。

1　八〇年代以降の大学院量的拡大路線によってもたらされている、大学院修了者の供給過多という現状を前にして、少なくともその「質的向上」が一定の成果をあげるまでは、大学院生数の増加を抑制し、とくに博士課程については量的縮小をはかるといった、量的拡大政策のモラトリアムを早急に実施すること。

2　研究者予備軍・若手研究者を対象とする競争的資金について、現行の学術振興会の特別研究員制度のような、わずかな人々に対して圧倒的に優位な条件をもたらすシステムにかわって、スカラシップ・シェアリングとでもいうべき理念のもと、その支給額を圧縮してもより多数の人々が恩恵を蒙れるようなシステムを構築すること。そのような措置は、競争を実質化させるうえでも役立つだろう。というのも、競争とは、わずか六%の人だけが恩恵を蒙れるのではなくして、せいぜい三〜五倍程度の競争率でより到達可能な目標として設定されている場合にこそ、その効力を発揮するだろうからである。

3　日本育英会の奨学金の返済については、ポスドク問題の深刻化によりポストをえるまでの時期が長期化していることを踏まえ、返還猶予期間を長期化する（現在では五年）など、ますます深刻化しつつある若手研究者をめぐる現状を見据えた柔軟な対策をとること。

4　博士論文の審査にあたって他大学の教員を二名入れることを必須にするなど、博士号授与システムにおいて大学や学科などの偶然性に依存しない学術的な品質管理を徹底すること。

最後に確認しておくならば、以上の提言はたんに若手研究者や研究者予備軍の処遇の問題にとどまるものではない。そこには、まさに学術研究と高等教育の未来がかかっているのである。（中村征樹）

文献など

『科学技術白書』各年度版

『我が国の文教施策』各年度版

『学校基本調査報告書――高等教育機関編』各年度版

高等教育研究会編『大学審議会全二八答申・報告集――大学審議会一四年間の活動の奇跡と大学改革』ぎょうせい、二〇〇二年

「大学審議会大学院部会第一〇八回議事要旨」一九九八年五月二九日
(http://www.mext.go.jp/b_menu/shingi/12/daigaku/gijiroku/005/980502.htm)

文部省高等教育局学生課「平成一二年度学生生活調査結果」二〇〇二年三月
(http://www.mext.go.jp/b_menu/houdou/14/03/020324.htm)

文部科学省科学技術・学術審議会人材委員会「世界トップレベルの研究者の養成を目指して――科学技術・学術審議会人材委員会第一次提言」二〇〇二年七月
(http://www.mext.go.jp/b_menu/shingi/gijyutu/gijyutu10/toushin/020702a.pdf)

白楽ロックビル『博士号とる？とらない？徹底大検証！――あなたが選ぶバイオ研究人生』羊土社、二〇〇〇年

研究問題メーリングリスト (http://researchml.org/)

奨学制度

日本の高等教育のなかで、最も見劣りのする制度の一つは、学生に対する財政援助の問題であろう。最大の公的奨学団体である**日本育英会**の奨学金は給費ではなく、**貸与**が基本である。しかも有利子奨学金の比率が年々増大している。**無利子**の奨学生と**有利子**の奨学生との比率は、一九九八年度には無利子奨学生が三九万二八三二人、有利子奨学生が一〇万六二九〇人と約三・七対一であったものが、二〇〇二年度には無利子奨学生四〇万五四三九人に対して有利子奨学生三九万二二三三人と、ほぼ半々にまでなっている。この間、日本育英会の奨学生数は約五〇万人から約八〇万人へと確かに増加してはいるが、その増加分のほとんどは有利子奨学生によるものであり、さらに二〇〇二年度には無利子の奨学生の人数が前年度と比べて一万六〇〇〇人強減少してさえいる。

給費制の奨学制度は、大学院の博士課程以上の学生を対象とする**日本学術振興会**の**特別研究員制度**などごく一部に限られ、あるいは研究者志望の大学院生に対する日本育英会奨学金の返還免除の制度があるだけである（一九九八年四月より、大学〔学部〕、短期大学もしくは高等専門学校において奨学金の貸与を受けた人が教育の職についた場合、返還免除を受けられる制度はすでに廃止されている）。大学院まで進学し、研究者としての身分を獲得できなかった学生は、卒業後莫大な借金返済義務を負うことになる。しかも、特殊法人等整理合理化計画のなかで、日本育英会を廃止して「**学生支援業務を統合的に実施する独立行政法人**」が新たに設置されることとされ、大学院生の奨学金返還免除制度も廃止する（代わって導入されるというのが、若手研究者を対象とする競争的資金）という方向性が示されてさえいる。

日本の奨学金制度の主流である貸与制を正当化する考え方としては、学生は教育を受けることによって自己が最大の**受益者**となるのだから、その負担は自らが負うべきであり、教育のおかげで後に所得を得るようになれば、若い時期に借りた奨学金を返済し、後の世代の教育のために資するべきだ、というものが挙げられよう。この考え方に基づいて、給費制ではなく貸与制が一般化しているというわけである。

しかし、高等教育を受けることによって利益を得るのは学生本人ばかりではなく、**社会**もまた多くの利益を得る、という考え方も成立しうる。「受益者」といっても、国民や社会全体も受益者であり、学生や親だけが費用を負担することは合理的ではないことになる。ここから、教育コストの大部分あるいは一部は社会によって負担されるべきである、という給費論が成立しうる。また、高等教育の機会均等の問題もある。**家計所得**の相違によって教育を受ける機会が閉ざされてしまうのは、本人にとって不平等であるというばかりでなく、社会全体にとっても、個人の潜在的な能力を生かすことができないという損失を生む。教育の機会均等を保証することは、個人にとっても社会にとっても、**公正**の観点ばかりでなく**投資**の効率の観点からも重要となるのである。さらに、教育は**世代**から世代へと知識を伝達していく機能だと考えるならば、年長の世代が若い世代の教育費を負担するのが当然という考え方もある。そもそも、教育を受けることは国民の権利である、という理念にもとづいて、**ヨーロッパ**諸国では高等教育が**原則無償**となっているのである。日本育英会の無利子貸与の奨学金の額が、国公立大学の自宅外通学者で四万八〇〇〇円、私立大学の自宅外通学者でも六万一〇〇〇円（二〇〇二年度）であり、授業料相当程度かそれ以下にしか過ぎないことを考えると、ヨーロッパ諸国のように授業料が無償あるいは低額であるというのは、実質的にすべての学生に給費奨学金が給付されているのと同じととらえることもできる。

アメリカの大学における「定価」の平均年額授業料は、一九九八～九九年度で、公立四年制大学（州内学生）で約三五〇〇ドル、私立四年制大学では約一万六〇〇〇ドルに達するとされる。しかしアメリカではこの定価の授業料を支払っている学生は二割以下というごく一部にしか過ぎず、実際に支払う純授業料は、さまざまな奨学金を通じてこれよりも大幅に低い額になっている。四年制大学のフルタイムの学生の八割以上がローン（貸与）を含む何らかの学生援助（奨学金）を獲得しているわけである。アメリカ連邦政府は、現在奨学金総額の約**七五％**およそ**四兆円**を負担している。この額は日本育英会の奨学金五一六六億円（二〇〇二年度）の約**八倍**の規模である。もちろんアメリカの方が学生数は多いが、アメリカの高等教育機関在学者数は日本の二倍強、パートタイム学生を含めても四倍程度にしか過ぎない。アメリカでも給付から貸与あるいは雇用機会奨学金へ、という流れはあるが、最大規模の給付奨学金であるペル奨学金だけで、約四〇〇万人の学部学生が条件によっては年間三七五〇ドル（一ドル一二〇円換算で四五万円）の給付を受けている。またローン（貸与）奨学金利用者も九〇〇万人の規模にのぼる。

日本において、大学とりわけ公費負担の大きい国立大学に高所得層の子弟が多く在学し、逆進的な所得の再配分になっているという批判がある。ある研究[1]によれば、国立大学問で、いわゆる偏差値ランクと家計平均所得とのあいだには高い相関があり、高偏差値大学に高所得層が多いという傾向が確かに見られる。しかし、多くの国立大学では、低所得層の学生も多数を占めている。高所得層の在学者の多い大学五〇校の中で、国立大学は一〇校を占めるが、最も所得の低い層の在学者の多い大学五〇校の中でも、国立大学は三一校を占めている。高所得者層の多い国立大学もある一方で、低所得者層が多い国立大学はその三倍もあるのである。

日本では、高等教育費の政府負担が一貫して減少し、家計の教育費負担割合は一貫して増加してきた。しかし、近年は**家計の教育費**は大幅な減少に転じている。これは、今後これ以上の家計負担が困難であることを示している。一方、地方公共団体、学校、公益法人等の行なっている育英奨学事業を見ると、一九九九年度で事業主体数が**三三九二**、奨学生数が**二三万九二一二人**、年間奨学金総額が**六三四億六四五五万円**余となっているが、これは四年前の一九九五年と比べていずれの項目においても二〇％から三〇％もの減少を示している。

こうした日本の奨学制度の実状と、近年の「改革」の動向のなかでの高等教育に対する公的な責任の減退傾向とを考えると、このような側面から見ても日本の高等教育の将来が大いに懸念される。

（白鳥義彦）

注

（1）小林（2001）一六～一七ページ参照。

文　献

『大学と学生』第四四二号、二〇〇一年一〇月号、「特集・育英奨学事業」。

喜多村和之「ユニバーサル時代の学生援助と奨学事業」、『大学と学生』第四四二号、二〇〇一年一〇月号、「特集・育英奨学事業」、七～一一ページ。

小林雅之「育英奨学事業について――教育費負担と高等教育機会の観点から」、『大学と学生』第四四二号、二〇〇一年一〇月号、「特集・育英奨学事業」、一二～一八ページ。

丸山文裕「アメリカの奨学金制度とその課題」、『大学と学生』第四四二号、二〇〇一年一〇月号、「特集・育英奨学事業」、一九～二四ページ。

文部科学省高等教育局学生課「〈資料〉平成一一年度育英奨学事業に関する実態調査結果の概要」、『大学と学生』第四四二号、二〇〇一年一〇月号、「特集・育英奨学事業」、五四～六三ページ。

――「育英奨学事業の充実」、『大学と学生』第四四九号、二〇〇二年四月号、「特集・平成一四年度高等教育行政の展望」、三三～三七ページ。

I

chap.3 グローバリゼーションと大学教育

日本の高等教育における留学生

はじめに

中世ヨーロッパにおいて成立した大学[1]という制度は元来、ラテン語を共通語とした学問を通じての共同体という性格を根本に有していたことからも明らかなように、今日的な意味での留学生という概念とは無縁であった。ギルドとしての大学では、遍歴はむしろ当然のことであり、出身地にもとづく「国民団」が形成され、これが大学運営の主要な部分を担ってさえいたのである。

十二世紀における大学の成立当初から十三世紀頃までの時期と較べて、十四世紀に入るとすでにこの遍歴という特徴は薄れていき、都市や国家との結びつきが相対的に強まっていくとされる。しかし、現代的な意味で大学と国家とが強く結びつき、留学生の存在が重要な意味を有するようになるのはとりわけ**十九世紀末頃以降**のことであろう。日本では明治期の近代国家形成に際して、官費による海外留学生が欧米に派遣され、帰国後主要なポストに就いて活動したことはよく知られている。[2]留学生の受け入れについても、一九〇一年に日本政府による外国人留学生の入学についての最初の制度的な規程が定められている。[3]また、例えばフランスにおいても同じ頃、ドイツを中心に留学生が派遣されるとともに、フランス科学の国際的な位置を表すものとして、外国から受け入れる留学生数が大学人や行政官の関心を集めていた。[4]

近年の日本における動向としては**一九八三年**八月に、文部大臣の懇談会である「**二十一世紀への留学生政策懇談会**」によって、二十一世紀初頭に一〇万人の留学生を受け入れるとする、いわゆる「**留学生受け入れ一〇万人計画**」が国家的な目標として打ち出され、以後の留学生受け入れの状況を大きく規定していることはよく言われるところである。[5]

留学生をめぐる議論が近代以降国家と関わるようになっていくという、このような歴史的な大きな流れを確認した上で、本稿では最近の日本の高等教育における留学生受け入れを中心として論じていくこととしたい。[6]

近年の日本における外国人留学生数の動向

日本における留学生数について、統計的なデータをもとにまずその特徴を明らかにしていこう。[7]

二〇〇二年五月一日現在、日本の高等教育で学ぶ留学生[8]の総数[9]は**九万五五五〇人**、うち**私費留学生数**が八万五〇二四人、**国費留学生数**が九〇〇九人、**外国政府派遣留学生数**が一五一七人となっている。「留学生一〇万人計画」の出された一九八三年からの推移を見ると、当初一万人強であったものが一九九三年には五万人を越えるまでに至り、そ

図１　留学生数の推移（各年５月１日現在）

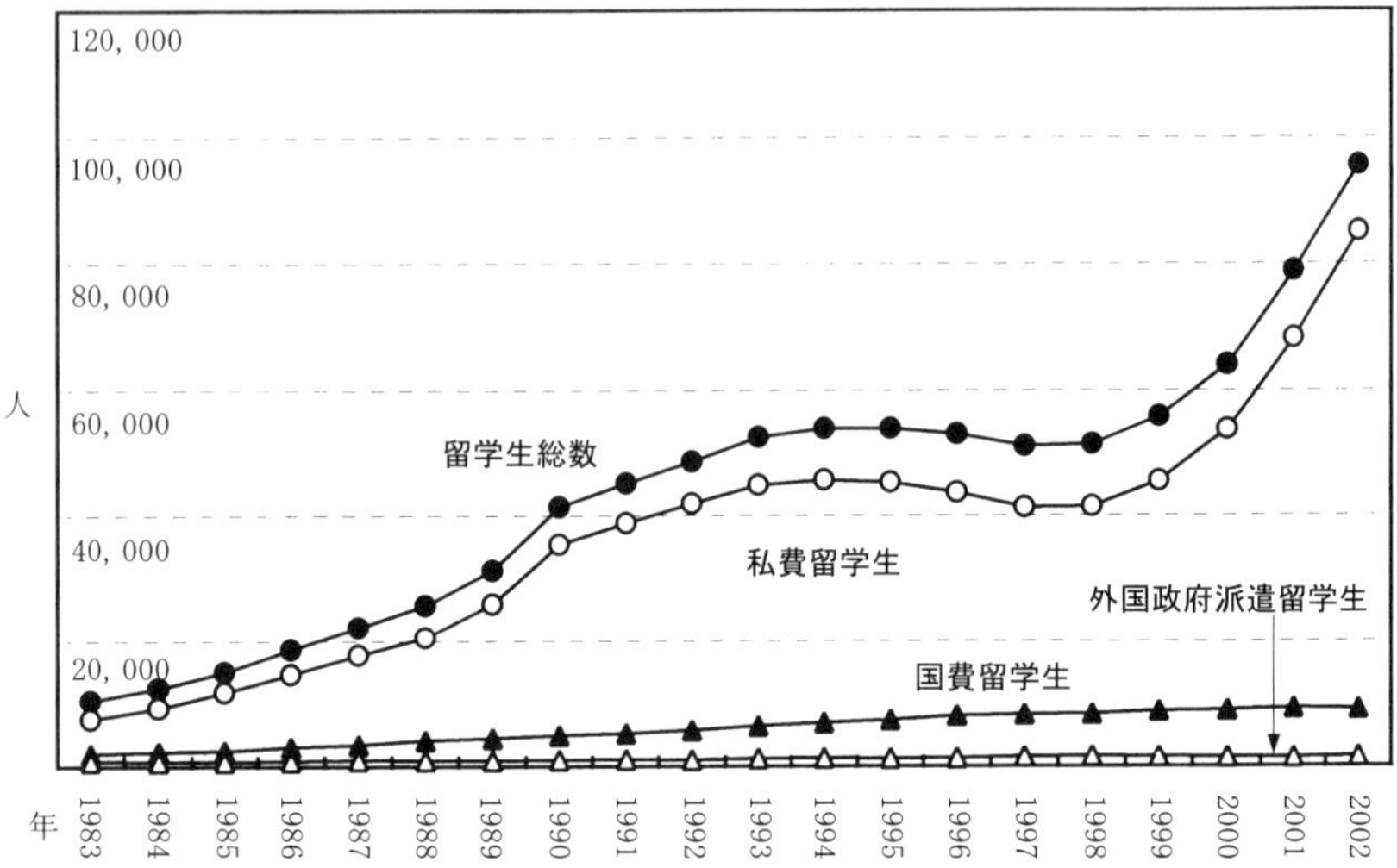

出典）　文部科学省ホームページ、「留学生受入れの概況（平成14年版）」

図２　大学院・学部・短期大学・高等専門学校・専修学校（専門課程）・準備教育課程における留学生数の推移（各年５月１日現在）

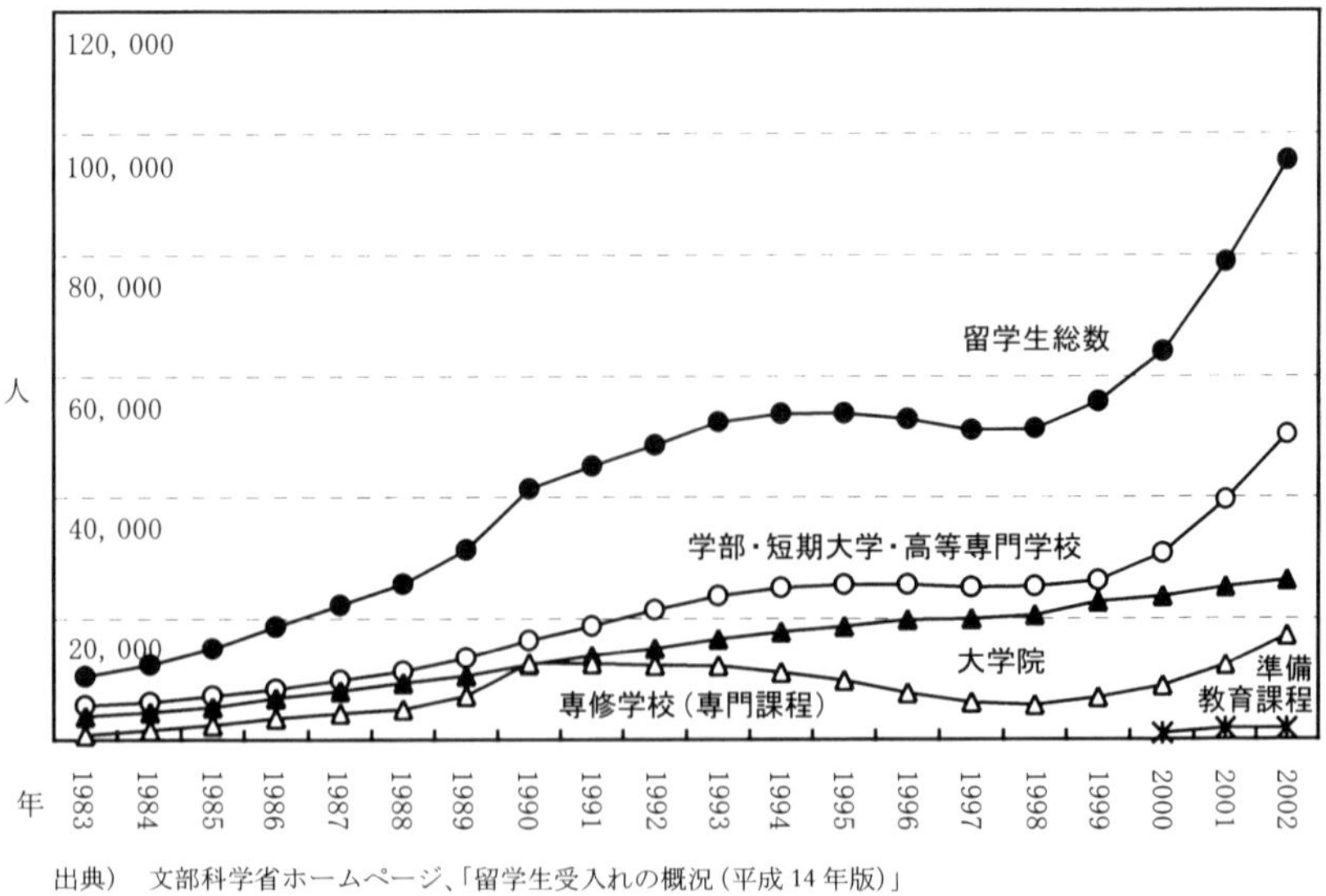

出典）　文部科学省ホームページ、「留学生受入れの概況（平成14年版）」

表１　国公私立別・在学段階別留学生数（2002 年 5 月 1 日現在）

（　）内は 2001 年 5 月 1 日現在の数

在学段階	国立	公立	私立	合計
学部	7,754 人	1,261 人	36,228 人	45,243 人
	(7,035 人)	(1,147 人)	(27,040 人)	(35,222 人)
大学院	18,371 人	1,186 人	6,672 人	26,229 人
	(17,860 人)	(1,128 人)	(6,158 人)	(25,146 人)
短大	18 人	54 人	4,539 人	4,611 人
	(17 人)	(63 人)	(3,694 人)	(3,774 人)
高専	373 人	0 人	94 人	467 人
	(402 人)	(0 人)	(104 人)	(506 人)
専修	0 人	41 人	17,132 人	17,173 人
	(0 人)	(29 人)	(12,295 人)	(12,324 人)
準備教育	0 人	0 人	1,827 人	1,827 人
	(0 人)	(0 人)	(1,840 人)	(1,840 人)
合計	26,516 人	2,542 人	66,492 人	95,550 人
	(25,314 人)	(2,367 人)	(51,131 人)	(78,812 人)

出典）　文部科学省ホームページ、「留学生受入れの概況（平成 14 年版）」

表２　出身地域別留学生数（2002 年 5 月 1 日現在）

（　）内は 2001 年 5 月 1 日現在の数

			左のうち短期留学生	
地域名	留学生数	構成比	留学生数	構成比
アジア	88,664 人	92.8%	3,825 人	62.0%
	(72,197 人)	(91.6%)	(3,681 人)	(63.1%)
欧州	2,523 人	2.6%	937 人	15.2%
	(2,389 人)	(3.0%)	(864 人)	(14.8%)
北米	1,450 人	1.5%	997 人	16.1%
	(1,360 人)	(1.7%)	(903 人)	(15.5%)
中南米	946 人	1.0%	112 人	1.8%
	(943 人)	(1.2%)	(135 人)	(2.3%)
アフリカ	845 人	0.9%	36 人	0.6%
	(872 人)	(1.1%)	(19 人)	(0.3%)
オセアニア	538 人	0.6%	234 人	3.8%
	(526 人)	(0.7%)	(205 人)	(0.5%)
中近東	584 人	0.6%	30 人	0.5%
	(525 人)	(0.7%)	(27 人)	(0.5%)
計	95,550 人	100.0%	6,171 人	100.0%
	(78,812 人)	(100.0%)	(5,834 人)	(100.0%)

出典）　文部科学省ホームページ、「留学生受入れの概況（平成 14 年版）」

表3　出身国（地域）別留学生数
（2002年5月1日現在）

（　）内は2001年5月1日現在の数

国（地域）名	留学生数	構成比
中国	58,533人	61.3%
	(44,014人)	(55.8%)
韓国	15,846人	16.6%
	(14,725人)	(18.7%)
台湾	4,266人	4.5%
	(4,252人)	(5.4%)
マレーシア	1,885人	2.0%
	(1,803人)	(2.3%)
タイ	1,504人	1.6%
	(1,411人)	(1.8%)
インドネシア	1,441人	1.5%
	(1,388人)	(1.8%)
アメリカ合衆国	1,217人	1.3%
	(1,141人)	(1.4%)
ヴィエトナム	1,115人	1.2%
	(938人)	(1.2%)
バングラデシュ	823人	0.9%
	(805人)	(1.0%)
モンゴル	544人	0.6%
	(389人)	(0.5%)
その他	8,376人	8.8%
	(7,946人)	(10.1%)
計	95,550人	100.0%
	(78,812人)	(100.0%)

出典）　文部科学省ホームページ、「留学生受入れの概況（平成14年版）」より作成

表4　出身国（地域）別短期留学生数
（2002年5月1日現在）

（　）内は2001年5月1日現在の数

国（地域）名	留学生数	構成比
中国	1,801人	29.2%
	(1,830人)	(31.4%)
韓国	1,217人	19.7%
	(1,107人)	(19.0%)
アメリカ合衆国	897人	14.5%
	(813人)	(13.9%)
台湾	313人	5.1%
	(267人)	(4.6%)
オーストラリア	201人	3.3%
	(172人)	(2.9%)
ドイツ	192人	3.1%
	(177人)	(3.0%)
イギリス	177人	2.9%
	(183人)	(3.1%)
タイ	155人	2.5%
	(161人)	(2.8%)
フランス	126人	2.0%
	(109人)	(1.9%)
カナダ	100人	1.6%
	(90人)	(1.5%)
その他	992人	16.1%
	(925人)	(15.9%)
計	6,171人	100.0%
	(5,834人)	(100.0%)

出典）　文部科学省ホームページ、「留学生受入れの概況（平成14年版）」より作成

の後横這いから減少に転じた後に、一九九八年からは再び増加に転じている。二〇〇二年の留学生総数及び対前年の増加数は過去最高であった。国費留学生も年々その数が漸増してきたとはいえ、留学生数の増加の主たる部分は私費留学生によって支えられていることがわかる（図1参照）。なお、二〇〇二年度は、統計で示されている一九八三年以降、国費留学生の数が初めて減少していることも注目される。また課程別の人数を見ると、二〇

〇二年五月一日現在では、学部が四万五二四三人、短大が四六一一人、高等専門学校が四六七人で、これら三つの合計が五万〇三二一人、大学院が二万六二二九人、専修学校（専門課程）が一万七一七三人、準備教育課程が一八二七人となっている（**図2、表1**参照）。設置主体別では、国立の合計が二万六五一六人、公立の合計が二五四二人、私立の合計が六万六四九二人であるが、国立の場合は大学院が一万八三七一人（国立の合計のうち六九・三％）と高い比率を示しており、学部への留学生七七五四人（同二九・二％）を加えると、学部と大学院の合計で九八・五％以上とそのほとんどを占めているのに対して、私立の場合には大学院は六六七二人（私立の合計のうち一〇・〇％）にとどまっており、学部段階が三万六二二八人（同五四・五％）と最も多く、専修学校（一万七一三二人、同二五・八％）や短期大学（四五三九人、同六・八％）にも少なからぬ人数を集めている（**表1**参照）。大きくとらえるならば、**学部段階までは私立、大学院は国立**、というある種の色分けがなされていることが読み取れる。従的な部分での負担を私学がカバーするという、明治期以来の日本の高等教育の基本的な構図がここにも現れていると見ることもできる。大学経営のために留学生を数多く集め、しかもその留学生たちが地元を離れて首都圏等に居住して、勉学を行なうという留学の実体のない状況が生まれていたある短期大学の事例は極端な例ではあろうが、しかしこの問題は私学が調整弁的な役割を果たし、高等教育に関して「経営」の視点が声高に語られるなかで構造的に発生した問題であったとも言うことができる。二〇〇二年には、前年の留学生総数七万八八一二人と比べて、一万六七三八人、率にして二一・二％という、留学生の大幅な増加が見られたが、その増加分の九一・八％（一万五三六一人）は私学に負っている（国立の増加数は一二〇二人、増加分の七・二％、公立の増加数は九〇九人、増加分の五・四％）。なお、とりわけ大学院レベルにおいては、ごく普通の大学院であっても留学生が高い比率を占め、留学生なしでは定員確保が困難であるといった状況も少なからず見受けられる。

次に**出身地域別**に見ると、**アジア地域**からの留学生が**九二・八%**という高い比率を占めている。このうち、中国からの留学生が五万八五三三人で六一・三%、韓国からの留学生が一万五八四六人で一六・六%、台湾からの留学生が四二六六人で四・五%となっているが、この上位三国からの留学生だけで全体の八二・四%に達する（**表2、表3**参照）。二〇〇一年の数字と比較しても、とりわけ**中国からの留学生数の増加**は著しい。

一方短期留学生について見れば、総数六一七一人のうち、アジア地域からの留学生は六二・〇%、北米からの留学生は一六・一%、欧州からの留学生は一五・二%となっている。国別に見てもアメリカ合衆国、オーストラリア、ドイツ、イギリス、フランス、カナダといった国々が上位一〇ヶ国の中に入っているが、いわゆる**先進国**からの留学生の比率が相対的に高いのは**短期留学生**であることがわかる（**表2、表4**参照）。また、表2の数字によれば、全留学生のなかで短期留学生の占める割合は、アジアからの留学生の場合には四・三%であるのに対して、欧州からの留学生の場合には三七・一%と三分の一以上、北米からの留学生の場合には六八・八%と三分の二以上にまで達しており、さらにオセアニアからの留学生の場合にも四三・五%とほぼ半数に近い高い割合を占めている。これらいわゆる先進地域の国々からの留学生は、短期留学生の比率が高いのである。留学しないよりは、短期であっても留学の経験を有することは大きな意義を持つとはいえ、一年に満たない期間の留学というのではとりわけ研究上十分な成果を得るのは困難なことも多くなるのではなかろうか。

留学生の**専攻分野**を見れば、かつては理系が大半を占めていたが[10]、現在では社会科学、人文科学の分野が半数以上となっている（**表5**参照）。

留学後の進路につながることとして、留学生等の**日本企業への就職状況**（留学・就学の在留資格から就労の在留資格への変更許可数）を見ると、一九九八年で、申請数二六六三人、うち許可数二三九一人、不許可数二七二人となっている。就職者の最終学歴別の内訳を見ると、大学を卒業した者が一〇二八人（四三・〇％）、大学院において修士号及び博士号を授与された者が九九三人（四一・五％）と、両者で全体の八四・五％を占めている。**職務内容**では、翻訳・通訳業務が七〇九人（二九・七％）と最も多く、次いで、技術開発、販売・営業業務、海外業務の順となっており、語学力がまず重視されている傾向が窺われる。この就職者数の多寡をどのように評価するかは判断の分かれるところではあろうが、全体の六五％の者が三百人未満の企業に就職している点などからしても、日本の社会が留学生を卒業後も積極的に受けいれ、その能力や教育成果を活用しているというよりは、基本的には**卒業後には帰国**することを前提としているととらえることができる。

次に、視点を多少変えて、留学生を多く受け入れている**他の諸国との比較**を見ると、アメリカ、イギリス、ドイツ、フランスといった欧米諸国と較べて、日本における留学生受け入れの実数はおよそ**半分以下**の水準である。また高等教育機関在学者数に対する留学生数の比率においても、他の諸国が六％台からイギリスのように一七％近くにまで達するところもあるのに対して、

表５　専攻分野別留学生数（2002年５月１日現在）

（　）内は2001年５月１日現在の数

専攻分野名	留学生数	構成比
社会科学	31,156人	32.6%
	(24,044人)	(30.5%)
人文科学	23,051人	24.1%
	(20,180人)	(25.6%)
工学	12,745人	13.3%
	(11,680人)	(14.8%)
教員養成等	3,032人	3.2%
	(2,827人)	(3.6%)
医歯薬等	2,865人	3.0%
	(2,923人)	(3.7%)
芸術	2,600人	2.7%
	(2,056人)	(2.6%)
農学	2,370人	2.5%
	(2,188人)	(2.8%)
家政	2,086人	2.2%
	(1,782人)	(2.3%)
理学	1,320人	1.4%
	(1,427人)	(1.8%)
その他	14,325人	15.0%
	(9,705人)	(12.3%)
計	95,550人	100.0%
	(78,812人)	(100.0%)

出典）文部科学省ホームページ、「留学生受入れの概況（平成14年版）」より作成

表６　主要国における受入れの状況

	アメリカ	イギリス	ドイツ	フランス	オーストラリア	日本
高等教育機関在学者（千人）[1]	8,322 (14,435)	1,294	1,824	2,103	686	3,564
留学生（受入れ）数（人）[2]	514,723 (99年)	219,285 (98年)	165,994 (98年)	165,562 (99年)	84,304 (99年)	78,812 (2001年)
国費留学生（人）[3]	3,309 (99年)	4,226 (2000年)	6,047 (99年)	12,062 (99年)	3,543 (99年)	9,173 (2001年)
留学生（受入れ）数／高等教育機関在学者数（%）	6.2	16.9	9.1	7.9	12.3	2.2

注
1）　文部科学省調べ（アメリカの（　）はパートタイム学生を含めた数値。アメリカ、ドイツ、フランスは1997年現在、イギリスは1998年現在、オーストラリアは1999年現在、日本は2001年現在）
2）　アメリカはIIE「OPEN DOORS 1999/2000」、イギリスはHESA「STUDENTS in Higher Education Institutions 1998/99」、ドイツは連邦統計庁「Bildung im Zahlenspiegel 2000」、フランスはフランス国民教育省、オーストラリアはAEI「Overseas Student Statistics 2000」、日本は留学生課調べ。
3）　アメリカはIIE「OPEN DOORS 1999/2000」、イギリスはブリティッシュ・カウンシル、ドイツはDAAD、フランスは在日フランス大使館、オーストラリアは在日オーストラリア大使館、日本は留学生課調べ。
出典）『文部科学時報』No. 1507,2001年12月号、48頁

日本の場合は**二・二%**という水準にとどまっている（**表６**参照）。数字の上での他国との比較を行なうことが日本の高等教育にとって本当に有益であるかどうかということは、それ自体あらためて問われるべきであるが、ともあれ、日本における受け入れ留学生数は増大してきているとは言え、数多く留学生を受け入れている欧米諸国とはいまだ異なる水準にあると言えよう。

これからの課題

前節では日本における留学生について人数という側面から検討してきたが、実は当然のことながら人数の多寡という量的な側面が最重要の課題であるわけでは本来ない。「一〇万人計画」が打ち出された当初から、具体的な数値目標が示されたこともあって、ともすれば留学生数の増大という量的な側面に過度の関心が向けられ、その陰でさまざまな問題が存在してきたことも指摘できる。(11)

では、まずそもそも留学生受け入れについてはどのような

理念が考えられるのだろうか。江淵（1997）では、四章「留学生受け入れの政策と理念」のなかで、その理念モデルとして、①個人的キャリア形成モデル、②外交戦略モデルないし国際協力・途上国援助モデル、③国際理解モデル、④学術交流モデル、という「古典的」なモデルに加えて、⑤パートナーシップ・モデルないし互恵主義モデル、⑥顧客モデル、⑦地球市民形成モデル、といった新しい理念モデルが示されている。これらのなかで注目すべきものの一つは、**顧客モデル**であろう。学生を引きつけるためには、留学をしようと決意させるだけの何らかの魅力が当然必要であり、このモデルではそうした点に関心が向けられることになる。これは、伝統的な途上国援助モデルに慣れ親しんだ者の目には、まさに一八〇度の大転換と映るかもしれない[12]が、こうした視点を持つことによって留学生が納得のいく質の高い留学生活を送ることが容易となり、それがまた質の高い優秀な留学生を集めることにもつながっていくのである。さらにこの顧客モデルの視点は、入学定員に対する入学希望者の比率が相対的に減少していき、大学が学生を選抜するという従来の状況から学生が大学を選ぶようになるという大きな流れのなかで、留学生に関してばかりでなく、日本人の学生に関しても、これからの大学にますます求められていくところでもある。そして、「責任」とともに「利益」（国益）を重視する欧米に比べれば、もっぱら（期待に応える）「責任」の方を強調する日本の留学生政策の理念は、主体的な判断と自己主張の弱い政策理念との印象が残る[13]、という評価もあるなかで、この顧客モデルは、留学生を引きつけるための積極的な意味での主体的な判断と自己主張を行なうことにつながる道を開くことが可能である。

施策的な側面での対応のいくつかを見れば、国費留学生受け入れの計画的整備から医療費補助にいたるまで留学生に対する**支援措置**がとられている[14]。また、一九八三年度に国費留学生二〇八二人、私費留学生のうち学習奨励費（奨学金）受給者二〇〇〇人と、留学生総数一万〇四二八人のうち文部省からの支援を受けている者が二一％であったものが、二〇〇二年度には国費留学生九一七三人、私費留学生のうち学習奨励費（奨学金）受給者一万八五〇人となり、留学生総数七万八八一二人のうち文部省からの支援を受けている者が二五%となっている。[15] あるいは、日本語教育を行なうとともに、修学上、生活上の問題の相談窓口となることを設立趣旨として一九八五年の三大学から設置の開始された留学生教育センターは、一九九〇年からは**留学生センター**としてさらに整備が進められ、現在三七の国立大学に設置されている。[16] あるいはまた、一九七〇年からの「私費外国人留学生統一試験」、一九八三年からの「外国人日本語能力試験」の二つの試験に代わるものとして、渡日前入学許可を推進する「**日本留学試験**」が二〇〇二年から本格的に導入されている。[17]

一方、現場に即した具体的な見解の一つとして、外国のある組織ないしは機関を特定し、その中の最も優秀な学生をよこしてくれるようになるまで信頼関係を築き、特定の組織で日本留学組が多数派を形成していくように努力していく以外に、日本への留学生の流れの道筋を作ることはできないのではないか、という観点も示されている。[18]

提言

最後に、いくつかの提言を述べておきたい。まず、理念的な観点においては、今日の日本において、すでに分野によっては外国への留学が職業経歴上の必要条件と実質的になりつつあるところもある。また今後の展開によっては、日本でも国境を越えた大学選びが始まり、学部段階から多くの優秀な学生が海外の大学に留学するという状況が生じてくるかもしれない。[19] そのようななかで、日本の高等教育に本質的に求められることは、派生的な議論はいろいろあろうとも、**研究と教育という大学本来の責務を**

しっかりと行なうということに帰着すべきはずである。それが、日本人か留学生かを問わず優秀な学生を多く集め、育成することにつながるわけである。そしてそのような課題の重要性を観取せしめるところに、人数に主たる関心を寄せるのではない、技術的な対応の水準を超えた留学生についての議論の、日本の高等教育にとっての意義が見出されよう。

次に、より具体的な観点においては、まず、「留学生一〇万人計画」が、数的な面での留学生受入れの推進に寄与した面はあるにしても、特に今後は単なる数合わせでない、留学生受入れの方策が求められる。したがって、このような点からしても、さる短期大学の問題に典型的に現われたような、留学生を「経営」の手段ととらえるようなことは望ましくない。なお、先にも触れたようにこの問題の背後には、大学を経営的な観点からとらえることを強調する近年の改革の動向が存在しており、したがって今日の改革の議論には根本的な危うさが含まれていると見ることができる。

また、分野によっても状況は異なるであろうが、英語による教育が過度に強調されることについては一考が求められよう。言語は認識の重要な要素であり、**日本語の習得**は「日本への留学」の意味を高める重要な一側面となると考られるからである。

(白鳥義彦)

注

(1) 中世の大学については、横尾(1992)、Verger(1973=1979)などを参照。
(2) 渡辺(1977)、石附(1992)などを参照。

（3）『文部科学時報』No.1507、二〇〇一年一二月号参照。

（4）白鳥（1997）参照。

（5）この「一〇万人計画」は、留学生に関する以後の文献のなかで数多く言及されている。この提言自体については、文部省（1984）を参照。また一〇年を経た時点での行政の側からの観点を示すものとして、総務庁行政監察局（編）（1993）を参照。

（6）権藤（編）（1991）では、日本との関係に限定せず、留学生の送り出し、受け入れの双方の観点から多くの国々が取り上げられている。また日本との関係を中心に各国の状況を論じたものとして、外国人留学生問題研究会（JAFSA）（編）（1990）がある。

（7）文部科学省ホームページ、「留学生受入れの概況（平成一四年版）」を参照している。

（8）ここで言う「留学生」とは、『出入国管理及び難民認定法』別表第一に定める『留学』の在留資格（いわゆる『留学ビザ』）により、我が国の大学（大学院を含む）、短期大学、高等専門学校、専修学校（専門課程）及び我が国の大学に入学するための準備教育課程を設置する教育施設において教育を受ける外国人学生をいう」とされている。

（9）ここには、「必ずしも（我が国の大学での）学位取得を目的とせず、我が国の大学等における学習、異文化体験、語学の実地習得などを目的として、概ね一学年以内の一学期又は複数学期我が国の大学等で教育を受けて単位を修得し、または研究指導を受ける外国人学生」である「短期留学生」が含まれている。留学生全体と短期留学生との構成の相違は、後に触れる。

（10）森泉（2002）、一一ページ。

（11）荻田（1986）、栖原（1996）などを参照。これらのなかで挙げられている問題の一例として、留学生に対して「**保証人**」が求められることから生じる問題、日本語学校や研究生を経なければ正規の課程に入学できない場合が多く、留学の期間が正規の課程よりもさらに一年ほど余計に必要となる負担、「就学生」の問題、などがある。

（12）江淵（1997）、一二二ページ。

（13）江淵（1997）、一二八ページ。

（14）『文部科学時報』No.1507、二〇〇一年一二月号、四〇～四三ページ（高等教育局留学生課「我が国の留学生制度について」）参照。

（15）『文部科学時報』No.1507、二〇〇一年一二月号、四六ページ（高等教育局留学生課「平成一三年留学生受入れの概況」）より。

（16）大園（2001）、一〇ページ。なお、**留学生センター**は、一九九〇年に東京大学、京都大学、広島大学、一九九一年に北海道大学、筑波大学、千葉大学、一九九二年に横浜国立大学、岡山大学、九州大学、一九九三年に東北大学、名古屋大学、神戸大学という順で設置されてきている（総務庁行政監察局（編）（1993）、五四ページ）。

（17）『文部科学時報』No.1507、二〇〇一年一二月号、四一ページ、および、同、五二～五三ページ（高等教育局留学生課「日本留学試験について」）参照。

（18）江藤（2001）、一一ページ。

（19）慈道（2002）、一七ページ。

文献

『大学と学生』第四四四号、二〇〇一年一二月号、特集「留学生受入れ制度一〇〇年記念」。

『文部科学時報』No.1507、二〇〇一年一二月号、特集「留学生受入れ制度一〇〇年記念」。

『留学交流』vol.13, no.1、二〇〇一年一月号、特集「高等教育の国際化」。

――vol.14, no.1、二〇〇二年一月号、特集「高等教育の国際化」。

石附実（1992）『近代日本の海外留学史』中公文庫。

江藤一洋（2001）「留学生政策を国際的視野で展望する」、『留学交流』vol.13, no.1、二〇〇一年一月号、特集「高等教育の国際化」、八～一一ページ。

江淵一公（1997）『大学国際化の研究』玉川大学出版部。

大園成夫（2001）「留学生受入れの変遷と今後の課題」、『大学と学生』第四四四号、二〇〇一年一二月号、特集「留学生受入れ制度一〇〇年記念」、六～一三ページ。

荻田セキ子（1986）『文化「鎖国」ニッポンの留学生――交流の現場から見えた実情と問題点』学陽書房。

外国人留学生問題研究会（JAFSA）（編）（1990）『新時代の留学生交流』めこん。

権藤与志夫（編）（1991）『世界の留学――現状と課題』東信堂。

慈道裕治（2002）「グローバルな競争環境下における大学の国際戦略」、『留学交流』vol.14, no.1、二〇〇二年一月号、特集「高等教育の国際化」、一三～一七ページ。

白鳥義彦（1997）「世紀転換期フランスにおける外国人留学生の動向」、『教育社会学研究』第六〇集、一一七〜一三八ページ。

栖原暁（1996）『アジア人留学生の壁』日本放送出版協会。

総務庁行政監察局（編）（1993）『留学生一〇万人を目指して――留学生受入対策の現状と課題』大蔵省印刷局。

森泉豊栄（2002）「高等教育の国際化」、『留学交流』vol.14, no.1、二〇〇二年一月号、特集「高等教育の国際化」、八〜一二ページ。

文部省（1984）『二十一世紀への留学生政策』（学術国際局留学生課編）。

横尾壮英（1992）『中世大学都市への旅』朝日新聞社。

渡辺実（1977）『近代日本海外留学生史（上・下）』講談社。

Verger, Jacques（1973）*Les universités au moyen âge*, Paris, P.U.F.（1979）大高順雄訳『中世の大学』みすず書房。

朝鮮学校の大学・大学院受験資格問題

学校とは、まず何よりもそこに通う、学生・生徒のためのものでなければならない。しかし、日本における外国人学校、とりわけ朝鮮学校に通う子どもたちそして学生に対しては、この前提が保障されてこなかった。日本政府・文部省は、戦後長きに渡って外国人学校を**学校教育法第一条**に規定する「学校」（一条校）から排除し、**各種学校**という枠組みに押し込めてきた。その結果、外国人学校の卒業生は、日本において、義務教育修了、あるいは高等学校・大学の卒業など、あらゆる**資格**を認められず、国家資格や大学・大学院の受験等のあらゆる分野で極めて不利な差別的扱いを受けていた。

そしてこの状況は、朝鮮学校[1]の都道府県による各種学校としての認可に対して、「朝鮮人としての民族性または国民性を涵養することを目的」としているがゆえに、朝鮮学校は各種学校としても認可すべきでない、とした一九六五年の文部事務次官通達によって示されるような、朝鮮学校に対する日本政府・文部省の敵視によって作り出されたものであった。この敵視は、朝鮮学校生徒に対する暴力行為や嫌がらせなどに対して、適切に対応することを妨げている。あるいはむしろその背景をなしてさえいる。

このような状況は、日本社会における民族的少数者への差別・人権侵害、教育を受ける子どもの権利の侵害すなわち、日本も批准している「**国際人権規約**」（「経済的、社会的及び文化的権利に関する国際規約」＝社会権規約」「市民的及び政治的権利に関する国際規約」＝自由権規約）「**子どもの権利条約**」「**人種差別撤廃条約**」に対する重大な違反として、関連する国連の委員会から、是正勧告（九八年二月、一一月、二〇〇一年三月、八月の四度）を受けている。また、日本弁護士連合会も一九九八年に日本政府に対して、朝鮮学校を一条校と同等に扱い、助成金を交付すること、卒業生の大学受験資格を認めること、一九六五年通達を撤回すること等の勧告を行なっている。

これに対して文部科学省は、二〇〇〇年度から、大学入学資格検定（大検）の受験資格要件から中学校卒業を除いた。これによって、それまで大検を目指していた朝鮮高校生などが、大検の受験資格をえるために通信制高校に在籍するなどしなければならなかったという負担は軽減された。しかしこの決定は、いうまでもなく、朝鮮学校あるいはその他の外国人学校を一条校と同等の存在として認めるということとは異なる。

この問題に対する大学の具体的な関わりも重要である。そもそも、外国において一二年間の学校教育を修了したものに対しては、日本人・外国人を問わず、大学への入学資格が認められている。これに対して、国内に存在し、一条校に準じたカリキュラムにのっとって教育を行なっている外国人学校を、それが各種学校であるという口実によって排除することにはまったく合理性がない。あるいは、学校教育法施行規則では、大学・大学院の入学資格について、大学において「高等学校を卒業した者と同等以上の学力があると認めた者」そして「大学院において、個別の入学審査により、大学を卒業した者と同等以上の学力があると認めた者」等の規定があり、本来、大学あるいは大学院は、入学者の資格に関して、自らが責任をもって判断をする立場にあるはずである。ところが、文科省は、各種学校の卒業者は、大学あるいは大学院の受験資格は持たないという立場を維持し、そしてその判断にあらゆる大学が従うべきとしている。

実際には、大学院については、国立大学大学院においても、一九九九年度から朝鮮大学卒業生の入学（受験）を認める動きが広がっている。しかし学部については、文科省は態度を変えず、**すべての国立大学がその文科省の判断に従っている**。私立大学、公立大学は、現状では五割前後の大学が外国人学校・民族学校の卒業生の入学を認めている。しかし、民族学校の処遇改善を求める全国連絡協議会が二〇〇〇年におこなったアンケート調査によれば、前回調査の九六年当時と比べて、九九年の文部省による「大検受験資格の弾力化」以降、あらたに大検を義務づけたり、あるいはアンケートには回答拒否し、受験を実際には認めているが大学の公式の姿勢として民族学校出身者の受験を認めているということはいえないと、電話で述べたりする大学が少なくないことが明らかにされている。

入学資格を認めるかどうかという、**本来大学が、自主的に判断しうるはずの問題**について文部科学省が、学ぶ側の権利を侵害するような判断を行なっているにもかかわらず、すべての国立大学と少なからぬ公立大学、私立大学がそれに従ってしまっているという状況は、極めて憂慮すべき事態である。また、この問題にかかわる運動もいくつかの国立大学で展開されているが、同時にこの問題に対する、多くの大学あるいは大学関係者の関心の低さも指摘しなければならない。今後大学は、ますます多様な背景と、勉学条件にかかわる多様なニーズをもった学生たちが集まる場となってゆくだろう。このとき、それらの学生一人一人の学ぶ権利を尊重することこそ、大学が保障しなければならない最も基本的なものであることを銘記する必要がある。外国人学校の問題は総体としては、外国人学校を一条校と同等の存在として認めることによって解決されなければならないが、それ以前の段階で大学が自主的に判断しさえすれば解決可能である受験資格の問題は、この方向で大学が変わっていくための一つの試金石でもあるだろう。（**櫻本陽一**）

注

（1）都道府県の朝鮮学園が運営する。東京の朝鮮大学校を頂点に、高級学校、中級学校、初級学校と幼稚園が設置されている。朝鮮語など民族教育を重視している。

参考資料

民族学校の処遇改善を求める全国連絡協議会『民族学校卒業生の受験資格に関するアンケート調査報告書』二〇〇一年。

『朝鮮新報』（日本語版）記事インターネットサイト。
http://www.korea-np.co.jp/sinboj/Default.htm

付記

二〇〇三年三月六日、文部科学省は翌年度より、日本国内の外国学校のうち、英米の民間評価機関の認証を受けたインターナショナルスクールのみ大学入学資格を認めるという方針を正式表明した。この結果、入学資格を認められる**英米系のインターナショナルスクール**と、認められない**朝鮮学校**をはじめとする、**韓国学校**、**中華学院**、**インドネシア系学校**のあいだで、大学入学資格問題について重大な差別的待遇が生じることになる。しかも、この決定をめぐる事前の報道の中には、拉致問題と関連させて、朝鮮学校に対してその権利を保障するような方向での政策決定を行なうことはできない、という判断が文部科学省にあるとするものもあった。いずれにしても、民族に関わる著しい、差別、不正な扱いである。

この事態に対しては、在日朝鮮人、在日韓国人の青年団体による抗議、あるいは今回の決定に抗議し、民族学校出身者に対して国立大学の受験資格を認めることを要求する国立大学教職員の声明
http://www.jca.apc.org/omagome/seimei_index.html
なども出されている。今後の事態の展開は予断を許さないが、教育を受ける権利という国家と社会が保障すべき義務を負う人権に関わる深刻な民族的差別が一日も早く是正されることを望みたい。

（二〇〇三年三月一一日　記）

職業専門教育への傾斜と就職問題――「要領よさ」による適応

強まる職業専門志向

旧来の大学における研究偏重・教育軽視の体質は、「象牙の塔」やその裏返しとしての「レジャーランド」と呼ばれて批判の的にされてきたが、近年の改革の中で抜本的な転換期を迎えようとしている。一九六〇〜七〇年代初頭と九〇年代に急速に進行した高等教育の拡大は、現実の社会と学生のニーズに対応した変革を要求してきた。九〇年代以降は、自由化・市場化・グローバル化による新自由主義《ネオ・リベラリズム》の影響が加わる中で、右記の批判常套句を死語に化すような高等教育の再編が加速されつつある。しかし、そうした一連の流れが、期待される教育重視の結果を生み出すかといえば、むしろ否定的にならざるを得ない。じっさい、現在の改革状況を、同時並行している諸問題との関係の中に位置づけ直してみると、顕在的に表明された改革効果よりも、それに反する意図せざる矛盾を見出すことができる。

ここでは近年強まっている学生の職業専門志向と就職問題の関わりを主題に取り上げてみたい。

最近の**資格ブーム**をはじめ、**ロー・スクール**や**ビジネス・スクール**を意識した法学、経営学、あるいは情報、心理学、外国語などの実学系の分野に人気が集まっているのは、若者たちの現実的な対応の結果であると言われる。これらの職業専門志向を促している要因として、何よりもバブル経済崩壊以後の長期不況下における**就職不安**を挙げることができる。長期安定雇用や年功処遇などを特徴とする日本的雇用慣行がゆらぎはじめ、その入口となる新規学卒労働市場が冷え込むことにより、学生の職業社会への移行は不安定さを増している。無節操なリストラや採用抑制に走る企業側の態度は、若者に先行き不安な思いを助長させるばかりである。官庁統計をはじめ日本労働研究機構の調査結果が明らかにしているように、**大学新卒者の就職率は六割を切る**までになり（図1）、無業者やフリーターが増加するだけでなく、いったん就職しても早期離転職する傾向が高まっている。[1] 加えて正社員と非正社員のあいだでは、賃金や待遇の面で依然大きな格差があり、技能度の低い労働は非正社員の仕事に代替されようとしている。このようにキャリア形成のあり方が変質している今日において、正社員の専門職業人として安定した生活を送るためには、学生時代から将来役に立つ技能や技術を身につけておくことが重視されるのも至当であるといえるだろう。

さらに二十一世紀の社会は、経済のグローバル化と情報テクノロジー革新とともに、従来型の労働生産に代わる知識社会、知識経済への移行が指摘されている。矢野（2001）によれば、産業構造が知識集約化するに伴い、これまで隠蔽化されてきた学校の知識の有効性が社会的に顕在化してくる。[2]「学校の知識は役に立たない」と言い続けてきた企業も、長期雇用を前提とする企業内教育を十分維持できなくなった今日では、学校教育の価値を見直す動きが盛んになっている。「学力低下」が批判されるのは、学校への期待が決して弱まっていないことの裏返しである。受験競争に勝ち抜いて大学に入学することよりも、大学で何を学んでどんな力をつけたかが重視されるようになる。さらに

図１　大学・短大卒業者の進路別推移

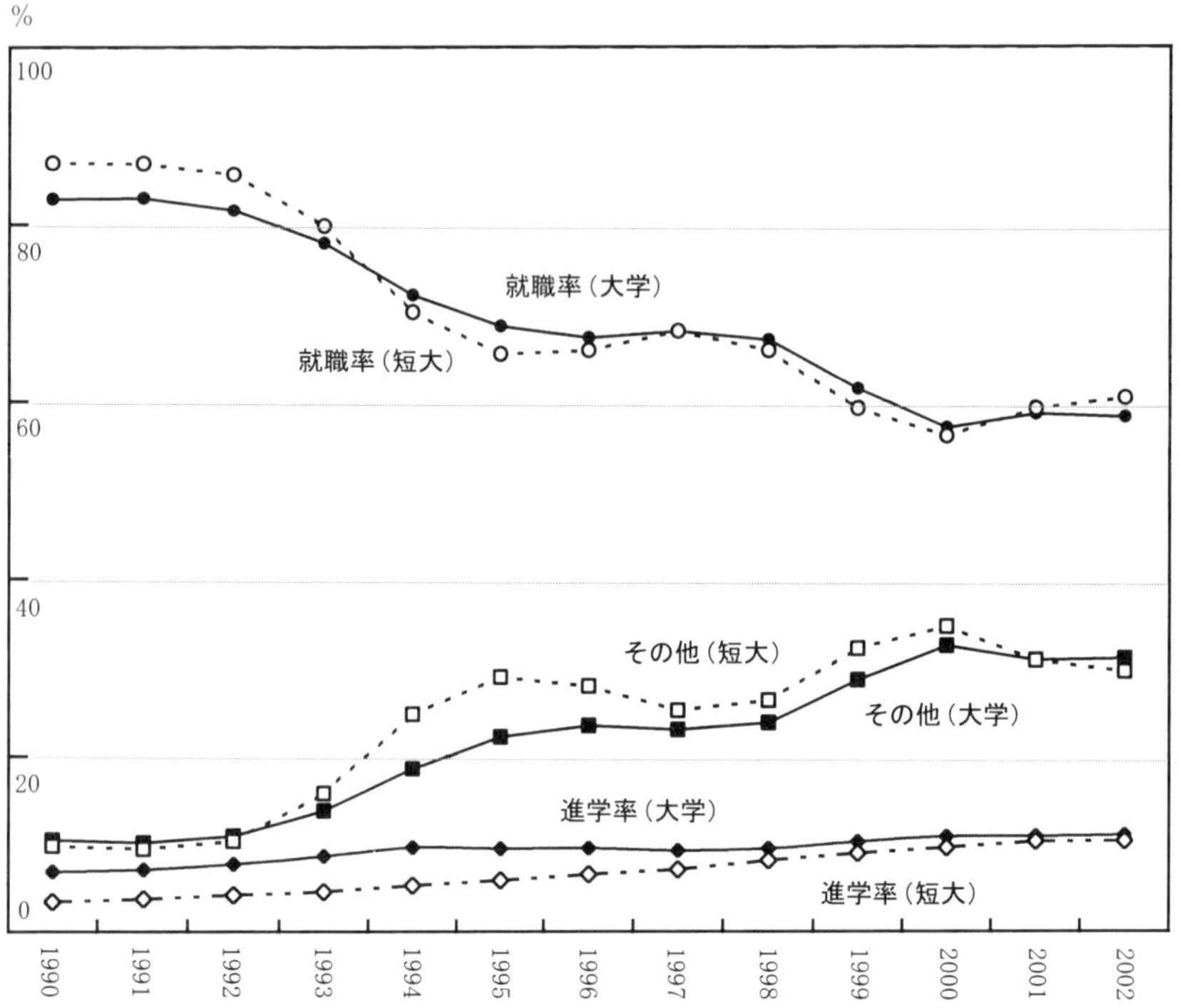

出典）学校基本調査報告書
注）「その他」は「一時的な仕事」「左記以外」「死亡・不詳」を含む
2002年度は速報値

今後の知識社会においては、国境を越えたグローバル市場における教育投資の効率性が高まり、知識を持つ者と持たぬ者のあいだで社会的不平等を作り出す傾向が強まる。これらの社会経済状況の変化を勘案すれば、学生たちの職業専門志向を促す素地は十分に出来上がっていると考えられる。

大学教育改革における相同性

大学教育の改革動向に目を転じてみると、一九九一年の大学設置基準の「大綱化」以来、種々の規制緩和によってもたらされた結果も、右記のような社会経済の変化に呼応するものであったといえる。一般教育科目と専門教育科目との区分は廃止され、国立大学では一般教育を担当していた教養部のほとんどが解体した。教育課程の編成は各大学の決定に委ねられ、一般教育を教養教育に純化して全学責任方式で実施する方針が採用された。しかし、天野（1999）が指摘しているように、その結果もたらされたものは、大学審議会の意図から離れて、アメリカ的なリベラル・アーツ教育の出現ではなく、何よりも**学部教育の専門教育による支配**が強まることであった。(3)

じっさい、自由化・個性化・多様化のスローガンの下で、学部・学科の新設や改組、カリキュラム改革などが多彩に進められてきた。情報、環境、福祉、国際、政策などの名称を冠した四文字・六文字の学部や学科が多数出現し、シラバス、セメスター、ＦＤ（ファカルティ・ディベロプメント――教員集団の資質向上を図るためのプログラム）、ＴＡ（ティーチング・アシスタント――授業補助や学生指導の助言のために上級学生を一定期間雇用する制度）といった片仮名・横文字まじりの制度や実践が一斉に取り入れられたことは記憶に新しい。これらの大学教育改革はまた、実践に役立つ「実学志向」と呼ぶにふさわしい教育期待を反映したものであり、学生（消費者）の側に立つ顧客重視の発想が組み込まれている。正規の授業に加えて、大学内外で**ダブル・スクール**が近年盛んになっているのも、学生の「実学志向」が高まっていることを示している。それは単なる「実利性・実益性」にとどまらず、「実証性・実験性」「実践性」をも包括・統合し、主体的に行動する「態度」を形成することに意義があるとされる(4)（井下、2001）。

大学のカリキュラム改革は、学力低下や無業者を防止する対策としても進展してきた。たとえば、初年度学生の**リメディアル教育**（入学時に基礎学力が低い学生に対して行なう補習教育）や在学中の**インターンシップ**の発展は、高校から大学への移行、大学から職業への移行を円滑に図るためのプログラムとして重要視されている。高校生やその親たちは、将来着実に資格や技能に結びつくような教育支援を望み、卒業後に就職しやすい大学や学部を好む傾向が強まってきたと言われる。大学生の「青田買い」を防止するために就職活動の期日を定めてきた**就職協定**も、実質的な形骸化が進む中で**一九九七年**には**廃止**に至った。就職・採用は**早期化**しただけでなく、そのプロセスが**長期化**した。その結果、金子（1998）は、学生側にとっても企業側にとっても、就職・採用をめぐる競争が激化したことを指摘している。[5] 短期決戦の運やごまかしに頼るのではなく、在学期間全体にわたるキャリア開発がオーソライズされるようになっている。

しかし、その傾向は、大学教育の自律した理念に必ずしも整合しているわけではなく、授業やゼミの参加よりも就職活動を優先させたり、必要以上の「楽勝」単位ばかりを取り揃えたりする例からもわかるように、むしろ阻害要因を作り出しているのが実情である。大学教育としては、上記に述べた社会と学生のニーズの変化への現実的対応に迫られる形で就職支援を優先させるあまり、幅広い教養を土台にした専門能力の育成という本来の教育機能を取り崩す代価を払いながら、模索と迷走を続けてきたと見るほうが実態に近いといえる。

学生生活における適応様式

他方、教育を受ける学生の側においても、意図通りの大学教育改革の成果を導くような反応を示しているわけではない。周知のように、一八歳人口の減少に伴って入学選抜の様相は大きく変わり、近く希望者全入の時代が来るだろうと言われる中で、一部の選抜的な大学を除けば従来の受験体制は崩壊の兆しを見せている。**推薦入試**や**ＡＯ入試**（アドミッション・オフィス――自己推薦による自由応募入試）などの新しい入学者選抜制度が導入され、受験生の選択肢は大きく広がっている。「ゆとり教育」の広がりの背景には、過度の受験競争に対する根強い批判が繰り広げられてきたが、一部の競争的な大学を除けば思惑通りの結果になってきたものの、学力低下の危惧が話題になっているように事態はさらに悪化する傾向が見られる。入試という外圧が弱まることに代わる、内発的な学習モチベーションの形成が建前論に終始して実質を伴っていないために、矛盾や混乱を一層こじれさせる結果になっている。個性や主体性の伸張をスローガンに掲げたところで、先に示した職業専門教育に傾斜する社会と経済の構造的変化に目を向けない教育的言説で脚色されてしまえば、そこから逃走することが現実的対応にならざるをえない（残念なことに建前の吹聴だけは増幅していく一方なので、なおさらである）。

それに対する学生の適応は見事なものである。学生の interest/intérêt（関心・利益）にそぐわない授業には私語や無語が常態化し、友人間で情報交換やノートのやりとりをするなど、最小の勉強労力で必要な授業単位を取得する「要領よさ」（島田、2001）を学生たちは身につけている。[6] 近年では、携帯電話や電子メールなどのテクノロジーの発達が、そうした技術をますます高度化させている。それは授業場面だけに関わることでなく、アルバイトや男女交際、クラブ・サークル活動など、キャンパスライフ全体にまで及んでいる現象である。大部分の学生が卒業前から就職活動を始める日本においては、授業より就職のスケジュールを優先させることも「要領」の一つである。そのために単位の取り方が不均衡になり、大学教育に弊害をもたらしていることも少なくない。

さらに進化した事例としては、湊（2002）が最近の大学キャンパス内に学生がいなくなった現象を指摘している。[7] 多くの学生たちにとって、大学はもはや授業を受ける以外のエネルギーを費やすところではなくなっているという。教室と学食以外は利用することもなく、クラブ・サークルや学園祭などを通じたキャンパスライフは、今日の学生を引きつけるに足る魅力を失う傾向にある。しかしながら、日本においては他ならぬ高等教育機関こそが、学生に対して知的・文化的な牽引役を果し続けてきたことも忘れてはならない。

図2　日常的に家族から勉強を教えてもらった経験

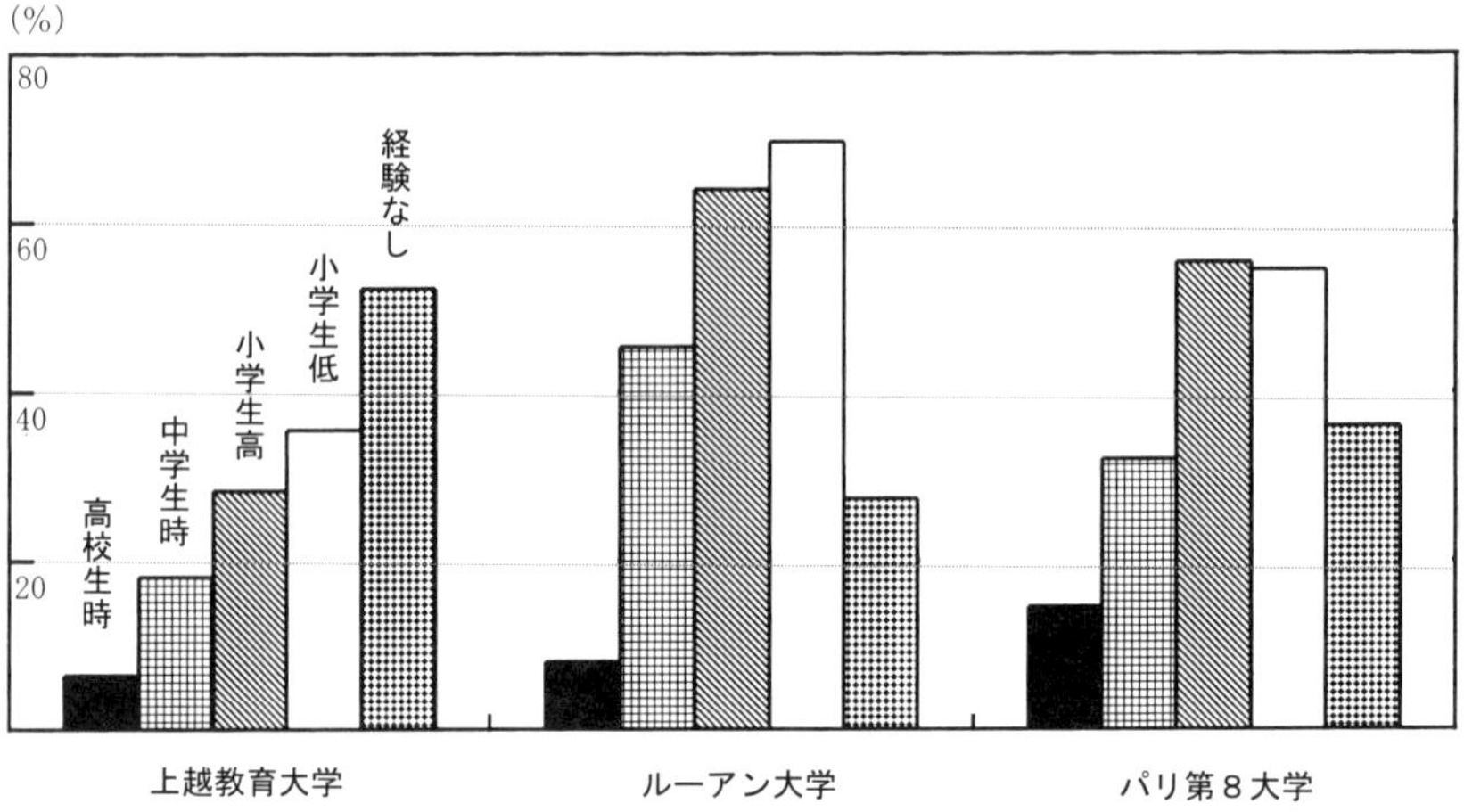

図2は、地方国立教員養成大学である上越教育大学（N=293）と、フランスのルーアン大学（N=161）・パリ第八大学（N=103）文学・人間科学部の一・二年生対象のクラスで、二〇〇二年一～三月にかけて学生の過去の学習経歴に関する質問紙調査を行なったもののうち、日常的に家族から勉強を教えてもらった経験の比率を表したものである。上越教育大学においては、小・中・高校を通じて家庭教育経験のなかった者が五二％を占め、小・中・高と学校段階が上がるにつれて経験率が減少するのに対し、フランスの二大学では小学生時に過半数の学生が家庭で勉強を教えてもらっている。他方、上越教育大学生の約八割が小学生時にスポーツや音楽などの習い事に通い、中学生時に六割以上が塾・予備校などに通った経験を持っている。(8)このような同質的な学習経験のパターンを持つ学生が、キャンパスの多数派を構成しており、同様の結果は五～七月に関西と北陸の七大学・短大で実施した調査でも確認されている。つまり、日本の学生の多くは、家庭よりも学校や学校外の教育に依存した学習経験を積んでいるのであり、大学教育もその重要な一端を担っているといえるのである。

その大学教育が、改革の掛け声とは裏腹の機能不全に陥っているとすれば、学生たちは矛盾した混乱状況に乗じて、現実的な利益獲得を最優先させる「要領よさ」に頼ろうとするのも無理からぬことである。じっさい、習い事や塾などの学習経験のメインルートを歩んできた学生が、必ずしも規範的な学習態度を示すわけではない。改革理念にそった主体的な勉学意欲を持っているのは、むしろ周辺にいる多様な少数派の学生層であることが多い。地方の国立大学では、家庭教育や学校外教育の経験が少なく社会的には恵まれていないが、授業や試験に対して勤勉な態度を示す独学タイプの学生が散見される。他大学では、家庭教育に根ざしたモチベーションを重視する学生もいれば、社会貢献につながる学生生活を表明するケースも見られる。高等教育のユニヴァーサル化に伴って、外国人学生や社会人学生が増加すればさらなる学習動機の多様化が見込まれる。現在進行している大学改革の展開次第では、その趣旨とは逆に、真に多様なニーズを持つ周辺層の学生が切り捨てられて、定型的な要領主義ばかりが席巻する事態に陥ってしまうことになりかねない。

意図せざる矛盾の解決に向けて

以上のように、現在起っている社会経済の変化、大学教育改革、学生の職業専門志向と「要領」重視の生活を重ね合わせてみると、そこから導かれうる結果が、決して改革の意図通りにはならないことが明らかになる。一九九八年の大学審議会答申では、「主体的に変化に対応し、自らの将来の課題を探求し、その課題に対して幅広い視野から柔軟かつ総合的な判断を下すことのできる力」としての課題探求能力の育成が掲げられている。ところが、現実に認められるのは「要領よさ」に根ざした適応主義であり、構造的な関係性に注目する限りにおいては、それを抑止するどころか助長、追認する危険性をはらんでいる。

もちろん、現在の厳しい就職状況などを前に、「要領よく」生きること自体を否定することはできないだろう。しかし、それが「生きる力」のような曖昧な改革スローガンと同一視されて合理化されるようなことになれば、この強弁に毅然と反論できる手立てを用意することができないのではなかろうか。問題は改革に掲げられた理念が、ともすれば適応主義に押し流されがちな現実的な傾向（意図せざる矛盾）をふまえておらず、それに対抗できるだけの明確な目標を持っていないことにある。新しい時代に求められる教養が、要領主義をいかに超えるものになりうるのか。その具体的なプラン作りが急務の課題になっているのであり、大学教育がイニシアティブをとっていく必要があると考える。そのために次のことを提言したい。

提言

1　若年者の就職状況が悪化している問題に対しては、何よりも雇用面での現実的対応策を施すこと。むやみに採用抑制に走るのではなく、長期的展望に立った雇用を安定的に供給することが企業側に求められ、不足が見込まれる時には政府等が公的支援策を動員すべきである（フランスでは、期限付の補助教員や社会活動員などに採用する若年雇用（emploi-jeune）が一定の成果を上げている）。そうした雇用構造面の問題を無視して、若者の意識変化や意欲低下といった個人要因に問題を還元することにより、むやみに競争を煽るような不安を増長させてはならない。

2　大学教育は、一元的な市場原理に委ねた企業側の経済要求に従属する「改革」を受け入れるのでなく、より高度で成熟した多元的価値の尊重に基づく民主社会形成を目指して、「知識」を基盤とする対話を可能にする中心的役割を担うこと。そうした対話を通じて自立した思考力を持つ個人を育てることにより、大学はもとより企業や社会も刷新していくことのできる場を整備する必要がある。従来型の「会社人間」ではなく、角は立つが真に個性的で創造的な人材が求められるようになれば、大学教育への期待はいっそう増すであろうし、学生のモチベーションも見違えるほど高まるであろう。これが建前に終始したまま、もっぱら需給関係に頼る市場主義に移行することほど最悪の選択はない。

3　上記の役割を大学が果たすために、職業専門教育のみならず、今日の多様な背景とニーズを持つ学生に開かれた教養教育の充実を図ること。「必要性からの距離」を得ることで社会的制約から自由になると同時に、自己規律と責任を伴った態度を形成する教養は、もはやエリートの専有物ではなく、それを万人の学生に広く浸透させることは決して不可能でないと考える。目先の利害に翻弄されるあまり、長期的なキャリア形成の視点に立った場合に、高等教育にいたる長い就学期間が空費に終わってしまう場合の危険性を、学生に周知させることは必須であろう。フリーターなどの不安定就労が広まっているだけに、その不条理な搾取に乗せられない知的武装を施すことが重要になる。

（大前敦巳）

注

（1）日本労働研究機構の調査では、フリーターになる若者たちのキャリア形成をめぐる行動や意識の実態が、質問紙や聞き取り調査を通じて明らかにされている。『フリーターの意識と実態――九七人へのヒアリング調査より』、調査研究報告書 No.136、二〇〇〇年。『大都市若者の就業意識と行動――広がるフリーター経験と共感』、調査研究報告書 No.146、二〇〇一年。

（2）矢野眞和『教育社会の設計』東京大学出版会、一一三～一二三ページ。
（3）天野郁夫『大学――挑戦の時代』東京大学出版会、一九三ページ。
（4）井下理「『実学』再考」、『高等教育研究』第四集、四七～六八ページ。
（5）金子元久「協定廃止後の就職――大学にとっての意味」、『ＩＤＥ現代の高等教育』一九九八年五月号、五～一一ページ。
（6）島田博司『大学授業の生態誌――「要領よく」生きようとする学生』、玉川大学出版部。
（7）湊孝司「学生を活かすキャンパスライフへ向けて」、『ＩＤＥ現代の高等教育』二〇〇二年四月号、四八～五二ページ。
（8）フランスの場合、習い事は本人の興味・関心が固まってくる中学生以降で経験率が高くなり、塾・予備校などは勉強が難しくなる高校生時に二割ほどの学生が経験している。結果の詳細は次を参照。大前敦巳「上越教育大学生の学習経歴と学生生活――日仏比較に向けた質問紙調査の問題点と課題」、『上越教育大学研究紀要』第二二巻第一号、二〇〇二年、二〇一～二一五ページ。

生涯学習

生涯学習の重要性が叫ばれて久しい[1]が、それは大学制度という狭い範囲に限られる問題ではなく、産業社会や地域社会や市民社会といった幅広い多層な範囲にわたる問題である。しかし、ここでは大学と生涯学習の関わりに議論を限定する。

今日、大学にとって生涯学習は重要な問題として認識されている。一つには一八歳人口の減少の影響で、特に私立大学を中心に、受験者や入学者を確保することの困難が大学経営を不安定にしており、そうした状況下で、社会人学生の積極的受け入れは**大学経営難の特効薬**あるいはビジネスチャンスとみられていることがある。定員確保のために、日本語も英語も理解しない外国人留学生を政策的に入学させざるをえない地方の私立大学が年々増加している現在、確かに、社会人学生の受け入れは学生確保の極めて有効な手段であることは疑いない。じっさい十年前と比べてかなりの数の大学・学部が社会人枠入試を行ない、また社会人学生の数も急上昇している。

もう一つは、いわゆる「**リカレント教育**」の場として大学を活用しようという産業界や個人からの要請である。厳しい国際競争にさらされている日本企業は、伝統的な**企業内職能教育**に時間と資本を投資する余裕をすでに失っており、高度な専門能力を備えた**即戦力人材**の育成や、経済市場および産業構造の変化に対応した人材の再教育を、大学の機能として求めている。また、労働者の側も、短期間で激しく変容する現代の労働現場で必要とされる（あるいは成功の手段として必要な）知識や技能の習得機関として大学を位置づけるようになっている。絶えざる自己革新、新たな技能の獲得、産業再編成への適応能力がないと、すぐさまリストラの対象とされてしまうし、また雇用が実際に流動しているからこそ、新たな雇用の獲得を目指して大学での再教育を求める人々も存在するのである。企業の国際競争と、そこから帰結する企業内あるいは労働市場での個人競争という、いわば二つのレベルの競争原理が、大学におけるリカレント教育の推進力となっている。

少子化による大学経営難と競争原理によるリカレント教育圧力という二つの要因――両者は別々の事態ではなく、密接に関連しあっている――が生み出す新たな形の生涯学習[2]の大学空間への組込みは、さまざまな問題を大学の研究と教育の現場にもたらす。まずなによりも、リカレント教育の要請に大学のカリキュラムや資格制度が対応できていない。社会人と一般学生が混在することで大学教育に対する要望が多様化するが、教授される知識・技能の内容やその教授方法がフレキシブルに対応できるわけではない。従来も学生の個人差として存在していた教育内容と方法の画一性の問題が、社会人が加わることで一層顕著になってきている。そこにはカリキュラムや資格制度の他に、教室や設備などの物質的条件の限界やきめ細かい対応のための人件費増や労働強化の問題などがある。専門大学院の登場も、こうした現行大学制度の限界を踏まえた上で要請された面も否めない。

さらに、リカレント教育の圧力は大学における研究と教育の不均衡、研究の質的変化をもたらすおそれがある。特殊技能や資格に直結するような知の教育への要求は、緊縮財政を前提とした学問再編成のなかで、**非実学的な知の後退や切り捨て**につながる傾向性をもつ。政策科学や経済論理にのりにくい人文科学のある部分や教養は、大学の外部機関（例えば、カルチャーセンター）へ放逐されたり、そこまで行かずとも、学内で微弱な権限しかもたない「保護動物」として細々と生き延びるしかなくなる。また、先端研究重点化の現行国策下では、多様な生涯学習要望に応じる教育のための予算は、個別機関の自己運営、自己努力に放任されるので、教育の多様化でいままで以上に経済的負担・人的負担の手厚い支援が必要であるにもかかわらず、先端研究へ吸い上げられた残りの予算でまかなうという「貧血化」に陥らざるをえない。

生涯学習概念の多様化は市民社会の成熟にとって重要である。大学はみずからをも含めた一部の業界利益に内向・閉鎖することなく、外部の**市民社会との接点**と境界で絶えずみずからの存在理由を再確認しなければならない。産学連携やリカレント教育だけに特化した大学はもはや大学ではなく、研究所や専門学校である。むろん、それらの政策的、経済的機能の一翼を担うことも大学の役割の一つであろう。しかし、もし大学が大学たろうとするならば、それ以外の**社会関係資本**や**文化資本**上の役割、あるいは**理念的公共空間**としての役割を放棄してはならないのではないだろうか。前者のために後者を縮小したり抹消するのではなく、両者をともに確立・発展させてゆくことこそが、大学本来の機能であろう。生涯学習もそのような多角的な観点から大学空間の公共性の問題として理解され、実際的、個別的に展開されてゆく必要があると思われる。**（藤本一勇）**

注

（1）一九八一年中央審議会答申「生涯学習について」、一九九〇年中央教育審議会答申「生涯学習の基盤的整備について」、一九九二年生涯学習審議会答申「今後の社会の動向に対応した生涯学習の振興方策について」などを参照のこと。

（2） 以上のような生涯学習の新たな形を、従来の生涯学習と区別して、「ポスト生涯学習社会」の到来と位置づける論として、村田治編著『生涯学習時代における大学の戦略』（ナカニシヤ出版、一九九九年）を参照のこと。

第Ⅰ部 結論

多くの論者がいうように、日本の大学はいま、危機的状況にある。しかし、「改革」の大合唱のもとで繰り広げられている昨今の議論は、その大半において、大学界をめぐる本当の問題を捉えそこなっていると私たちは考えている。本論を通して一貫して明らかにしてきたように、日本の大学をめぐる本当の問題は、ネオ・リベラリズムにもとづく一連の「大学改革」へむけた動きが、大学界が構造的に抱えている矛盾を少しも解消することなく、逆にそれらの矛盾を拡大し、正当化してしまうところにある。

研究費などの資源配分への競争原理の導入、大学評価を通した全国の大学の序列化、任期制による大学教員の流動化、学生による授業評価やファカルティ・ディベロップメントなどを活用した教育カリキュラムの再編成――「大学改革」を掛け声に全国レベルで展開されているそれらの動きは、その一つ一つを取り出してみれば首肯しうる側面もあるとはいえ、しかし総体としてみたとき、不平等に貫かれた大学界の構造にメスを入れることがないばかりか、現実には既存の格差を正当化し、強化するものとなっているがゆえに、大学界の本当の「改革」をより困難なものとしている。「市場の論理」に安易に依拠し、そのことによって生み出される矛盾を、地方国立大学や私立大学、人文社会科学、非常勤講師や若手研究者、大学院生、留学生、そして所得水準の低い家庭を持つ学生など、より立場の弱きものへと押し付けることによってはじめて可能となる「改革」は、大学界をその内側から徹底的に空洞化させるものでしかない。そのことは、昨今の「改革」のかげで進行している大学界の現実を、さまざまな角度から検証してきた本論を読んでいただいた読者には、いまや明らかだろう。それは、大学界における社会的弱者たちの、たんなる権利や処遇の問題にとどまるものではない。一連の「改革」がそのような不平等構造を温存させ、強化することを通して、高等教育と学術研究それじたいの健全な発展をも危うくしていることを、大学関係者と文部科学官僚は、徹底的に見据える必要がある。

私たちは、大学の持つ積極的な可能性を信じている。高等教育の拡大と学術研究の発展によって多様な可能性が切り開かれることを信じているし、そのような可能性を現実のものとするためにこそ、すべての大学関係者は全力を注ぐべきだと考えている。そのためには、全国の大学を襲うネオ・リベラルな「改革」の圧力に抗して、大学界の将来を長期的なビジョンにおいて構想していくための大学関係者の連帯と、そのもとでの徹底的な議論がなによりも必要とされている。大学界を貫く不平等構造を抉り出し、それを乗り越えるための具体的な方策を探ると同時に、学生に対する望ましい教育のあり方や、研究活動の社会との連携のあり方、大学における教育と職業生活との関わり、新規教員の採用過程における公正さの保障などについて、近視眼的で一元的な「市場の論理」に基づく産業界からの要求に追従するのではなく、大学界全体と日本社会の将来を見据えて多元的な観点から検証していく必要がある。そのような作業を通して、総体としての日本の高等教育システムを変革していくための道を探っていくことが、いまなによりも求められているのである。

そのような取り組みを可能とするために、本論を締めくくるにあたって私たちは次のことを提案する。

1 教職員、学生そして市民という、大学にかかわり、大学に関心を持つあらゆる人々が、大学の現状についての認識を持ち、そしてそれをいかなる方向によって改革していくべきかを討論する公的な場を作り出すことが必要である。そのための場は、さしあたっては単発のあるいは多少なりとも継続的な研究会やシンポジウム、討論会などであろう。そのような取り組みの積み重ねのなかで、大学人が高等教育と学術研究の将来を見据え、大学界の帰趨に責任を負うためのオフィシャルな制度として、アレゼール・フランスの提言する「大学議会」（第Ⅱ部『危機にある大学への診断と緊急措置』1章参照）に相当するものを日本において作り出していく条件が形成されていくだろう。

2 国立大学、公立大学、私立大学というかたちで設置者によって区別される日本の大学について、設置形態による不平等な格差を可能な限り縮小するための政策を求める。国立大学の独立行政法人化は、それらの格差を縮小するものではなく、それゆえ賛成できない。

3 全国の大学関係者が、所属する大学の違いを越えて、全国のあらゆる大学に共通して適用可能なルールを文部科学省の姿勢から独立して作り上げることが必要である。というのも、現在の個別大学の改革を推進するきっかけとなった大学設置基準の大綱化は、大学界における規制緩和と捉えることができるが、私たちは、大学教育の質的な水準を維持し、不平等の拡大を防ぐためには、全国的に共通のルールが必要だと考えている。他方で、大学設置・学校法人審議会（設置審）の権限は法的に規定されておらず、また大学の設置認可をめぐって、大学と文部科学省のあいだの交渉のプロセスが密室で行なわれ、文部科学省側から誘導や暗黙の圧力を加えることが行なわれている。私たちは、大学人自身がルールの作成と適用の条件を自主的に作り上げることを目指す。

（中村征樹）

P・ブルデューの社会学と大学界の改革

本書の全体を通じて、私たちアレゼール日本の試みとブルデューの関係については、とりわけ強調してこなかった。しかし、私たちの問題意識、アプローチ、目指すべき方向性、すべてにおいて、その多くをブルデューに負っていることは自明でもある。私たちの試みとブルデューの関わりをここで簡単に明らかにしておきたい。

ブルデューは、その社会学的営為の中で、近代社会の形成、社会秩序の維持・再生産に関わる、**文化的なもの**の意義を明らかにすることを課題としてきた。そしてこの課題設定は、同時に、象徴作用・意味形成作用としての文化的な実践が、人間の自由の根底にあるという認識に支えられている。したがって、文化的なもの、知的なものの秩序維持機能を批判するということは、同時に、文化的なもののポテンシャルを既成秩序との**共犯**から解き放とうとすることである。また、文化的・知的なもののポテンシャルを解き放つことによって、経済をはじめとする、人間の活動でありながら人間を支配する様々な論理を、意識的にコントロールする可能性を強化していくということでもある。経済の論理が人間を支配する社会において、経済の論理あるいはそれと結びついた社会秩序の維持の論理に対して、文化的なものの**自律性**を主張し、それを強化・拡大していこうとすることは、経済やそれと結びついた政治の論理によって人間の生が簒奪される現実に対して、文化を目的として掲げることを通じて、真の意味で人間を目的とする社会を築いていこうとすることである。

ブルデューにおいては、教育の改革、そして、本書に示されているような大学の具体的な改革プロジェクトも以上のような展望の中に位置づけられている。教育システムは、経済的な支配のシステムとは相対的に自律的な論理によって成立する。教育の内容そして教育システムの目的は、経済的な支配関係に対して、**一見すると中立的**であるかのように存在することによって、実は現存する支配秩序の維持に貢献している。形式的には平等な人々に対して、同一の内容の教育を行なうという建前は、とりわけ、その当該の教育内容にアクセスするための文化的素養において不利な条件におかれた人々と、恵まれた人々のあいだの**不平等を放置・拡大**する。これに対して、教育を変革するとは、不平等のもとにおかれている、きわめて多様なあらゆる人々にとって、実際にまた真の意味で有意義な教育を目指すことである。(1)

そしてここで強調すべきは、これらの取り組みは、テクノクラシーをささえる知的生産のあり方に対して、オルタナティブを構想する知的営為を内包するということである。現実の人々の生活を理解しようとしないエリートたちが、自分たちのリアリティに対応した知識からの演繹によって、社会を支配する知を生産していくという知的生産のあり方に対する、根本的な批判の提起である。そしてそのような批判的な知的営為と結びつくべきものは、まさに問題の**当事者**の位置におかれた人々自身が、自己のおかれた状況を**客観化**することを媒介として、その状況を自ら変えていこうとする運動である。

以上のようにブルデューの社会学は根本的に社会の変革の構想と結びついているが、ブルデューの**シャン**（界または場）の概念は、その中でとりわけ重要な意味を持っている。端的にいって、秩序の維持と変革の主体的条件を分析しようとするのが、シャンの概念の意義である。たとえば『**ホモ・アカデミクス**』では、大学人が所属し、作り上げている関係性が、「**大学界**」**の概念**によって把握されることにより、様々な序列化の論理によって複雑に差異化され、互いに闘争する大学人を、分析の対象とすることが可能になっている。また『**国家貴族**』では、グランド・ゼコールの界という枠組みを導入することによって、一つ一つの学校の位置とその相互関係そしてそれらの変化が分析されている。

本書の「大学界」という用語は、ブルデューのシャンの概念と日本語における（政財界などというときの）通常の用法の両者に関わっている。私たちが自明と考えている大学の世界を、ブルデューを媒介としてとらえ返したとき、個別の大学が個別の「改革」を押し付けられているという隘路を突破するには、**総体としての日本の高等教育システム**の変革が必要であることが、より鮮明になる。他方、現在の日本の「大学界」は、分断され、自律性や自己動員力をほとんど失ってしまっている。現在大学人は、「競争的環境」のもとで「烏合の衆」であることを強いられている。大学人が自己のあり方を自己の決定のもとにとりもどし、同時に真の意味で社会的な責任を果していくためには、集団間の先鋭な利害対立や争いが、**公共的なルール**にもとづいて争点化され、解決されることが可能な一つの場、すなわち公共空間の再構築として、大学界の再建が構想されなければならない。

（**櫻本陽一**）

注

（1）ブルデューが中心になって起草された改革提言、コレージュ・ド・フランス教授団「未来の教育のための提言」『世界』一九八八年三月号、およびピエール・ブルデュー「文化、学校、大学の未来と知識人」（インタビュー）『世界』一九九九年四月号等を参照。

■アレゼール事務局長 **クリストフ・シャルル** 氏に聞く■

真にグローバルな大学改革へ向けて

聞き手・訳……岡山茂・隠岐さや香・櫻本陽一・中村征樹

聞き手 日本ではいまでも、イギリスのサッチャーにならったようなネオ・リベラルな改革が進行中です。「聖域なき改革」といわれ、大学も例外ではありません。この「改革」の動きに対して、さまざまな反対の運動が大学のなかにありますが、教員、職員、学生を動員した大きな運動とはなっておりません。とりわけ学生は無関心ですし、博士課程の学生や非常勤講師、それに若手の専任教員も、これまでの大学への反感からか、「改革」に反対するためのポジティブな理由を見いだせない傾向があるようです。私たちは、このようにばらばらな大学関係者に向かって、抵抗するための連帯を訴える必要があると考えています。そして、口を開けばルサンチマンの吐露となってしまいそうな私たちの大学への思いを、社会的な発言へと転換しなければならないと思っています。そのためにこの対話も企画しました。

私たちがアレゼールの存在を知ったのは、大学教員採用問題に関する提言が『ル・モンド』紙に載った一九九六年のことでした。提言の内容にも驚きましたが、[1]そこにあなたやブルデューの署名を見出し、そしてこの提言がさまざまな反応を引き起こすのを見て、快い衝撃を受けたのを憶えています。というのも日本では、大学教員の採用における不公正という問題が公の場で議論されることはなかったからです。

そこでさっそくですが、あの提言のその後の展開についてお聞かせください。フランスではいまでも第三課程〔博士課程〕の学生たちがインターネットなどで議論していますが、当時はおもに二つの反応があったと思います。一つはある地方大学のUFR（教育研究単位部門）長からのもので、あなた方の提言をあまりにパリ中心的あるいは「ジャコバン」〔フランス革命期の革命派〕的であるといって批判していました。もう一つはソルボンヌの比較文学の教員たちによるもので、CNU（全国大学委員会）の専門委員会のあり方を批判しており、教員採用国家試験そのものには賛成していない反応でした。そのほかに何か公的な反応はあったのでしょうか。

シャルル　少なくとも国民教育省はまったく反応していません。彼らにしてみれば、改革はあの提言より前になされていたのです。次の教育相も反応しませんでした。ですから私たちが指摘した欠陥は、むしろ悪化しているのです。

私たちが指摘したかった問題は、第一にいき過ぎた**地元優先主義**の問題です。パリの大学は多くの博士論文を生産します。ですから大学教員のポストを求める多くの学生を輩出します。しかしポストはフランス全国に散らばっていますから、パリで博士論文を書いた者と地方でそれを書いた者とのあいだに、不均衡が生じてい

高等師範学校自室にてインタビューに応えるクリストフ・シャルル氏 (Christophe Charle)

1951 年生まれ。パリ第一大学（パンテオン = ソルボンヌ）教授にして、近現代史研究所（IHMC）研究所長（IHMC：高等師範学校（ENS）内にある CNRS との合同研究組織）でもある。専門は近現代における知識人及び文化的制度の歴史。特に 19 世紀末のフランス、ドイツなどにおける高等教育システムのあり方について多くの業績をあげ、2001 年には国立科学研究所（CNRS）より、優秀な人文社会科学者に与えられる銀のメダルを得た。主要著書は数多く、*Naissance des «intellectuels» : 1880-1900*（Minuit 1990、藤原書店近刊）、*Histoire sociale de la France au XIXe siècle*（Seuil 1991）、（英訳：*Social History of France in the 19th Century*（Berg 1994））、*Les élites de la République* : 1880-1900 （Fayard 1987）、*Les intellectuels en Europe au XIXe siècle*（Seuil 1996）、*Paris fin de siècle*（Seuil 1998）、*La crise des sociétés impériales*（Seuil 2001）、*La République des universitaires 1870-1940*（Seuil 1994）など。ブルデューの方法論を自らの比較社会史研究に取り入れ、諸社会集団の政治的力学や経済的、文化的な要因の影響関係について精緻な分析を行なっている。また、ブルデューと共に ARESER の活動の中核を担い、彼亡き後は主柱の役割を果たしている。シャルル氏との本誌インタビューが実現したのは、ARESER がブルデューの死に衝撃を受けている最中の時期であった（2002 年 2 月）。その後、氏は他のメンバーと共に定期的にメディアで発言するなど、徐々にではあるが着実な前進を再開。繊細な思慮深さのみならず、決然たる行動力を兼ね備えた不屈の人である。

るのです。地方においては、それぞれの大学の選考委員会が、その地方で育てた博士を優先して採用しようとしています。つまりパリの学生はジャコバン主義とは正反対の状況、つまり地方の学生ばかりが優遇されるという不利な立場に置かれているのです。私たちが提言で言いたかったことは、パリで博士論文を書いた者と地方で書いた者とのあいだに、最初から機会の不均等があってはならないということでした。大学自治の原則のために、地方の選考委員会が地元の博士を優遇しています。私たちはいま、中央集権的な論理ではなく地方の論理のなかにいるのです。まるでアンシアン・レジームに戻ったようなもので、地方で仕事をするにはその地方の出身でなければならず、その地方の人たちに知られていなくてはならないかのようです。ですからパリ出身の博士たちばかりがシステムの犠牲者にならないような、公平なメカニズムを作りたいと思ったのです。

提言の内容そのものは、むしろヨーロッパでは一般的なものでした。とりわけドイツでは、志願者は原則的に自分の出身大学には出願できないことになっています。実は何年か前まではフランスでもそうでした。私が応募した一九八七年の頃もそうで、そうすることによって、えこひいきや教員との個人的なあつれきを避けることが出来ていたのです。いま私たちはむしろ少数派で、現在のシステムの方が都合のよいと考える人の方が多いでしょう。地方の人たちはおしなべてそうです。パリの人たちは、全国的に見れば少数派ですから、公平さを求めるこの単純な要求さえ実現できないでいます。パリを優遇せよというのではなく、かつてあったバランスを取り戻したいというだけなのですが。

私たちはさらに、**採用における評価の基準**を明確にすることも求めました。私は地方でも博士論文の審査をすることがあるので断言できますが、パリでは評価がよりきびしいのです。じっさい歴史学の分野では、全国で出される半数以上の博士論文がパリで書かれています。ですから比較しながら評価することが出来るし、結果としてより正確な判断ができます。一方、博士論文が年に三つしか出ないような地方の大学では、判断基準は緩くなります。ですから私たちは、少なくとも**全国レベルの選考委員会**はあるべきだと考えました。たしかにそれはすでに存在しますが、その役割をほとんど果たしていないのです。大学が下した博士論文の評価をそのまま鵜呑みにするのではなく、それをあらためて評価しなおす努力が要求されます。というのも、審査は地方によって明らかに異なる基準でなされているからです。マルセイユ、ニース、パリ、ツーロン、ストラスブールで、博士論文の評価は同じではありません。それをもとに候補者たちが同じポストを争うとしたら、順位づけはどうしても不公平なものになるでしょう。ただしフランス中から論文が集まり、しかもますます博士論文の数は増えていますから、委員会は膨大な仕事をこなさねばならず、審査員は論文を読む時間が足りません。そのためこれは、いまのところよいシステムではないのです。

歴史学においてそれはとりわけ顕著です。歴史学はかなり大きな専門分野ですから、審査員はたくさんの候補者を抱えており、書類を徹底して審査する余裕がありません。その結果、地方レベルに加えて国のレベルでも、公平な審査が保証されないという状況になっています。もっと小規模な専門分野では、委員はそれほど多くの博士論文を読まなくてもよいため、真の選抜がなされているようですが、しかしそれにしても、審査員がみずから言っていますが、オーバーワークであることに変わりはありません。

さらに第三の欠陥ですけれども、これについては提言で言及したかどうか。というのもかなり前の提言ですし、そこで全部を言うのも不可能でしたから。それは、**各大学の選考委員会の構成**に関わるものです。現在、委員会は当の大学の教員と外部からの委員によって構成されています。たしかにこのシステムは理論上正しいかもしれません。なぜなら、学内の人間のみで審査されるわけではないので、透明性が向上しますから。しかし、外部から呼ばれる審査員はたいてい学内委員の顔なじみです。彼らは当然なんらかの配慮によって選ばれています。また呼ばれた人もこんどは自分の大学で採用委員会が開かれるときに、呼んでくれた人を呼ぶのです。こうして審査員の狭いネットワークができあがってしまいます。だからこれはいつわりの透明性なのです。

現実には互いの思惑で審査がなされています。私たちにとっては、これはよい制度であるとは思えません。

さらに現在、もう一つ指摘すべき欠点があります。それはＣＮＵ（全国大学委員会）のなかにあるそれぞれの専門委員会において、すべての領域が必ずしもカバーされていないということです。クロード・アレーグル教育相は専門委員会のメンバー数を制限しました。委員が多いと本当の意味での議論ができないと考えたようです。もっともな意見のように聞こえますが、不都合なこともあります。たとえば、私はいま歴史学の委員会に入っておりません。ところが今年は、歴史学で私が専門とする領域のポストが一つ空くのです。ということは、審査をするのに理論的には最もふさわしい人物が、委員会にいないということになります。他の領域においても事情は同じです。博士論文を読んで判断を下さねばならないのに、その領域の専門家がいなければ表面的な評価しかできません。つまり私たちの提言は、評価に少しでも客観性を導入したいということでした。現在あるのは権力ゲームにすぎません。ある候補者を意図的に排除することもできるし、ある候補者を故意に引き立てることもできるのです。なぜなら制度がそれを許しているからです。

私たちの意見は、それでもようやく聞き入れられつつあります。私のところにも先週、セナ（上院）が作成したレポート[2]が届きましたが、やはり現行の選考方式を批判していました。いずれにしても、教員採用の問題は決定的に重要です。教員を上手に選べば下手に選ぶよりは大学はよくなるはずで、これは誰にも否定できません。この問題はしたがって、大学の将来、とりわけその革新の能力と栄光を占う最も重要な問題なのです。それはあらゆる改革のためのキーポイントです。だからこそ私たちは提言を行ないました。世界で最も優秀な大学システムを持っていたとしても、そこに劣悪な教員しかいないのでは意味がありません。これはたんに私たち教員の組合的利害の問題ではなく、システムの基盤に関わる問題なのです。

教員の流動性

――一つだけ補足的な質問をさせてください。あなた方の提言に全国的な視点があることはわかりましたが、地方の特殊性はどのように考慮されているのですか。

言ってみればパリは特殊な地方です。そこには一四の大学があります。そのため、ポストの数が十分ならば、教員志望者は必ずしもマルセイユやニースに行かなくともよいのです。たとえばパリ第五大学からパリ第八大学に移ることができるし、パリ第八大学からパリ第十大学に移ることも出来ます。それらは全く違う大学で、それほど距離が離れていなくても精神はまったく異なります。またリヨンにもいくつかの大学があります。だからそこでも移動するだけよくて、「亡命」するには及ばないのですが、しかしいま起きていることは、リヨン第二大学の人間はずっとリヨン第二大学で勉強し、リヨン第二大学で博士論文を書き、リヨン第二大学で助教授になり、リヨン第二大学で教授になるということです。リヨンのなかでさえ移動がありません。これはきわめてまずいのです。というのも、自分たちの小さな世界以外は知らない人ばかりがそこにいる、ということになるからです。グローバリゼーションとかヨーロッパ統合が言われているときに、そのような人たちが新しい世代を準備している。決して動こうとしない人たちが、動かねばならない人たちを準備している。これは矛盾しているのではありませんか。

現在、フランスでは教員の採用が閉ざされつつあります。ここ数年ポストはかなり豊富にありましたが、あと数年は比較的よい年が続くにしても、それが終わればシステムは二〇年にわたって閉ざされかねません。そしていつまでも地方的な視野から抜け出すことのない、決して動かない人たちの共同体が存続するのです。大学の未来にとって、これは悲惨なことです。

――ポストを得たあとの移動というのは考えられないのですか。

少しはあります。というのも、同じ大学にいながら助教授から教授に昇進するのは、地方では普通であっても、パリでは稀だからです。パリのポストはたいていキャリアの最後にたどり着くものです。しかしパリ第一大学にも、若い頃からずっとそこで教えている教員がいます。なぜなら彼らは非常に運が良くて、ちょうど彼らに都合がよい時期に定年で退職してくれる教授がいたからです。日本ではどうなっているのか知りませんが、フランスでは現在アビリタシオン（研究指導資格論文）という制度があります。これは、かつて一〇年もかかって準備していた国家博士論文に代わるもので、論文のよせ集めでもよいし、新たに書きおろしてもよいことになっています。ところで、自分のいる大学にまもなくポストが空くということを知って、このアビリタシオンを急いで取ろうとする人たちがいます。同僚は自分の同僚が昇進するのをふつうは拒みません。それは一種の暗黙の了解です。私のもとにもアビリタシオンを準備している学生がいて、彼はすでにリールで教えているのですが、もとはとても大きな計画を持っていました。完成するには四、五年はかかりそうな大きな論文を書こうとしていたのです。ところが昨年、リール大学でポストが一つ空くということを知って、「それまでになんとか間に合うよう計画を変更したい」と私に言ってきました。私は、「それは困る。あなたはあなたがやろうとしていたことをやらないわけだから」と答えました。しかし彼は言うのです、「でも私の同僚たちがそうしろというのです。さもないと他の誰かに決まってしまって、私の番はこれからとうぶん回ってこないのです」と。私は、彼のキャリアを二〇年に渡って閉ざすわけにはいかないことを認識しました。そして、彼が計画を変更するのにやむなく同意したのです。でも、おわかりでしょう、これは一つの悪習を助長するのです。人は自分の最も良い仕事を成さなくなります。また他方で、内部の合意によって要領よく人生を渡る人が出てくるのです。よい時期によい位置にいるだけで、よいポストがえられるとしたら、これは健全なシステムとはいえません。

かつてフランスには、教員の採用に関してかなり厳しいシステムがありました。おそらくそれは厳しすぎるほどでした。しかしいまでは、全く反対のシステムが形成されつつあるのです。私はかつてのシステムを懐かしんでいるわけではありません。そこにもたしかに欠陥がありましたから。でもいまは、簡単にえこひいきができる安易なシステムへと向かいつつあります。一方でポストを得るためにうまくやる者がおり、他方で同じものを手に入れるために真剣に努力する者がいる。これは、私が思うに、フランス的な原理に反します。つまり平等、公平、そして手続きにおける透明性です。

私は、近いうちに必ずこのつけがくると思っています。野心をもたない安易なキャリアを積んだ教授たちが増えるのです。彼らは自らの存在にもはや何も期待するものがありません。だからもう仕事はしません。学問的な生産性から見れば、これはよくないことでしょう。出発点において疲れていない者は、あとになって疲れることもありません。こうして悪い習慣が定着し、システムから輝きと効率性が失われてしまうのです。

非常勤教員

——非常勤教員の問題はどのように変わりつつあるのですか。第一課程（二二五ページ図参照）ではいまでも非常勤講師に依存しているようなところがあるのですか。

フランスではこの問題はきわめて複雑です。これはフランスが誇れる数少ないメリットかもしれませんし、あるいはメリットと言うより不都合というべきなのかもしれませんが、ともかくドイツやアメリカのようには、大量の非常勤教員は存在しないのです。すべての教員が専任のポストを得るというのではありません。しかし割合からいうと、非常勤で教え始めて専任になるケースが、フランスでは他国に比べて多いのです。

——日本では三年契約で雇われるインストラクターのような身分も創られていますが、フランスではいかがですか。

いいえありません。じっさいフランスには、できるだけ**不安定なポスト**は作らないというコンセンサスがあります。助手は学生定員の急増への対策として六〇年代には存在しましたが、もう存在しません。助手は専任講師となり、専任講師もいまでは助教授と呼ばれるようになりました。いまの制度では二つの可能性があって（私は歴史学について言うのですが、もちろんこれとは異なるケースもあります。学問分野によって大きく異なるのです）、一般的に博士論文を書くときには助成が受けられます。一種の奨学金で、三年から四年の間もらうことができます。理想的にはもちろん、博士論文の審査を受けた後にすぐ助教授のポストに応募して、そのまま採用されることです。つまり博士論文を書いている間だけ非常勤で、それからはすぐ専任となるのです。もちろんすぐには助教授になれない者も多くいます。第二の可能性は、歴史学ではこのケースが多いのですが、一般的に博士論文を書いている者の大部分は、中等教育の教員をしています。彼らは高等教育の教員ではありませんが、高校（リセ）に安定したポストをもっています。**アグレガシオン**（中・高等教育教授資格）をもつ教員はリセで週一五時間教えています。だから少しアレンジすれば、自分のために週二日は勉強できるのです。十分ではありませんし、夏休みも余暇もありません。しかし雇用は一応保障されているし、少しは勉強する時間もあるのだから、いつかは博士論文を書き上げるという希望を保てるのです。

同様に、ほかのポストもあります。PRAG（アグレジェ教授[3]）と呼ばれるポストは、アグレガシオンをもつ教員が大学の第一課程で教えます。助手なしに学生の急増に対応するため何年か前に創られました。彼らはリセにいる仲間と同様にアグレジェ（中・高等教育教員資格保有者）ですが、リセではなく大学の専任教員です。一般的に言って、博士論文をまだ書いていないということ以外、助教授とキャリアの差はありません。ただ助教授とはちがって、ずっと多くのコマ（約二倍）を担当します。しかしその代わり、彼らには研究の義務が免除されます。助教授は週六時間ほど教えますが、それ以外の時間は研究に当てねばなりません。一方アグレジェ教授は週に一二時間は教えねばならないため、研究の時間がありません。もちろん研究をしていけないというわけではないのですが、それは義務ではないのです。研究は彼らの業績に計上されません。フランスの教員について牧歌的な絵画を見せたいわけではないけれど、この点に関してはおそらく、社会的には身分が保障されているわけだから、みなさんが日本で抱えているような問題はないと思います。

学問分野ごとの分断

問題なのはむしろ、『大学人の共和国』(4)にも書いたことですが、ファキュルテ（学部）ごとあるいは学問領域ごとに、きわめて大きな差異があるということです。教員としての身分は同じでも、何を教えているかによって待遇が大きく異なります。医学、法学、文学、自然科学、歴史学、社会学、それぞれが異なる伝統を持つのです。たとえば、私がさきほど歴史学について述べたこと、つまり博士論文を書きながら中等教育で教えるというようなことは、社会学においてはきわめて稀です。なぜなら社会学では、アグレガシオンを受ける者が少ないからです。彼らは大部分が大学で非常勤教員をしています。専任教員ではまかないきれない仕事を補うために、週に何時間か教えているのです。専任教員でないために、年によって雇われることも雇われないこともあります。彼らはむしろ、日本と似たシステムのなかにいると言えるでしょう。

理系においてはさらに違います。多くの若手研究者はかなり潤沢な奨学金が得られるので、必ずしも教える必要はありません。そして外国に**留学**する者もたくさんいます。なぜなら、外国の研究所との間に多くの交換協定があるからです。博士論文を書いたあとで研究を続けるために奨学金でドイツやイギリスに留学するのは、ポスドク［ポスト・ドクター］と呼ばれています。なんとか生活はできるし、やりたいと思うことがやれるので、彼らにとって問題はありません。しかも留学は業績として高く評価されるため、あとで大学にポストを得るために役立つのです。一方歴史学では、外国に留学する人はほとんどおりません。むしろ留学はしない方が就職のためによいと思われています。なぜなら留学するとその間に研究者のネットワークから離れてしまい、忘れられてしまうからです。それに一種の特権を手にしたとみなされますから、嫉妬をかう場合もあります。

このような専門分野間の差異はフランスの大学にとってきわめて重大な問題です。私がピエール・ブルデューとともにアレゼールを一九九二年に設立したとき、私は『大学人の共和国』を書いていました。フランスでは一七九三年に大学が廃止されますが、その後に再建されるのは大学ではなくて、ファキュルテ（学部）でした。すなわち学問分野ごとに独立したいくつものグループです。そして一九世紀の末に第三共和政の改革によってファキュルテがまとめられて大学が誕生しますが、やはりファキュルテは独自の伝統によって存続しました。ほかのファキュルテのことなど関係ないかのように、自立していたのです。そしてこのことが改革を妨げていました。なぜならそれぞれがその習慣や伝統に従って、同じ法律でも違ったふうに解釈してしまうからです。たとえ同じ大学に属していても、理系と文系ではまったく異なる論理があります。文学部はつねに中等教育との関係でものを考えますが、それは未来の中等教育の教員を養成することが問題だからです。しかし法学部では弁護士や判事を養成するという目的に即してすべてを考えます。法学部での教育は専門教育であって、教育や研究とはいっさい関係ありません。このような傾向はいまでも続いていて、むしろますます強まっているのです。というのも一九六八年に作られた大学は、それまでの大学を小さく分割して作られたものだからです。パリ第一大学はソルボンヌの法学部と文学部の一部の人たちによって形成されました。そしてパリ第四大学にはかつての伝統的なソルボンヌが残り、パリ第七大学には前衛的な連中が集まるという具合に、教員はイデオロジックな傾向によって再編されました。こうして、多少とも同じ哲学を持ついくつかのグループができました。どこにおいても教授、助教授と呼ばれていますが、内実を見ればそれらのグループごとに、業績、品格、地位に信じられないほどの差異があるのです。

これはしかし一般的な現象でもあります。アメリカの大学人と話したとき、彼らもまた人文系の学部と理系の学部とではまったく異なる論理が支配していると言っていました。ただしアメリカでは、それぞれの学部のうえに大学という帽子があって、大学全体の予算がありますから、誰もがそれを利用できます。理系の人たちがお金を集め、文系の人たちがそれを使っています。ところがフランスでは、理系と文系が同じ大学に属することはまれなので、予算も別々です。ですから理系が予算を多くぶん取ってしまい、私たちには使うお金がありません（笑）。

――日本でもそれぞれの学部に独自の文化があります。

そうでしょう。これが改革を難しくしているのです。いまではあまりにも多くの専攻があり、大きなものも小さなものもそれぞれ独自に機能していますが、一九〇〇年の頃は、パリ大学の文学部には二五名の専任教員しかいませんでした。二五名なら全員の意見が一致することは可能です。でもいまは歴史学だけで五〇名います。パリ第一大学全体では、一八の部門に分かれた三〇〇人から四〇〇人もの教員がいるのです。まとめるのはたいへんです。

研究予算の獲得

――いま日本政府は、大学ばかりでなく研究機関や博物館などの「**独立行政法人化**」を計画しています。研究所や博物館については、すでに法人への移行が完了して、いま国立大学の法人化が議論されている最中です。すでに行なわれた法人化を通して、私たちにとって問題であると思われるのは、法人となるとおそらく三年から五年ごとに、文部科学省からの提言をうけて**研究計画**などを作成することが義務づけられ、その内容に対する評価によって予算が決められることだと思います。場合によっては予算がまったく下りないこともありえますので、大学関係者はたいへん危惧しています。ところでフランスでは、大学はすでに法人となっていますけれども、研究の自由や予算の獲得は、いったいどのようになっているのでしょうか。

これもいろいろなシステムが重なり合っていて、とても複雑です。おそらくクリスチーヌ・ミュスランの本[5]を読むべきでしょう。彼女はすべてのシステムを説明していますから。まず予算の大きな部分は国から来ます。さらに四年ごとの「**中期契約**《コントラクチュアリザシオン》」と呼ばれる制度があります。これは大学がそれぞれ書類を作成して、あなたがいま言われたことと同じですが、国民教育省がそれを評価するのです。もちろん専門家がいて判断するのです。そしてそれに応じて、予算を与えたり与えなかったり、あるいはどれくらい与えられるかが決められるのです。四年後には契約が実行されたかどうかが判定されますし、それは次の契約を結ぶときに反映されます。なぜなら四年ごとに同じ手続きを繰り返さねばならないからです。

次に、いままでは予算の一部は地方自治体からも来ます。そこでも自治体と交渉することになるのですが、自治体は特定の領域を優先することができます。たとえばリヨンのあるローヌ・アルプ地方では、薬学やバイオテクノロジー関係の研究が望まれているので、それらについて研究している大学により多くの予算を付けるわけです。地方自治体にとっても企業にとっても面白みがない分野には、まったく予算がつかない場合もあります。さらにその他に、大学の研究室と企業が直接交わす契約もあります。要するに国からの予算を補うためのありとあらゆるシステムがあるのです。

そして第三のレベルとして、大学のなかにある実験室や研究所は、ＣＮＲＳ（国立科学研究センター）からの研究資金も受けられます。ＣＮＲＳは国立の機関ですが、一人の所長によって監督され、いくつもの委員会によって運営されています。そしてそれぞれの委員会が大学の研究を格付けして予算を配分しているのです。正確には大学ではなく、大学のなかにあるそれぞれの部門が対象となります。たとえばいま私たちのいるこのＩＨＭＣ（近現代史研究所）では、予算の一部は高等師範学校から来ています。これは高等師範学校が国民教育省と交渉して獲得するものです。そして別途にＣＮＲＳからの予算があります。これはＣＮＲＳの歴史学委員会が私たちの仕事を評価して決めるものです。私たちが研究のための予算を維持できるかどうかはそのようにして決まります。

あるいはさらに、これは最近できたものですが、おもに理系の研究室がベンチャー企業を興すための資金もあります。これは「スタート・アップ」と呼ばれています。日本に同じものがあるかどうかわかりませんが、フランスではいまやそれがとても盛んです。ニュー・テクノロジーや先端的な科学を扱うセクターがその恩恵をこうむっています。これは研究者にしばらくのあいだ研究を休ませて、外部からの資金によって企業を興すよう促すものです。彼らの研究を応用して雇用の創出に結びつけようというわけです。「フレクシビリティー」とか「産学連携」といったタームとともに、大学および研究機関と**企業との関係**が深まりつつあります。

しかしこれは私の印象ですが、それゆえあまり科学的な根拠はないのですが、フランスのメリットはおそらく、リベラリズムを取り入れるふりをしながら実はそれを骨抜きにしているということではないかと思うのです。予算の取り方がいくつもありますから（民間のものでも公的なものでも）、一方で退けられれば他方からという具合に、窮地を切り抜けることができます。これは一種のゲームです。楽観的な見方かもしれませんが、フランスではイギリスで起きているような深刻な事態は生じていません。イギリスでは一つの予算しかありませんから、一度ノーと言われたら終わりです。フランスでは、国、地方、CNRS、あるいは民間からの資金があるから、たいてい何とか予算を確保できるのです。

つまりフランスにおいては、学問的な業績評価はむしろ不十分だと思います。つねに既得権優先の原則が存在しているので、誰かから何かを剥奪するのはとても難しい。それが知名度の高い人物ならなおさらで、彼らは友人を頼ってなんとか劣勢を挽回してしまいます。私はそうしたケースをいろいろな状況で目撃していますが、否定的な評価もしばしばひっくり返されてしまいます。だから悲劇は生じないけれども、同時に革新的であることが奨励されることもありません。ほぼすべての者がなにがしかの分け前にあずかれます。もちろん他の者よりたくさんもらう者はいます。さきほど述べたことがここでも当てはまるのですが、バイオテクノロジーをやる者と哲学をやる者とでは、明らかにバイオテクノロジーの方により多くの資金がいくでしょう。なぜならその研究は経済的にもメディア的にも絶大な効果を持つからです。

私の学生に医者をやりながら歴史を勉強している学生がいます。その彼によれば、研究に携わるほとんどの医者がいまやエイズを研究しているというのです。たとえエイズと関係がない領域でも、彼らはつねに自分の計画にエイズという語を付け加えておくのです。そうすればたとえよい研究でなくても研究費をもらえるからです。このようなことから、私は学問の評価基準というものに大いに懐疑的になっています。評価する能力のある人々もまたシステムに組み込まれた人々であり、評価される人々と知り合いである場合がほとんどですから、決して客観的な評価は期待できません。本当に出来る人たちは互いに認め合うのみです。そのため、たとえば癌の研究を支援する協会をめぐるスキャンダルでは、篤志家の寄付に頼っているシステムを損なわないために、幾人かの教授たちが同僚の横領を見逃すということも起こってしまうのです。

――日本では、**研究費をうるための選択肢がフランスほど多くはありません。**ですから私たちは独立法人化をひどく警戒しているのですが……。

でも日本には米国のようにいくつも財団があるでしょう。それが選択の多様性を保証しているのではないですか。

――それはそうですが、人文系学科には……。

それはもちろん、人文系学科はいつでもどこでも不遇です。経済効果をほとんど期待できませんから。システムがどうであれ、これは同じことです。すでに第三共和政のころから同じ問題があって、人文系学科の教授たちにはいつもお金はありませんでした。他方、理科系学科の教授たちは企業と契約を結んだりして裕福だったのです。これはネオ・リベラリスムとか企業間契約などと人が言い出すずっと以前からのことです。言うならば構造的なものです。「何の役にも立たない」学問もあれば、「何かの役に立つ」学問もある。システムがどうであれ、これは変わりようがありません。確かに文学系にも、自分たちのしていることが何かの「役に立つ」と信じ込ませることができる抜け目のない連中もいるにはいますが。情報や教育法など、社会的な有用性をもつ突破口を彼らは見いだそうと試みていますね。

――人文社会科学の分野での学生への研究助成は一律に行なわれているのですか。

ある分野が他よりも多くの額を受ける場合はあります。ある者が他の者より多くの資金を必要とすることもあるし……。従ってポストの見込みがないことが判っている分野では、新たな論文研究は奨励されなくなるわけです。

――その額はどのようにして決まるのでしょうか。

国民教育省の段階で管理されています。いま正確な数字は思い出せませんが、私の知る限りではいずれの場合もここ数年減ってきています。私のところでは、六人ほどですが、高等師範学校の学生が多いこともあって優遇されています。この学校の学生には格別のステイタスがあるから、よその学生よりたやすく支給が受けられるのです。

――それは学生によるのでは？

いいえ関係ありません。普通はＤＥＡ（専門研究免状。博士課程の初年度にあたる）ではほぼ七人に一人くらいしか助成を受けられません。それとは別に、高等師範学校の学生のために用意されている一群の助成があるのです。入学試験に合格した彼らはすでに公務員であり、これは学生規約にも記されていますが、将来中等ないし高等教育の教授にならねばなりません。そのため彼らには論文を書くことが奨励されているのです。優秀な彼らにはぜひ高等教育で教えるようになってもらいたいというわけで、助成が行なわれているわけです。彼らはふつう他の学生よりも多くの支給を受けています。なかには助成を望まない者もいますが、それ以外は全員受けられます。

博士論文を書く学生への研究助成はどのようにして決まるのですか。選抜するための評価のようなものがあるのですか。

ありますまず国民教育省が私たちにＤＥＡを獲得した学生のランクづけを依頼してきます。一番優秀なＤＥＡないし最高の二つはどれかを決めろというのです。原則的には委員会で決めていますが、これはすべてのＤＥＡを対象に行なわれますから、古代史のＤＥＡと現代史のＤＥＡのような、相互に関連のないものを比較することになります。私たちは全くタイプの違うＤＥＡを評価しなければなりません。こうして私たちがリストを作り、そのリストに基づいて教育省が順位を決めています。

しかし問題は、いまや研究助成が以前よりもずっと少ないということです。二年前だったらもらえたかもしれないのに、助成を受けられない非常に優秀な学生もしばしば見受けられます。一九九二年にアレゼールが創設されたのとほぼ同じ時期に、いくつかの決定がなされました。大学の学生数が増加していたこともあって、国民教育省は「高等教育の教員を増やすために、**博士論文の提出を奨励**しよう」と考えました。そうして助成も拡大されました。問題は、それからもこのシステムが継続されたことです。論文を制作すべきだという考えを吹き込まれていますから、論文を書きたいと思う研究者はたくさんいます。しかし、しかるべき研究職の数をはるかに超える論文が書かれるようになったのです。教育省はいまや態度を反転させて、論文を書かせないようにしています。助成も縮小されています。しかしそれでも研究者が論文を書こうとすることを阻めません。

事実、現代史の分野では、ポストの数に対してはるかに多い研究者が存在します。今年は去年に比べて志願者が三〇％増えましたが、ポストは三〇％も増えなかった。いずれ需要と供給のバランスの問題が生じるでしょう。これに加えて、前年に職につけなかった研究者たちが再挑戦してきますから、待ち行列ができています。

これもまた学問分野によって事情はことなります。ある種の領域ではむしろ人材不足です。つまり大学以外に収入の道があるため、十分な研究者が集まらない領域もあります。そこでは博士たちは民間でキャリアを積む方を好みます。その方が給料もいいからです。しかしいつも同じことですが、研究資金に恵まれない学問分野は、やはり他に就職先がない分野でもあるのです。例えば地理学では学生は大学の外に仕事を見つけてしまうから、教職に就こうとする者がいません。歴史学でも、例えば中世史のように人材不足の分野があります。というのも、中世について論文を書く者が極端に少ないからです。希少なテクニック、つまりラテン語や古地理学に精通しないといけないから、みんなやりたがらないのです。しかし現代史となると、これは簡単ですから、研究したがる者は多いし、みんなが興味を抱いています。だからポストの問題も起きるのです。ここでもまた学問領域ごとの差異という同じ問題に直面します。残念なことに、システムがどうあろうと、どんな改革をしようと、この問題はいつもつきまといます。これは社会的な問題ですよ。

——フランスの研究助成システムはとても柔軟だと思っていたのですが……。

そうです。たしかによいシステムでした。でもあまりによすぎて期待した以下の成果を生み出してしまい、研究者が多くなりすぎていまでは逆に切りつめられているのです。

大学とグランド・ゼコール

日本の大学システムでは、**国立大学と私立大学の間に非常に深い溝**があります。それで、きわめて不公平な条件下で競争を強いられることになります。例えば大学生のレベルでいうと、学費が国立と私立ではとても違います。研究に関しても、国の予算はむしろ国立大学に多く振り分けられるわけです。大学教育はさまざまな学問領域や学部に分かれていますが、まずは国立と私立という二種類に分割されている。文部科学省は教育機関を支配するために、いわばこうした不平等なシステムを利用しています。分断して統治するという意味で、植民地主義的な支配とでもいうべきでしょうか……。フランスにはこの種の問題はないのですか。

あります。しかしそれはさほど目立たない。例えば、いま私たちがいるこの高等師範学校は大学ではなく**グランド・ゼコール**の一つです。これはあなた方が国立大学と呼ぶものに少し似ています。なぜならきびしく選抜された学生たちを擁しているからです。学生が少ないから予算が潤沢に使えます。つまり少ない学生でより多くの資金を分け合えるわけです。その上とても古い機関だから権威もあります。援助してくれる旧卒業生のつながりもあるし、ノーベル賞受賞者もたくさんいるし、偉大な知識人の大半がこの学校を出ています。外国の教授連を惹きつけることのできる、一種の象徴資本をもっているから、外から人もやってくるのです。こうした資源は経済的なものではありませんが知的効果を生みます。ロバート・ダーントン〔アメリカのフランス史研究者〕ないしその手の人を招聘するとか、講演会をする時、他大学と交換制度で学生を送り込む時などにこれ

らの利点が生きてくるわけです。しかしこれは大学ではなく国立のグランド・ゼコールなのです。じっさいこの学生はソルボンヌ大学の学生に比べて優遇されています。ソルボンヌでは居心地はもっと悪いし、学生が多いせいで教員は超過勤務になっている。つまり日本と同じように溝があるわけですが、実のところこの溝は、双方とも公的な教育機関のなかに穿たれているのです。原則的に私的基金によって賄われるグランド・ゼコールもあります。例えば商工会議所の出資で運営される高等商科学院（ＨＥＣ）などです。そうしたエコールは学生からとても高い学費を徴収しています。しかし真に知的な探求をめざす学校ではなく、職業教育が最終的な目的ですから、大学のライバルとはみなされないのです。だからあなた方の場合のような溝はあるけれども、主要な溝あるいは格差は国のシステムの中にこそあります。

――大学とグランド・ゼコールあるいはグランド・ゼコールの間においても、研究条件（環境）の差異はあるのですか。

それはなかなか難しい質問です。というのも、グランド・ゼコールという言葉は非常に多様なエコールをカバーしているからです。そこでも学問領域ごとの違いを考慮にいれねばなりません。高等師範学校を例に取ると、これは奇妙な学校で、人文科学、社会科学、自然科学が同時に存在しています。それらは同じ組織内にあるのですが、現実には二つの別の学校のようなものです。私はここでずっと学んできましたが、自然科学系で何がなされているのかほとんど知りません。文系のことはよく知っていますが、文系でも環境は大学よりよいと言えます。学生にとってだけでなく、教員にとってもよいと言えます。なぜなら学生は選ばれた優秀な学生ですし、どこかへ招聘される可能性もあります。施設も近代的で手入れも行き届いており、建設されたあと管理がなおざりにされている大学とは違います。理系のグランド・ゼコールでは、教員はかなりの部分がそこでの専任教員ではなく、別の機関にも携わっています。しばしば彼らは大学にポストをもっていたりします。グランド・ゼコール専属の教授もいますが、理系グランド・ゼコールの最終的な目的は、たいてい専門家ないし技術者の育成なのです。例えば、ちょうどこの建物の裏にある学校は、パリ市が出資していますが、普仏戦争の後に物理や化学の分野でドイツに対抗しようと創設され、産業物理・化学学校と呼ばれていました。この二つの学問は、当時フランスがドイツに遅れをとっていると考えられていた分野で、この学校での教育が経済効果をもっと思われたからです。なぜなら学問研究のためだけでなく、真に実利的な人間形成をするために物理や化学をやることを示したかったからです。こうして育成された人材が、後には企業を起こし、企業内で活躍できるだろうというわけです。だからそこでの教育は、非常に実利的な目的の人材形成なのです。彼らは企業内研修をし、応用的な研究を行ないます。古典的な研究所もありますが、結局それはかれらの真の目的ではありません。また経済、物理学、数学の人材を同時に擁するエコール・ポリテクニック〔理工科学校〕のような学校もあります。全体として予算を眺めたとき、これらの学校が多くの予算を持っているのは明らかです。予算を利益にあずかる人数で割ると、人数の値は非常に小さいですから、単純にいって彼らはより多くの資金を持つことになります。つまり彼らは優位な立場にいると考えることができるわけです。この点についてはジャック・アタリのレポート〔本書「アレゼールの目指すもの」参照〕を読んでみるといいでしょう。

ところでアタリ・レポートは、まあ、話をつなげますと、実は少々奇妙な作戦でした。とても民主的で、ほとんど新左翼的な調子をおびています。しかしじっさいは、これらのグランド・ゼコールがまだもっていない特典を獲得できるようにするための戦略なのです。グランド・ゼコールの問題点は、それがフランスにしか存在しないということです。ヨーロッパ統合が進行しているいま、グランド・ゼコールを外国の大学と交換可能なシステムに近づける必要があるということから、グランド・ゼコールも含めて、すべてにあてはまるような三つのレベルの学位システムを作ろうという構想が出てきました。そうすればグランド・ゼコールの学生がフランスの外でも通用するようにできるからです。現在彼らは、他国には類のない特殊なシステムで勉強しているから、外国では活躍できないのです。グランド・ゼコールを大学と繋げようとする、こうした論議のすべては民主的に見えます。でも実際には、こうすることによって彼らの特権がさらに拡大されることになります。なぜなら、黄金の檻で保護されていた学生に、檻はそのままにしておいて、檻から出られるようにするからです。内も外も利用しなさいと言うわけです（笑）。

――グランド・ゼコールは、あなた方も書かれていますように、フランスの高等教育システムを特徴付ける非常に独特な制度ですので、まだイメージを把握しかねるところがあります。その実態についてもう少し聞かせてもらえますか。そもそもグランド・ゼコールは、フランスには全部でいくつあるのでしょうか。

たくさんあります。総数は知りません。グラン・デコール〔グランド・ゼコールの単数形〕という言葉は、定義からして好印象の言葉〔偉大な学校〕だから、すべての人がグラン・デコールの出身だと言いたがります。本当のグランド・ゼコールを出ていない人までもが、そこの卒業生だと言います。「本物」のグランド・ゼコールはたぶん**一二校**くらいでしょう。しかし自分たちはグランド・ゼコールだと思わせたがっている学校は、恐らく百ほどもあるでしょう。これらすべての教育機関が**入学選抜**を実施しています。しかし結局、いまや皆がこれをするから、そのことにはもはや何の意味もありません。選抜制度をとっているパリ第九大学ドフィーヌ校のように、いまや大学までが入学選抜を始めています〔フランスでは中等教育の終わりに受ける国家試験＝バカロレアが大学入学資格となるため、高卒者は誰でも大学に入学できるのが原則である」。だから、ある意味でドフィーヌ校もグラン・デコールなのです。政治学院（アンスティテュ・デテュッド・ポリティック）も入学試験をしています。だからあれもグラン・デコールみたいなものです。しかし実をいうとあそこには、六千人もの学生がいますからいわゆるグランド・ゼコールとは違います。なぜならグランド・ゼコール一校の学生数は普通二、三百人くらいだからです。だからどのような基準を採用するかによります。おおまかに言って、すべて選抜のある教育機関であって、フランスではこれがだんだん増える傾向にありますね……。しかしエコール・ポリテクニックを出た学生と、地方のエンジニア学校（エコール・ダンジェニユール）を出た学生とでは、その後の職歴はまったく違います。パリ・ユルム通りの高等師範学校を出た者と、カシャンの高等師範学校を出た者とでも権威のほどは違います。両者とも高等師範学校（エコール・ノルマル・シュペリユール）ですが、卒業後の職歴は同じではありません。名簿を見れば一目瞭然です。グランド・ゼコールの内部には事実上のピラミッドが存在するのです。

それでは、グランド・ゼコールで行なわれている教育について聞きたいと思います。たとえば日本では、ある経済団体の会長が東京大学の総長に向かって、次のように言ったという話を聞いたことがあります。つまり、彼らが東大に期待するものは、入学試験によって優秀な学生をうまく選別してくれることで、その後の教育については期待していないので、入学したらできればすぐに企業に採用したい、と。それ自体は冗談交じりの発言だとは思うのですが、しかしその発言は、企業が大学に期待するものを実に象徴的に示しています。つまり、彼らは**入学試験という選別機能**しか大学に要求していないのであって、大学での教育は**エリートの養成**のための役割をほとんど果たしていないということです。たとえば司法試験を受けるために、法学部の学生の多くは、大学での授業そっちのけで、

そのための受験予備校に通っています。一方ではフランスでは、グランド・ゼコールの教育環境は大学よりもずっと優れたものになっており、エリート養成という観点から見れば、そこで行なわれる教育自体が、日本よりもよっぽどうまく機能しているように思えるのですが、いかがでしょうか。

先ほど言ったことの繰り返しになるかもしれませんが、学び方というのは一つではありません。グランド・ゼコールにもその数だけ学び方があります。ちょっとした矛盾する評判がそれについてあることも私は知っています。たとえば、一度入学試験をパスしてしまえば、もう何もやることはないと考えるグランド・ゼコールの学生もいるのです。重要なのは楽しい時間を過ごして、無事卒業することだと。そしてディプロム〔修了証〕を手に入れて就職することだというわけです。しかしこれとは正反対の学生もいます。それはこの高等師範学校のケースですが、入学してからもしっかりと勉強し、そして二つ目の入学試験、すなわち誰もが受かるとは限らないアグレガシオンを受けます。彼らは入学しても枕を高くして眠ることはできません。そしてアグレガシオンに通った後もたいていは博士論文を書くのです。だからつねに研究計画を考えています。教養も身につけるし勉強もするし、いくつものゼミナールに出席もします。たしかにこれは稀なケースかもしれません。なぜなら高等師範学校は教育形態として最も古典的で、最も大学に近いグランド・ゼコールだからです。これは継続した特殊な教育であるとも考えられます。そして、以上に述べた二つの例の間に、中間的なケースがたくさんあります。つまり確かに勉強はするけれども、ここでのようにコンスタントにするわけではありません。

フランスでグランド・ゼコールを価値あるものにしているのは、むしろその希少性です。つまり大学よりも少ない学生に与えられるディプロムを手に入れることができるという事実です。これは**雇用市場**での需要と供給の問題で、なんらかの稀なものを持っているゆえにより高く売れるわけです。高く売れるゆえに就職もたやすいし、地位や給料についても交渉ができます。数年前のことですが、いくつもの企業で幹部候補が足りなくなることがあって、高等商科学院の学生たちはまさにひっぱりだこでした。一人の学生にいくつもの企業からの勧誘が卒業前にありました。これはまったく売り手市場ですから、学生たちは一番よい所に就職できます。しかしそれは四年前と比べて彼らが優秀であるからではありません。たんなる巡り合わせであって、一〇年前には逆に学生が多すぎて給料も低かったし、募集する企業も少なかったのです。彼らが同じことを学んでいるのに変わりはありません。違いは相対的な希少性と、その時々の雇用状況でした。このように、すべてはきわめて変化しやすいのです。学んだことや学び方の内容はじつは関係ありません。希少であるがゆえに、価値あるタイトルを手に入れられるというだけの話です。

このタイトルの希少性に加えて、**卒業生のネットワーク**があります。グランド・ゼコールにはそれぞれ校友会のオフィスがあり、卒業生たちは一つの絆で結ばれています。そしてじっさい、彼らが企業のトップであるときには、同じエコールの出身者を優遇するのです。これが一つの「クラブ」であることはよく知られていまず。彼らが一日中仕事もせずにトランプ遊びをしていられるとしたら、それは彼らが同じシステムのネットワークにつながっているからです。あなたがさきほど言われた企業家の話も皮肉ですが、彼はよく判っていると思います。大切なのは、よい時期に、よい学校を出るということ、そしてよいコネを見つけることなのです。そのほかは、編物をしようがフルートを吹いていようがかまいません。しかし幸いなことに、学生がよく勉強するグランド・ゼコールもまたあるのです。

フランスでは、貧困層の住人が比較的多いとされる地域について、ZEP（教育優先地域）と名づけて、教育水準を上昇させるための特別な対策をいろいろとっています。そこで、著名なグランド・ゼコールの一つとして、一流の政治家や企業家を輩出していることで有名なシアンス・ポ（パリ政治学院）が、**特別の入学枠**を設け、ZEPから学生を受け入れるという新しい試みを始めました。それは、高等教育へのアクセスという点で非常に興味深い試みだと思うのですが、そのような試みについてはどのように捉えていますか。

この制度の恩恵を受けた学生にインタビューしたいくつかの記事があります。アイデアとしては悪いことではないでしょう。ただしこれは、まるで伯爵夫人が貧しい人たちに靴下を配るようなものです。そうすれば貧困が克服されるとでも考えているかのようです。もちろん恩恵を受ける者にとってはありがたいことです。しかし貧しい地域から三人の学生が選ばれてシアンス・ポに受け入れられたからといって、シアンス・ポが変わるわけではありません。それは百人ほどが宝くじに当たってもフランスが豊かになるわけではないのと同じです。だからこれは、象徴的な次元の話です。海に水滴を落とすようなものです。それに個人的に言えば、私はシアンス・ポという学校には懐疑的です。そこで教えてもいたからよく知っていますが、これは時代遅れのシステムです。そこでは人はあらゆることが学べると思っている。あるいはそう信じているふりをしている。どのようなことでも百科全書派のように理解できるのだと。しかしこれは十九世紀の理想です。一八七〇年にはたしかに教師は学生に言っていました。「歴史学も、経済学も、社会科学も、政治学も、外国語も勉強しなさい。そうすればあなたはフランスを導く立派な人間になれる」と。しかし現在、このように言うことは可能でしょうか。私にはそうは思われません。ほんのうわべだけしか知らないのに、自分は多くのことを知っているという幻想を与えるだけです。

ヨーロッパ統合とヨーロッパの大学

一九九〇年代には多くの大学改革が試みられました。まずロラン・レポートとフォルー・レポートそれからアタリ・レポートに記されているような改革です（本書「アレゼールの目指すもの」参照）。最初の二つは教員ばかりでなく学生の反対によってお蔵入りになりましたが、アタリ・レポートはクロード・アレーグル教育相が辞職した後もそうでないような印象を受けます。ヨーロッパ統合の要請があるからには、このアタリ・レポートにある改革は実現の可能性があるということなのでしょうか。

昨日の『ル・モンド』紙（二〇〇二年二月四日）には、まさにマスターと呼ばれるバカロレア・プラス５のレベルを創設する動きに関する記事が載っていました。これはＤＥＡ（専門研究免状）とＤＥＳＳ（専門高等教育免状）を融合することを目的としており、さらに現行のフランスのシステムをヨーロッパのバカロレア・プラス５に適応しようとするものです。まさにアタリ・レポートはグランド・ゼコールの修了証をバカロレア・プラス５と見なされねばならないと述べていました。なぜならその学生は、ふつう二年のグランド・ゼコール準備学級（つまりバカロレア・プラス２）と三年のグランド・ゼコールでの学習期間を経るからです。しめてバカロレア・プラス５となります。二〇〇〇年にジャック・ラングが国民教育相に任命されたとき、アレゼールは「一人の大臣が春をもたらすことはない(6)」という文章を発表しました。そのなかで私たちは、ラングには二年足らずの任期しかないから大したことはできないだろうといいました。じっさい彼は何もしなかったのですが、そのかわりにそれまでに手が付けられていたことを片づけたのです。教育省の主だった役人はアレーグル教育相のときのままでした。彼らは、波風を立てる必要もないし人々を心配させてもいけないからというわけで、告知しないまま自分たちの計画をおし進めました。あいかわらず改革は準備しており、いずれ選挙のあとにすべてが明らかになって、じっさいに着手されるでしょう。というのも政府は、選挙で信任されれば十分な法的根拠を得たと考えるからです。もしいまの政府が二〇〇二年春の選挙で過半数を取れば、七月にはすべてが玉手箱から飛び出すでしょう。準備はすべて整っています。有権者は投票してしまった後に、そんなはずではなかったと言うことはできません。

――しかし今度の国会議員選挙で左翼は勝てないし、大学改革をもちだすこともできないということでしょうか。

いや、そんなことはありません。なぜなら、この点に関しては右も左も合意しているからです。つまり、ヨーロッパのレベルで考えるという点では、政策の違いはないのです。右も左も、重要なポストにどれだけ多くの人間を任命させるかをめぐって対立しているだけです。彼らの関心はそこにしかありません。右が勝てば右の学長をすえ、左が勝てば左の学長が就任するでしょう。主要ポストの分け合い、それがまさにフランスの政治の現実なのです。教育行政でも経済政策でも同じです。右と左の政策の違いは、右は直接税を下げる代わりに間接税を上げ、左は間接税を下げる代わりに直接税を上げるくらいのものです。ニュアンスの違いがあるだけで、国庫に収まる総額は変わりません。

――では教育の分野では……。

高等教育に関してもヨーロッパ統合が推進されねばならないというコンセンサスがあります。ヨーロッパはすでに存在するのだから統合はなされねばならないというわけです。そしてさらに、それを発明したのは自分たちだとフランス人は考えていますから、ヨーロッパがフランスに倣うべきだというのです。「ヨーロッパの大学」の構想を最初にもち出したのはアレーグルだから、自分たちはヨーロッパの偉人だというわけです。

――しかし、**大学のヨーロッパ統合**とは結局のところ何なのですか。

それは、ヨーロッパの複数の国で、学生たちが毎回ゼロからやりなおさずに勉学できるようにすることです。つまりイギリスで一年目をやり、フランスで二年目をやり、ドイツで三年目をやって、最後にはすべての学年を累積した卒業証書を手にすることができるようにすることです。ヨーロッパ共同体の発想というのは、そもそも巨大なヨーロッパ市場を作ろうとするものですから、金や商品が流通するだけでなく、人もあちこちの国で働けるようにならねばなりません。だから学位証も異なった国で同等性が認められねばならないわけです。いくつもの国に適応するための最もよい方法は、いくつもの国で勉学を修めることです。

――ヨーロッパでは**留学による差別化**の問題はないのでしょうか。例えば南北問題のような……。実際アジアでは、西洋諸国で勉強した学生は自分の国でエリートとして別格に見られたがります。例えば、フランス人の学生がフランスでエリートになるために外国に勉強しに行くということはありませんか。あるいはたんに自分の研究のためだけ

――なのか……。

その傾向は始まっています。ブルデューの研究チームもこの点について調査研究を企画していました[7]。しかしこの研究はまさに始まろうとしているところで、自然科学、医学、生物学などの分野では非常に進んでいますが、他の学問分野では遅れています。調査をする必要があるでしょう。人の流れのレベルを測れば、どの国が人を迎え、どの国が人を送り出しているのかわかります。いまのところ非常に大まかな統計しかなく、詳細はわからないのですが。データの信頼性に関しても国によってばらつきがあります。おそらく多くの学生が二重に登録しているでしょうし、さらにその後に学生が何になるのか、追跡調査がなされるわけでもありません。そこに問題があるのです。彼らが同じ国で就労して留まっているのか、あるいは他国へ行なってしまったのかわかりません。アメリカ合衆国ではビザがあるので把握できます。つまりある長さの滞在ビザを取得した人数と、外国人学生の実数とを比較できますからなんとか確かめられるわけです。しかしフランスにはこうした記録が何もありません。参考になる統計もありません。例えば、非常に一般的には、外国に出るフランス人研究者は他国に比べて非常に少ない。ドイツ人はかなり移動性が高いし、北欧の学者もよく外国を移動しています。イギリス人はとりわけアメリカに行き、そのうちの何%かは労働条件がよいアメリカに留まります。しかしこれはおおざっぱな印象でしかありません。きちんとした調査をすべきでしょう。

またフランスに助教授のポストを求めてやってくる外国からの候補者はかなりいます。フランスの教育機関はポストの安定性の面で居心地がいいから、イタリア人、ドイツ人、イギリス人の候補者が多いのです。いくつかの語学分野では、すでにかなりの外国人が助教授となっています。こうしたことは本当にちゃんとした調査が必要なのですが、アンケートを実施するのは非常に難しいと思います。ただし支配的な国が人を引き寄せるという古典的な現象はたしかにあるでしょう。先進国は発展途上国のエリートを惹きつけます。こうしたことは、すでにマグレブ諸国とフランスとの間で起きました。北アフリカが危機に陥ったときに当地で頭脳流出が起きて、いくつかの学科で欠員があったフランスの大学にポストを得ています。

官僚たち、産官学連携、地方分権

ところで、なぜ選挙の結果がさほど重要ではないかというと、それは物事がつねに陰で準備されているからです。人は政治家がすべてを決定していると思っていますが、じつは**高級官僚**のレベルでは同じ政策が続いています。フランスは、公式には**ネオ・リベラリズム**とはほとんど関係ない国ということになっていますが、現実には、逆説的なことに、ネオ・リベラリズムそのものがまさに実践されている国なのです。口にしないほうがよいので言われていないだけ、つまり言わないでやったほうがよりうまくいくわけです。

他方、高級官僚たちも士気喪失しています。彼らは政治家が自分の仕事をせず、彼らにくだらない仕事まで押しつけていると感じています。しかも彼らが自らの意志で何かをやろうとすると、政治家たちが自分の言うことを聞かないといって制裁を加えるのではないかと恐れているのです。だから彼らの多くは、結局は何もしないほうがよい、あるいは民間に移ったほうがよいと考えています。そこでは少なくとも自分のやりたいことができるし、説明を求められることもないし、収入もずっとよいのです。じっさい彼らがビジネス界に去っていくという動きがあります。官僚のなかでも優れた人たち、活力ある連中がいなくなっているのです。これは大規模な腐敗というのではありませんが、奇妙な、いわば士気の腐敗です。いずれにしても、高級官僚には国家に奉仕するという気概はもはやありません。これでは官庁は崩壊するし、国家は機能不全に陥るでしょう。しかしこれが現状です。フランスがこれまでなんとか機能してきたのも、公共サービスの理想に忠実な高級官僚たちがいたからなのですが……。

フランスでは、**大学と産業界や行政との関係**はどうなっているのでしょうか。というのは、日本ではここ一〇数年のあいだに、産官学の連携が急速に進んでいます。もちろん、大学が産業界や政策決定の場から画然と距離をとり、社会的に重要なそれらのセクターに対して無関心を決め込むことがいいとは思いませんが、それにしても、あまりに無原則な産業界や政策決定プロセスへの擦り寄りは、大きな問題を抱えています。そこでは、**大学の自律性**が可能にしてきたものがほとんど省みられることもなく、ひいては大学そのものが根本的に損なわれようとしています。そのような傾向は、近年、日本で進行している一連の「大学改革」のなかで顕著にあらわれています。文部科学省の動向に必要以上に注意を払い、あるいは産業界からの関心をひくためのアピールに大きな努力を注ぐ。そこでは、大学が、自立した主体として、それらのセクターとどのようにかかわるのかという観点が、完全に見落とされています。その点について、フランスでは状況はどのようになっているのでしょうか。

これはさきほども、大学の財源について話したときに述べましたけれども、複雑な問題です。研究費の問題の背後には必ずこの問題があります。地域との契約であれ、企業とのそれであれ、あらゆる受託研究には、あなたがいま言われた問題が突きつけられます。そして繰り返しになりますが、この問題の全体を捕まえることは不可能です。物理学、経済学、生物学、応用科学、人文・社会科学など、それぞれの分野によってきわめて多様な状況があるし、場所によっても大きく異なりますから。

たとえばルーアンの例をとってみましょう。パリからそれほど遠くないルーアンは、大都市ではありませんし、そこにある大学も財政的に貧弱です。多くの教員は、ルーアンには住まずにパリに住んでいます。また入学してもパリに転学する学生もたくさんいます。つまりこの大学は、大学として存在することそのものに困難を抱えているため、あなたがおっしゃったようなこと、すなわち研究費を得るために地元の企業や行政と契約を結ばざるをえないのです。彼らはパリと対等になることはできないのをよく知っています。言ってみるなら、日本との競争を避けたいアジアの新興諸国が、なにか日本のやらない補完的な産業を選択しているようなものです。不幸なことに、彼らには多くの選択肢はありません。もちろん、大学の学術政策が地元の産業界の言いなりになったり、学問的な選択において自律性をもてなくなることを、彼らは嘆いています。

もう一つ、リヨン地域圏〔ローヌ・アルプ地方〕のような例もあります。リヨンは大都市で、パリに対してある種の自律性を持っています。古くから独自の地場産業もありますし、また北イタリアと南ドイツというヨーロッパの二つの重要な地域につながっていますから、パリからは独立して、ヨーロッパ・レベルでの活動ができるのです。大学も財政的に安定していて、連携のための有力なパートナーを持っています。しかしこのような有利な状況においてさえ、特定のセクターのみが特権化されてしまっているのです。リヨンは医学や生物学に伝統があるので、この二つの分野と結びついた専攻が、産業界や地域圏の出資者から最も優遇されています。

フランスは日本よりもよいシステムを持っているかどうか、私にはよくわかりません。フランスでは、地方分権政策をとるようになって以来、あなた方が語ってくれたようなこと、すなわちあらゆることが結局は中央の一部のレベルで決定されてしまうというようなことは成り立たなくなりました。大学はいまでは、国民教育省に完全に従属しているわけではなく、それぞれが政策をもつことができる機関に本当の意味でなっています。独自性、有利さ、切り札を、必ずしも中央に依存することなく使用する裁量の幅がある程度はあるのです。

それはそれとして、フランスは、ヨーロッパの他の国々に対してはいまだに遅れていると思います。第一にフランスには**地域圏**が多すぎます。いま二二の地域圏がありますが、大きさもきわめて不均等で、豊かさにも差があります。イール・ド・フランス地方〔パリを含む地域〕と最下位の地方とでは、一〇対一くらいの差があり、経済力の面にもその差が反映されています。大学の研究への財政援助も同様の割合で差が出ますが、貧しい地域圏では他にもさまざまなハンディがあるため、大学にまわる資金はさらに少ないはずです。ドイツはフランスとほぼ同じ大きさの国土ですが、地域の数は少なく、旧東ドイツ地方を除けば、フランスと比べてよりバランスのとれた支援が大学に対してなされています。

第二に、グランド・ゼコールの問題があります。アタリ・レポートにも述べられているように、約四％の学生を占めるこのセクターが高等教育のための支出の三分の一を使っています。このような特権化されたセクターのない他の諸国の大学システムでは、大学行政により多くの財源が当てられています。

ところで、これはたんに大学の自律性あるいは自治の問題ではなく、バランスとアンバランスの問題なのです。おそらく日本でも、国立大学とそれ以外の大学、あるいは東京とそれ以外の地方の間に、大きな格差があるのではないでしょうか。これらすべての問題は、契約を結ぶときに交渉の可能性を左右します。研究者の交渉の可能性を条件付けています。契約を結ぶためには、あまりに強力な相手、規模の不釣合いな相手とするべきではありません。さもないと、それは必然的に不平等なものとなってしまいます。基本原則のレベルではなく、リアリズムのレベルでの話です。自分たちが押しつぶされないパートナーを探さねばなりなせん。私がさいきほど述べたルーアンの例のように、出発点での不平等な構造は、パートナーの選択の範囲を限定させてしまいます。

ヨーロッパのレベルでは、ご存知のように、いくつかの国の最も恵まれない地域を支援するための基金や政策が存在します。これまでのところ、それはある程度までうまく機能してきました。というのも、まだEUは一二ヶ国から一五ヶ国だったからです。しかしEUの拡大によって、それも制御不能な状況が生じようとしています。EUを東ヨーロッパにまで拡げることは、私には、ドイツにおもねるためのばかげた計画としか思えません。支援が必要な地域が増えるということは、それぞれの地域が受ける支援も不十分なものになるということです。活性化と再均衡化の効果は、ますますはっきりしないものとなるでしょう。ましてそれらの地域は、かつて四〇年にわたって常軌を逸した（旧社会主義国の）政策の犠牲となった国々なのです。ドイツが旧東ドイツの遅れを取り戻すのにこの一〇年どれだけ苦労をしたかを考えてみれば、EUをハンガリー、ポーランド、チェコにまで拡げることがどれほどのリスクをはらんでいるかが判るでしょう。私は、EUを導いているテクノクラートたちに、はたして現実感覚があるのだろうかと疑わざるをえません。

ですから、これは危ない賭けのようなものです。ドイツはその全経済力をかけても、かつての分断によって生まれた東西のギャップを埋められずにいます。EUは、すでにポルトガル、ギリシャ、アイルランドを抱えて、ドイツより大きなハンディキャップを背負っているにもかかわらず、さらに拡大しようというのです。もはや運営していくことは不可能になるでしょう。政治家たちにはもとよりいかなる計画性もありません。彼らは流れに身を任せて、もはや破れかぶれです。その背後には、政治家たちが破れかぶれであるのをよいことに、ヨーロッパがまさにイギリスが望んでいるような自由貿易ゾーンになってしまうことを待っている、きわめてシニカルな人たちがいます。これまでは、EUにはそれでも、不平等と闘い、社会的でポジティブな面を発展させようとする、再均衡化へのそれなりの介入主義があったのですが（少なくとも当初はそれがヨーロッパの構成要素の一つでした）、そういう政策の総体がいまや自己解体しようとしているのです。それらはもう適用できなくなるでしょう。貧しい地域を支援するにしても、ときどき飴玉を配るようなことしかできなくなるのです。こうしてヨーロッパは、当初イギリスが望んでいたような、市場原理が歯止めもなしに支配するだけの、自由貿易ゾーンになってしまうことでしょう。私はそのように予想しています。

ヨーロッパ化を進めていこうとすると、さまざまな国の高等教育システムを収斂させていかなければならないでしょう。大学システムについての**ヨーロッパ・モデル**とでも言うべきものが可能なのでしょうか、それともどちらかといえば、**アングロ・サクソン的、アメリカ的なモデル**を採用しなければならなくなってしまうのでしょうか。

そのことについては、すでに『ル・モンド・ディプロマティック』誌に書いたことですが、[8] まさにクロード・アレーグルのプランは、バカロレア・プラス3－5－8という三層構造のシステムを作るために、BA〔学士号〕、MA〔修士号〕、そしてPh.D〔博士号〕というアメリカのモデルを思い描いていました。しかしアメリカの大学システムにおいては、現実にはBA、MA、Ph.Dを持っているかどうかはさほど重要ではなく、どこでそれを取ったかが重要なのです。ハーバード大学のPh.Dとアメリカ中部の無名大学のPh.Dは同じではありません。アレーグルのプランは、そういう意味でありもしない幻想に立脚しています。統一された巨大市場について語ってみても無駄なことです。リモージュよりもソルボンヌでとった博士号のほうがよいとか、ブレストでの学士号よりベルリンのそれのほうがよいという考えが人々には常にあります。本当の問題はそれなのです。「あなた方は同じ紙幣を持っている」というのでは十分ではありません。これらの紙幣が同じ価値をもつようにしなければなりません。そうでなければ幻想を与えることにしかならないでしょう。四五、五〇、一〇〇あるいは二〇〇の大学が、価値、プレステージ、能力、さらには教育において同等であると想像するのは不可能です。

BAあるいは学士号のレベルまではほぼ同等の教育を与えることができると考えることはできます。しかしそれより進んだ課程ではどうしても格差が生まれます。もちろん推進派の人たちは、そのことについて話すことは避けています。というのも、それを言ってしまうと、場所によって人々が同じことをやっているわけではないということを認めてしまうことになるからです。

さらにもう一つ問題があります。おそらくEUは、インターナショナルな交流を促進するために支援を行なうでしょうが、その場合、支援のための要件として、それぞれの国がどれだけの学生を引き受けているかということが入るに違いありません。それがマイナスの効果を生むのは明らかです。つまり、学業を容易にし、より簡単に同じ修了証を取れるようにすることで、学生を呼び寄せようとする国も出てくるでしょう。政策を評価するのはいつも量的な基準にすぎません。しかしこれは、政治的には正しくないし、危険でもあります。

学生たちの政治離れ

こんどは学生生活についてお伺いしたいのですが、アレゼールができたころと比べて、学生にとって大学の環境は改善されているのでしょうか。

当時と比べれば少しはよくなりました。何しろ一〇年も経っていますから。新しい学生寮もいくつかできましたし、学生に部屋を貸したいと望む人たちを援助するために、税制上の優遇措置も採られています。

―それは国による施策ですか、それとも地方自治体ですか。

国がやっていることですが地方レベルで適用されています。また奨学金やスポーツ施設なども増やされています。それに関しては調査がありますし、本も出版されています。[9] ラディカルな変化があるかどうかは判りませんが、結局のところは、この四・五年の雇用市場の好況が学生たちを助けているのです。学生たちはかつてよりらくに就職できます。また就職へのモチベーションもよりはっきりとしたものになっているようです。つまり勉強したいから勉強するという代わりに、何かの役に立つから勉強するというようになっているのです。アルバイトも比較的かんたんに見つけられます。生活するには困らないので、親や奨学金の世話になることも少なくなりました。ですからこの四年くらいの間、学生たちはかつてほど不安ではなくなっているように私は思います。しかしふたたび不況に向かっています。おそらく一九九〇年代の初めのような状況に舞い戻るのではないでしょうか。

一方、政治的には学生たちはまったくといってよいほど静かになっています。数年前、ある授業で私は学生組合の代表に発言する機会を与えました。彼らに少なくとも話す機会くらいは与えて、何らかの意味で行動へと動機付けようとしたのです。しかし彼らはどうして教師がそのようなことをするのかと不思議がっていました。彼らにとってはもはや面倒くさいのです。この数年、政府も大きな施策を示さないので、何であれ抵抗する機会もありませんでした。だから財源に問題のあるいくつかの地方は別にして、大学に社会的な動揺が起こることはありません。一九九五年以降は全国的な運動はありません。

――しかしフランスでは、**学生にも大学運営に参加する権利**が与えられていますよね。

ええ。でも彼らは投票しようとはしません。私は大学生である息子に、どうして投票しないのかと訊ねるのですが、そんなことはどうでもよいと言うのです。学生たちは関心を失っています。近頃の国政選挙での棄権率をみてごらんなさい。多くのフランス人と同様に、彼らもまた個人主義や無関心主義に捕らわれているのです。これは私たちの失敗を意味します。なぜなら学生も決して馬鹿ではないからです。彼らに**大学への帰属意識**を育てられなかったというところに、私たちの失敗があるのです。

――制度として学生の参加できるような選挙もあるのですか。

ええ。**選挙**もあるし候補者リストもあります。学生が参加できる**評議会**もあります。しかし関心があるのは少数派なのです。ほとんどは学生組合の代表で、彼らはじっさい何らかの政党の運動員であり、事実上は政党が学生組合をコントロールしています。そのような彼らに投票する学生は全体の一〇%ほどで、ほかの連中は投票しません。ですからこれは、まったくデモクラシーの戯画のようなものです。私はデモクラシーを獲得するために闘った世代ですが、三〇年後に学生たちがそれに興味を失っているのを確認しています。いったい何のために闘ったのでしょうか。

――日本ではいまだに学生に参加する権利さえ与えられていないのですが。

ええ。でも権利だけでは不十分なのです。とてもシステムが複雑で、私も評議会にいたことはありますが、何がどうなっているのかさっぱりわかりません。たとえば学長を例にとりましょう。学長が何の役に立つのか、学生は知りません。学生は自分の大学がどのように機能しているかについて、考えたこともないのです。何の役に立つのかを知らずに、またそれがどのように機能するかも知らずに、どうしてシステムに興味をもつことがあるでしょうか。これは責任者たちの過ちでもあるのです。大学で市民としての教育を行なうことが必要でした。フランス人はなぜ投票にいかねばならないかを教えられ、それが何の役に立つのかを学びました。これはつねに繰り替えされねばならない教育なのです。必ずしも自明ではありません。大学でも同じです。デモクラシーは無償のプレゼントではなく、一つの闘いであり、創り出して発展させるべきプロセスです。

もし日本で学生たちがそれを手に入れれば、恐らくもっと効果的かもしれませんね。あなたがたはフランス人よりずっと組織的だし、まじめだから。それに**日本では学生は学費を払わされます**よね。お金がからむとその使い道により意識的になりますよ。アメリカではじっさい学生たちがそれを監視しています。いずれにしても、学生が興味をもつには法律が存在するだけでは十分ではないのです。**フランスでは学生はお金をほとんど払いません**から、しまいには文句を言うけれども、本当はその必要もないのです。

でも学生が多くなりすぎて、大学が機能不全に陥ってしまったことがあるにしても、無償で高等教育を受けられるというのはすばらしいことではないでしょうか。日本では学費が高すぎるために大学にいけない若者がたくさんいます。無償で学生を受け入れるためには国からの支出が必要でしょう。そうすると市民により高い税金を課すことになりますから、それを納税者に納得させるための論理が必要です。フランスには少なくとも、高等教育は無償で

―あるべきだというコンセンサスがあるようにも思えるのですが。

六八年以降さまざまな試みがなされました。それ以前も、ドゴールでさえ大学に入学試験を導入しようとしたのです。でも成功しませんでした。つねに学生の反対運動が起こったからです。選抜が無いことに関して、かならずしも政府は他の国の政府より寛容なのではありません。そうではなくて、つねに**学生の抵抗**があるからなのです。左翼の教員でさえ、この問題に関しては意見が割れています。「入学試験をすればよい学生を集められるようになるだろう。そうすればもう私たちも苦しまなくて済むはずだ」という人もいます。つまり社会的な選別ではなく、成績による選抜を望んでいるのです。学ぶ気もない連中に教えるのはたしかに馬鹿げていますから。

しかし入試を導入できない本当の理由は、グランド・ゼコールにきわめて厳しい選抜があるからです。そのために排除される連中が多くいます。だからもし大学に選抜システムができると、そのうえさらに排除される連中が生まれてしまうということになります。これは政治的にみても問題です。すでに少数の人間を選ぶためのきわめて厳しい選別があるため、その埋め合わせとして安全弁の役割を果たすもう一つのセクターが必要なのです。よく見てみればグランド・ゼコールのほかにも、大学の医学部、ＩＴＵ（技術短期大学部）、そして他のいくつかの履修コースで、目立たない形で選抜が導入されています。ほとんど半分の学生は選抜を経て大学に入っているのです。だから、他の半数の学生についてはいまのまま選抜なしに入学させておいた方がよいというわけです。フランス人は寛容なのではありません。たんに政治的なバランス感覚の問題であって、それがあらゆる人にとって都合がよいだけです。あまり言われることではありませんが。

それに中退という選別もあります。たとえば法学部の第一学年の中退率は大変な高さです。バカロレアのあと試験はないわけですが、このような形でもう一度選抜があるのです。これもあまり言われませんが事実です。すべてはどのように測るかによります。つまり入学するときに数えるのなら、書類上はすべての希望者が入学できますが、卒業するときに数えれば、入試による選抜がある国より多くの学生がフランスで卒業しているわけではないのです。だからこれは一種の欺瞞です。政治的には巧妙ですが、社会的には惨憺たる効果を生んでいます。明言されてもいないし、公然とでもないし、明瞭でもありませんが、これも一つの選抜なのです。

それではこれを変える必要があるだろうか。八〇年代には、日本のように学生定員を増やすべきだとよく言われました。私には本当だかどうかわかりませんが、当時日本ではより多くの学生が高等教育を受けていると言われ、しかもそのころ日本は経済的成功の神話のなかにいました。日本人は危機にみごとに対応し、失業率をきわめて低く抑えている。それというのも日本にはより多くの大卒者がいるからだ。そして優秀な大学システムがあるからだと言われたものです。あなたがたがこの分析に同意するかどうかは知りませんが。

――いま日本では、人には生まれつき知的な者とそうでない者がいると言う政治家がいるほどです。教育は、生まれつき知的な者にだけ受けさせればよいというわけです。

そういう論者はいつでもいますね。

――問題なのはこのような幻想が、経済的あるいは社会的な選別を通して現実化しかねないことです。

フランスでは、八〇年代の**学生数の急増**は失業対策でもありました[10]。大学生は統計的には失業者とみなされませんから、政府としても都合がよかったのです。もし学生が増えすぎれば、大卒のタイトルも社会的価値を失うだろうし、そうなれば失業から逃れるために大学に来る者もいなくなるはずだと人は信じていました。大学とは必要なときに助けてくれない保険のようなものだから、そのような保険に人は二度と入らないだろうというわけです。じっさいイタリアでは学生数が減少しています。フランスでもその傾向がありますが、イタリアほどではありません。というのもフランスでは、出生率がまだ下がっていないからかもしれません。ヨーロッパの他の国々よりも出生率は高いのです。いずれにしても、私の考えではこの議論は近いうちに収束するでしょう。大学に入ろうとする者が減れば、選抜も必要なくなるからです。むしろ学生を大学に引きつけるための工夫が必要となるでしょう。というのも大学は、予算をもらうためにもある程度の学生数は必要ですから。

近い将来に問題となるのは、**ヴァーチャル・ユニヴァーシティー**と呼ばれるインターネットによる学習です。アメリカではもう始まっていますが、彼らはヨーロッパに分校をつくって授業の一部をインターネットで行なっています。学生はアメリカに行く必要はありません。それでもアメリカで勉強してきたかのように、その大学の修了証を手に入れることができます。この市場は拡大しつつあり、フランスも後を追おうとしています。既に国民教育省といくつかの大学の間でインターネットの教育システムを作る契約が結ばれています。しかしこれは、**知的財産権**のレベルで大きな問題を孕むのです。教員は自らの授業に対してまったくコントロールを失うことになりかねません。これまでは口頭で講義を行ない、その講義を本にして出版することもできたし、それに対する著作権もありました。しかし新しいシステムのなかでは、それらはすべて教員の報酬に含まれ、自分が生産したものへの知的財産権を私たちは失ってしまうのです。これでは機械の歯車と同じです。三世紀の努力によって獲得した権利を私たちはこうして失うことになるのです。これはこのシステムの大きな問題点です。インターネットでは誰でも他人が作ったものを利用できます。そしてそれを別のものに作り替えることもできます。私は遠いいくつかの国で、私の書いた論文が他人の名前で現れているのを見つけました。アメリカの会議で発表した文章がオンラインで流れ、使われているのです。もし大学がこのようなことをするなら、教員は自分の仕事を全くコントロールできなくなります。国際的なレベルでの反対運動が必要ですが、いまのところきわめて低調です。もし十九世紀に作家たちが立ち上がらなかったら、バルザックには著作料は支払われなかっただろうし、外国でもそれに相応するものはできなかったでしょう。私たちはいま同じような危機に直面しているのです。

大学での人文・社会科学

ブルデューの追悼集会が開かれた日、私はシルヴァン・ダヴィッドというリセの教員の発言にとても感銘を受けました。社会科学の学習は困難な社会的状況を意識的に把握するのに貢献する、ということだったの思うのですが。たとえば、たしかに教育システムによって社会問題は解決できないけれども、学校の教室では、生徒たちに社会的状況を客観的に捉えるための道具を与えることができます。このことは、一般的には文化の役割だろうし、大学における文学や哲学、あるいは社会科学などの専門分野の役割だろうと思うのです。

それは教員によりますね。自らの教育をたんなる内容の伝達よりも、覚醒やより包括的な機能をもたせるために利用したいと考える教員はいます。社会科学としての歴史学は、時間のなかに自分を見つけることを学生に許すことになります。なぜ自分の国がいまこのような状況にあるのかを知るのはとても重要です。それまでに経験した危機がどのようなもので、その危機を先人たちがどのように乗り越えたか、あるいは乗り越えるのに失敗したかを、人はたしかに知るべきなのです。歴史学は過去について考えるためのすばらしい道具です。ということは、現在や未来についても有効な道具です。

これは私が歴史学を研究していることと補完的な関係にありますが、かつて大学一年度の授業を担当したとき、私はテーマに危機にあるフランスを選びました。一九〇〇年から一九四〇年までの時代です。私はまず、共和国、民主主義、人権そして平和といった、いまでは誰もが自明と考えるものが、この時代にあっては深刻な危機にさらされていたことを示しました。そして、もしその頃に人々が立ち上がることがなかったら、あるいは問題が意識されなかったら、それらのものを今日私たちが享受することもできなかったろうということを示しました。他方で、当時は九五年から九六年のころで政治的にも不安定でしたから、私は、政治的な意味で立ち上がることもときには必要なのだということを強調しました。危機から脱出するためには、先頭に立って発言する人の存在がきわめて重要です。ある種の若者たちのように、政治などどうでもよい、そんなことは自分に関係ないという人ばかりではどうにもなりません。そして政府を支えるにしろ批判するにしろ、誰が多数派を構成するかによって、そして市民が立ち上がるか否かによって、状況は同じようには進まないということを私は示そうとしたのです。これは自分たちの歴史を学ぶことであると同時に、歴史を通して自らの生き方を学ぶことでもありました。かつての行動様式がいまだに有効であり、いまの状況を照らしてくれるということを、私は学生たちに伝えたかったのです。当時はほんとうに一九三〇年代にいるような気がしたものです。経済危機、政治危機、極右の台頭、国際的緊張など、一九三〇年代とのアナロジーがありました。私は大学の一年生に歴史学を教えるにあたって、このようなやり方を選んだのです。

言いかえれば、これはいつでもできるとはかぎりません。シルヴァン・ダヴィッドが言ったことは両刃の剣でもあります。一方で学生に意識化を促すことはできますが、他方で彼らを傷つけかねません。なぜなら誰も、そこで語られた事柄にあまりに深く関わっていると感じることがあるからです。学ぶことに対して人は外から冷静に観察するというわけにはいかなくなり、それに耐えられなくなる学生もいます。そしてそれは教室の中に緊張を生み出すのです。ある理想を掲げれば、目の前にいつも同意する人がいるとはかぎりません。それどころか反発する場合もある。それは教室のなかに対立を引き起こすばかりか、やろうとしている目的そのものを阻害しかねません。つまりしばらくの間の静かな討論の場を創り出すという目的です。数学や物理学に関してはこのような問題は起きません。でもたとえば、日本ではまだこのような現象は起きていないかもしれませんが、フランスではいくつかの地域や都市に、民族的な出自に関してきわめて多様な人間がいます。いま中東で起こっていることを考えれば、教室にアラブ系とユダヤ系の学生がいたら、イスラエルとパレスチナの二つの陣営に分かれてしまっている人たちに、よき相互理解がすぐに成立するとは思えません。歴史学の教員は、これらの問題とそれほど離れていない問題を扱わねばならないときに、ほとんど爆弾を抱えているようなものです。これはきわめて重要であるとともに、きわめて難しい試みであると言わねばなりません。

ピエール・ブルデューのこと

――アレゼールの提言をまとめるにあたって何か特別な困難はありましたか。

難しかったのは、最も反発の少ない中庸の視点を見つけることでした。一人しか賛同者がいなければどうしようもありませんから。また大学ではあらゆる種類の葛藤が起こりますから、それらをすべて乗り越えねばなりません。当然ながら理解しえない場合もあります。たとえば大学教員の採用問題についてはそうでした。でも私たちは、できるだけ全体の利益に合致するような視点を採用したのです。現行のシステムを都合がよいと考える人は同意しませんでした。これは政治と同じです。いまフランスには狩猟（！）をめぐって議論があります。あなた方は工業化したフランスおいて少し奇妙だと思われるでしょうが、ヤマウズラを殺す権利が人間にあるか否かをめぐって、フランス人はいまだに争っているのです。国民全体の六〇分の一に当たる、百万人の狩猟家がきわめて強力な圧力団体を作っていて、政治的に重要ないくつかの地方で国民議会議員を味方につけています。彼らは少数派であっても、それに釣り合わぬ大きな影響力を及ぼして利権を守っているのです。

それに対して大学は、フランスには大学教員は多く見積もっても**六万人**しかいませんし、たとえすべてが同じ意見だとしても、六万人に対する六千万のフランス人、しかも地方での重みも政治家とのつながりもないわけですから、どうしようもありません。つまり多数派をひっくり返すことはできません。場合によっては、一%の有権者が選挙をひっくり返すこともあります（このまえの大統領選挙の第一回投票をごらんなさい＝シャルルに

ピエール・ブルデュー (Pierre Bourdieu)

1930 年、フランスのダンガン生まれ。高等師範学校を卒業後、哲学の教授資格を取得、リセの教員となるが、1955 年、アルジェリア戦争に徴兵される。その後、アルジェ大学助手、パリ大学助手、リール大学助教授を歴任。1964 年、社会科学高等研究院の教授に就任、教育・文化社会学センター（現在のヨーロッパ社会学センター）を主宰し、精力的に社会学の共同研究を展開し始める。1981 年、コレージュ・ド・フランス教授に就任。以後、フランスを代表する社会学者として独自の方法論・概念を駆使しながら、従来の社会学の枠組を越える学際的研究活動を行う。90 年代以降は、反グローバリズムの運動に積極的に関わり、「集団的知識人」としての社会参加を実践する。2001 年 3 月、コレージュ・ド・フランス教授を退任。2002 年 1 月 23 日、癌のためパリのサン＝タントワーヌ病院にて死去。主な著作に『遺産相続者たち』『社会学者のメチエ』『構造と実践』『再生産』『ディスタンクシオン』『話すということ』『ハイデガーの政治的存在論』『ホモ・アカデミクス』『芸術の規則』『メディア批判』『市場独裁主義批判』（いずれも藤原書店刊）『国家貴族』『世界の悲惨』『パスカル的瞑想』『男性支配』（いずれも藤原書店近刊）などがある。

よる後注)。しかし六万人ではむりでしょう。たとえアレゼールが六万人のメンバーを抱えていても、何も変えられないのです。だから私たちは、いわば蚊のように行動することを選びました。象のようにはけっして行動できないからです。重要な時期にアピールを行ない、フォーラムを組織し、少なくとも問題の在処ぐらいは指摘しようとしたのです。政治家たちもときどきはよいアイデアを必要としています。いまのところ少し絶望的ですけれども。ところで、日本には大学教員は何人くらいいるのですか。私たちは六万弱ほどだから、あなたがたはその二倍、あるいはそれ以上でしょうか。

――ほぼ**一六万人**です。

一億二千万の日本人に対して一六万人。たとえ二〇万人いたとしても、どうしようもないでしょうね。人数が少ないときには象徴的な効果に訴えるべきです。プレスを利用し、好機を逃さないことです。

――たとえばあなた方のおっしゃる「大学議会」というのも、人々を動員するのに必要なアイデアなのでしょうか。

ええ、もちろんです。しかしそれは息の長い仕事です。私は一九九一年の暮れにアレゼールのアイデアを思いつきました。教師として大学に就職したばかりでしたが、大学が嘆かわしい状態にあることを知りました。私は何かをしないといけないと思い、ピエール・ブルデューに相談したのです。私は一世紀前の、大学人が真の大学を創造するために立ち上がった、第三共和政のころの状況と比べながら考えました。一九六八年に消滅してしまうあの大学です。彼らは五百人ほどでした。当時フランスの人口は三千九百万人ほどでしたから、とても十分な数とは言えなかったけれども、それでも彼らは成功しました。彼らには高い地位についている友人がいましたが、とりわけ大学について世論を喚起し、公開の討論会を開き、フランスにもドイツのような大学が必要だと主張したのです（一八七〇年の普仏戦争敗北の後でしたからそれは有効でした）。彼らは目的を追求するのに、多数派や有力者が使う伝統的な手段は使えませんでした。知に関わるだけでなく、社会的なものでもある問題の解決のためには、知識人にふさわしい手段が使われるべきでしょう。そして時期を待つことです。おそらくあなたがたは、いま動くべき時期にいると思います。私たちはいま、少し難しい時期にいるのです。フランスではいま、政治が大学ではなく別の方に向いているからです。でもいつかは世論の関心も戻ってくるはずですから、そのときのために備えておくのです。おそらく私たちの最も重大な失敗は、ピエール・ブルデューが死んでしまったということです。彼はきわめて多様な人々に訴える知的な影響力をもっていました。あなたがたのグループにも、おそらくブルデューのような人間が必要かもしれません。

── しかしあなたは、一九九五年に東京の日仏会館で、「ドレフュス事件以降のフランス知識人」という講演をなさったとき、ヨーロッパに、大学や、雑誌や、新聞を通して、単なる統一経済圏ではないあらたな**理念上のヨーロッパ**を創る必要を訴えておられましたよね。

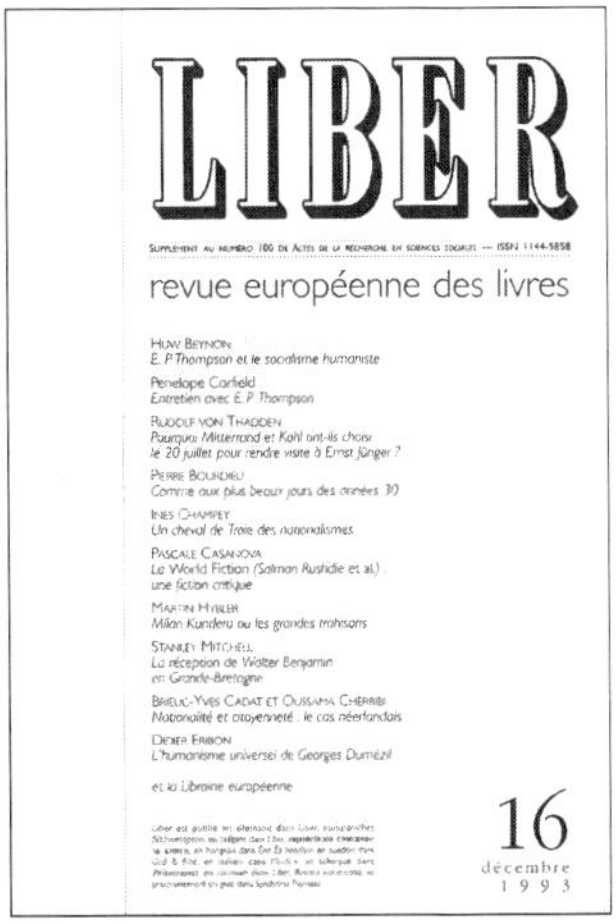

国際書評誌『リベール』

それがまさにピエール・ブルデューが望んでいたことです。しかし、不幸なことに彼はもういません。実は、私がそのドレフュス事件についてのテクストを書いたとき、ピエール・ブルデューは、**普遍的なものに仕える公務員**についての論文をすでに書いていましたし、ヨーロッパの知識人の連帯を創りだすための一つの道具として、雑誌『リベール』（「書物」の意味のラテン語）を創刊していました。不幸なことに、この雑誌は中断を余儀なくされました。（ブルデューの）追悼記事の中では、ほとんど誰も彼のこの雑誌に言及していませんけれども、私の考えでは、この雑誌は彼が行なった最も重要なことの一つだったのです。なぜ誰もそれについて語らなかったのでしょうか。それは、もしそれについて語れば、メディアが自分たちの仕事をしていなかったということが明白になってしまうからです。それはメディアがしなければならないはずの仕事だったのです。

『リベール』を創った当初の考え方は、ヨーロッパ・レベルでの知的議論の場を作るために、ヨーロッパの主要な日刊紙に共同で別冊を刊行してもらおうというものでした。当然ながら『ル・モンド』紙は、この事業をサボタージュしたのがまさに彼ら自身だったということには触れていません。彼らは、統合ヨーロッパや統合ヨーロッパの必要性について大仰な言説を述べています。ところが、一つの文化的ヨーロッパをつくるのに必要な唯一の仕事をサボタージュしたのです。私は、この二枚舌は極めて特徴的だと思うので、このことを近いうちに言おうと思っています。つまりブルデューは、一人で何もかもを続けることはできなかったのです。これは恐るべき仕事でした。本当に残念なことです。

しかしイギリスにもネオ・リベラリズムに異を唱える知識人はいますし、そういった人たちと連帯することはできないのですか。

もちろん潜在的には、ヨーロッパのすべての国にある程度私たちと考えを同じくする人々はいます。その人々は、アレゼールの試みに参加する意志をもっています。しかし必要とされるのは、まさにブルデューの力、つまり複数の国の知識人にともに仕事させることができた彼の力です。彼には国際的な名声があり、それによって人々を出会わせ、また説得することができました。そして現在フランスにこれができる人は一人もいないのです。彼が持っていてほかの誰もが持っていないもの、それは、名声、能力、時間、対応力、そして情熱です。そこに問題があります。

――それは日本でも同じです。例えば、日本、韓国、中国、台湾の大学人の間にネットワークを作るにしても、いまだに十分な関係がありません。

ネットワークなら、たとえば反グローバリゼーションの運動にもあります。ポルト・アレーグルやシアトルで見られたように、その運動には活力があり、いくつもの連帯が生み出されています。しかしこれはいわば活動家のレベルです。より洗練された段階に移行し、たんに事態即応的なデモンストレーションではなく、本当の意味で知的な作業を行なうための機構を作り上げていこうとすると、それだけでは十分ではありません。本当の意味での内容がなければなりません。現在は、ポジティブというよりはネガティブな段階です。何かに反対はしますが、提案はあまりないのです。アレゼールはむしろそのためのものです。私たちは、誰それのやることに単に反対であると言うのではなく、別のことができるのだと言ってきました。しかし一〇年が経過して、私は皆さんに言わざるをえないのですが、私の周りにはごくわずかの人しかいません。当初はいた人も年齢とともに引退してしまっています。みんな一〇歳年をとっているわけです。そして新しい世代の人たちには、問題について本当の意味で意識があるようには思えません。これは私たちの過ちです。彼らを説得することができなかったのですから。システムの中からやってきた若い世代が、システムに満足していて、必ずしもそれを批判し変革することを望まないというのは不思議なことではありません。じつは私は、彼らにはいかなる願望もないのではないかという印象をもっています。彼らはいまのままで満足です。あとは野となれ山となれです。つまり Tout va bien（「すべて順調」）と言うことが習いとなっているシステムの産物なのです。

私は正確には六八年の世代ではありません。六八年には私はリセの最終学年でした。でも私たちは事件のときに、反乱を起こしている学生たちに連帯するストライキを行ないました。だから後の世代よりはいささか刺激的な時代を生きたのです。もちろん六八年を生きたすべての人が、いまでも情熱的なわけではありません。しかし彼らは、人生の中で少なくとも一度は、変化というものが可能であると思える瞬間を生きたのです。それに対して、それに続くあらゆる世代は、つねに危機や失業、将来の不安から身を守るといったことが語られるなかで生きてきました。そして二〇年の後に人々は大変臆病になってしまったのです。これはかなり重要なことです。事態はこれ以上よくならない、何かをすることに意味はない、ということになってしまったわけです。

——しかしアレゼールは続けるのですか。

もちろんです、ここでやめるわけにはいきません。しかしブルデューがいなくなってしまったいま、私たちは五万人とは言いませんが、それと同じくらいのメンバーを失ってしまったのです。突然に。

じつは私たちは、日本にいて、私たちのブルデューを見出せないままにいました。しかしあなた方がブルデューを失ってしまって、ようやく私たちはあなた方とじかに話ができるようになったのかもしれません。言いかえるなら、ブルデューはようやく日本とフランスで共有できる人となったのです。あなたのお話を聴いていて、システムは違うけれども、フランスにも日本と同じ問題があることがよく分かりました。そしてアレゼールが、私たちと同じような深い無力感に捕われながらも、きわめて戦略的に、きわめて重要な問題提起を続けていることを確認できました。この貴重な経験を、日本において生かしたいし、これからは私たちもあなた方に協力していきたいと思います。今日は本当にありがとうございました。

（二〇〇二年二月五日、パリ、高等師範学校にて）

注

（1）コラム「大学教員の採用、真の公募制のために！」参照。
（2）Yves Fréville, *Des universités mieux évaluées, des universités plus responsables*, Les Rapports du Sénat, no.54, 2001-2002.
（3）第Ⅱ部『危機にある大学への診断と緊急措置』参照。
（4）Christophe Charle, *La République des universitaires*, Seuil, 1994.
（5）Christine Musselin, *La longue marche des universités françaises*, PUF, 2001. Erhard Friedberg, Christine Musselin, *L'Etat face aux universités*, Anthropos, 1993.
（6）Pierre Bourdieu et Christophe Charle, "Un ministre ne fait pas le printemps", *Le Monde*, 8 avril 2000.
（7）Yves Gingras, "Les formes spécifiques de l'internationalité du champ scientifique", *Actes de la recherche en sciences sociales* 141-142, mars 2002, p.31-45. 及びそこに掲載されている英語文献についての書誌参照。
（8）Christophe Charle, "La nouvelle orthodoxie contre la science, —université et recherche dans le carcan technocratique", *Le Monde diplomatique*, septembre 1999.
（9）C. Grignon et L. Gruel, *La vie étudiante*, Paris, PUF, 1999; C. Grignon（sous la dir.）, *Les conditions de vie des étudiants*, Paris, PUF, 2000; B. Lahire, "Manières d'étudier", *Cahiers de l'observatoire de la vie étudiante*, no.3, 1997.
（10）Stéphane Beau, *80% au bac et après. Les enfants de la démocratisation scolaire*, Paris, La Découverte, 2002.

フランスの高等教育について

フランスの高等教育は、大学・短大・専修学校が主要部分を占める日本以上に複線型の学校体系になっている（**図1**の系統図を参照）。主に国立の**大学**のほか、諸官庁・経済団体・私立機関などが運営する**グランド・ゼコール**（高等専門大学校）と、その入試準備教育を行う高校（リセ）付設の**グランド・ゼコール準備学級**（**CPGE**）、主に工業・商業の中級技術者を養成する短期高等教育機関（大学付設の**技術短期大学部**〔**IUT**〕とリセ付設の**中級技術者養成課程**〔**STS**〕がある）、看護師や建築士など特殊技能資格の取得を目的とする各種専門学校などが存在する。

これらの高等教育機関に進学するためには、原則として、中等教育修了と高等教育入学資格を併せて認定する国家資格である**バカロレア**を取得していることが必要である（学校や機関によっては社会人などを対象にバカロレア未取得者でも入学が認められる場合もある）。バカロレアには、理科・文科・経済社会からなる**普通バカロレア**、工業系・商業系・医療系などの**技術バカロレア**、生産工程とサービス業を主要領域とする**職業バカロレア**の三種類があり、取得した資格の専攻内容と成績によって可能な進学先の範囲が決まってくる。現在では、高校卒業の年齢に達した六割以上の学生がバカロレアを取得している。

最も威信が高いとされるのが普通バカロレア理科であり、それを良い成績で取得した者は、**選抜試験のあるグランド・ゼコール**に入学するために一～二年間の**準備学級**に進学することが多い（準備学級を経ずにバカロレア取得者を直接受け入れる課程をもつ学校もある）。一口にグランド・ゼコールと言っても多種多様であるが、政策学系ではシアンス・ポと呼ばれる政治学院と、国立行政学院（ENA）、技術者養成系では国防省理工科学校（エコール・ポリテクニック）・鉱山学校・土木橋梁学校、経営学系では高等商科学院（HEC）・エセック経済商科大学院大学（ESSEC）など、数十の著名な学校が特に難関で知られる。文科系の学校は少ないが、サルトルやブルデューなど多くの知識人を輩出したパリの高等師範学校（エコール・ノルマル・シュペリュール）が群を抜いている。

それに対して、**大学は原則として無選抜**であり、普通バカロレア取得者の六五％が大学に進学する（**図2**）。グランド・ゼコール準備学級に進学しても、入試に失敗した場合に備えて大学に二重登録する者も少なくない。ただし、大

図１　バカロレア以降の教育系統図

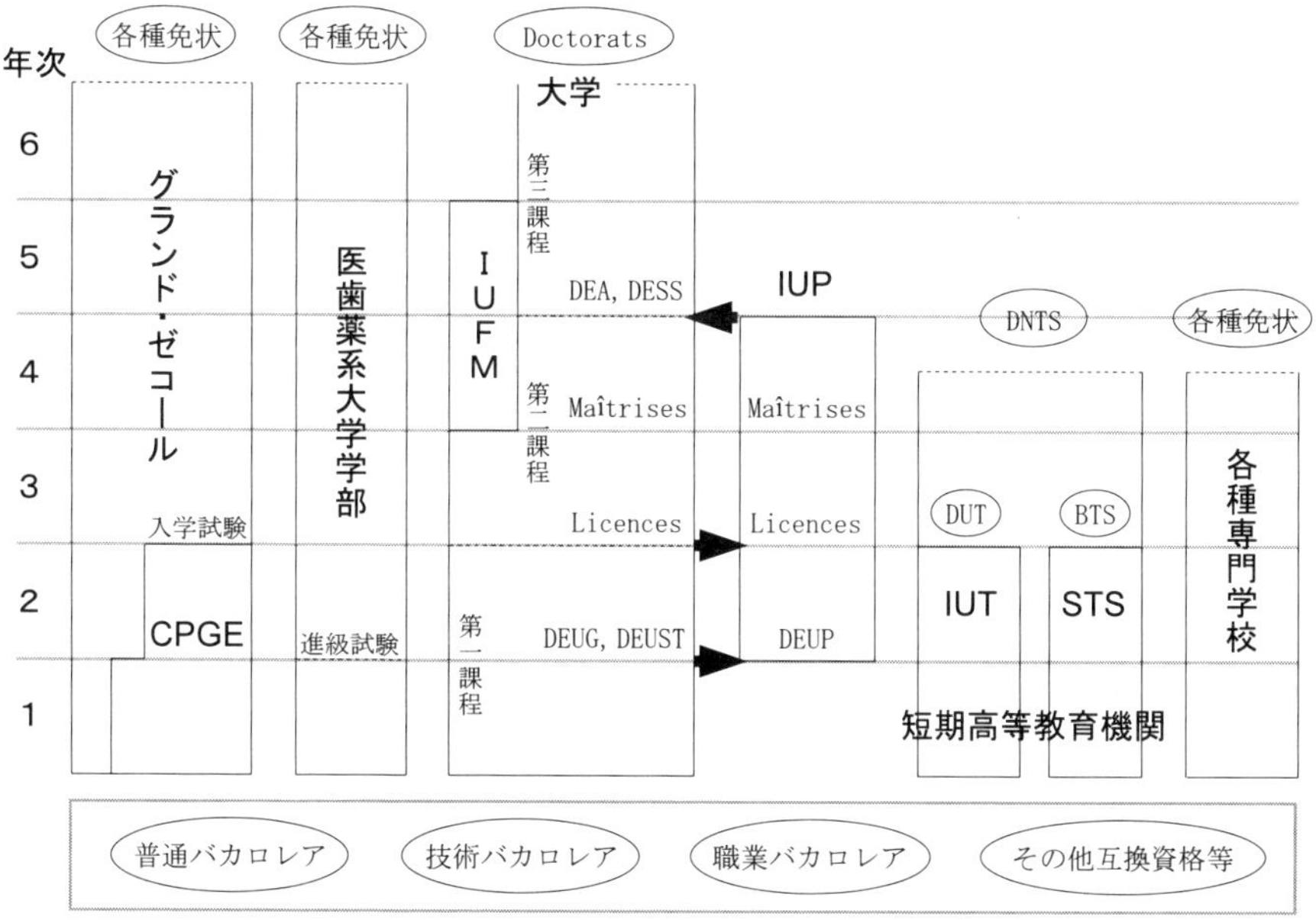

注）　太字は学校・機関名、丸囲みは最終学年資格
出所）フランス国民教育省 Repères et références statistiques 2002 年度版

図２　1999 年度バカロレア取得者の高等教育進学率（%）

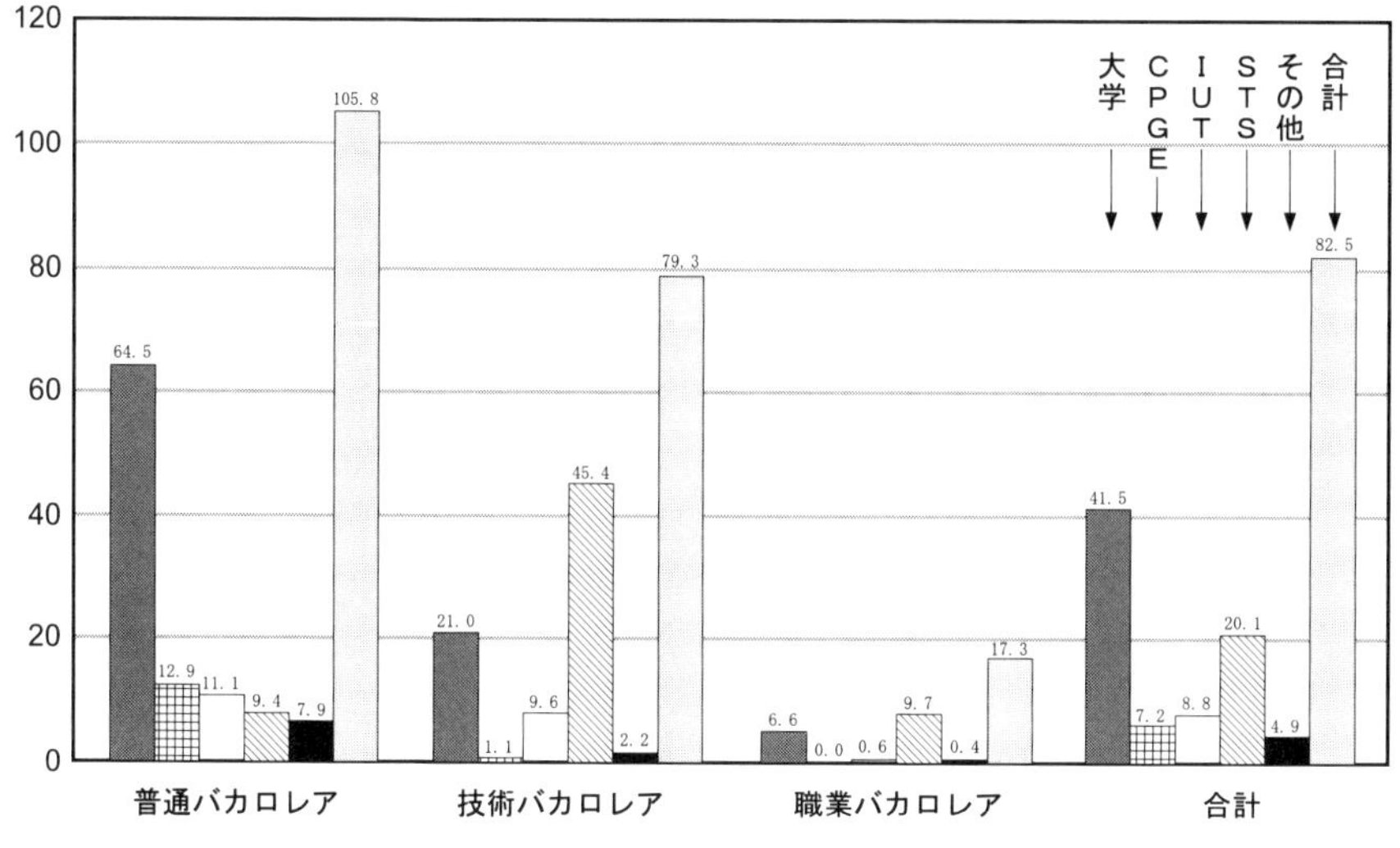

注）　複数機関への二重登録を含むため、普通バカロレアの合計は 100 %を超える
出所）フランス国民教育省 Note d'information 2001 年 第 15 号

学においても医歯薬系では一年次終了時に合格率が二割を下回る厳しい進級試験があり、他学部でも進級は簡単でなく留年や進路変更が大量に出ることから、入学後に実質的な選抜があるとも言える。医歯薬系を除けば、最初の二年間を**第一課程**（大学一般教育修了証〔DEUG〕と大学科学技術教育修了証〔DEUST〕の二種類がある）、次の二年間を**第二課程**（三年次はリサンス〔licences〕、四年次はメトリーズ〔maitrises〕と呼ばれる資格が代表的）、五年次以降の大学院の課程を**第三課程**と区分されている。就職はどの学年からでも可能であり（もちろん条件に違いはあるが）、二年次以降に就職した場合、職場で大学職業資格（DEUP など）を取得することができる**職業大学センター**（**IUP**）も設立されている。また、教員養成課程としては、三年次のリサンス取得後、**教員教育大学センター**（**IUFM**）でさらに二年間の専門教育と研修を受ける。

短期高等教育機関は、主に技術バカロレア取得者向けに設立されているが、各学校に定員が設けられているため、**入学時に書類選考と面接による選抜**がなされる。教育課程は実務的な性格が強く、企業研修（インターンシップ）も取り入れられており、普通バカロレア取得者からの入学希望も少なくない。そのため、技術バカロレア取得者に入学許可がおりないケースが目立ち、入学を拒否された者が無選抜の大学に不本意入学して、結果的にドロップアウトしてしまう現象が問題になっている。二年間の課程修了後は、IUT では大学技術教育修了証（DUT）、STS では中級技術者資格（BTS）が授与され、さらに専門技術国家資格（DNTS）を取得したり大学に編入したりするコースも開かれている。

（**大前敦巳**）

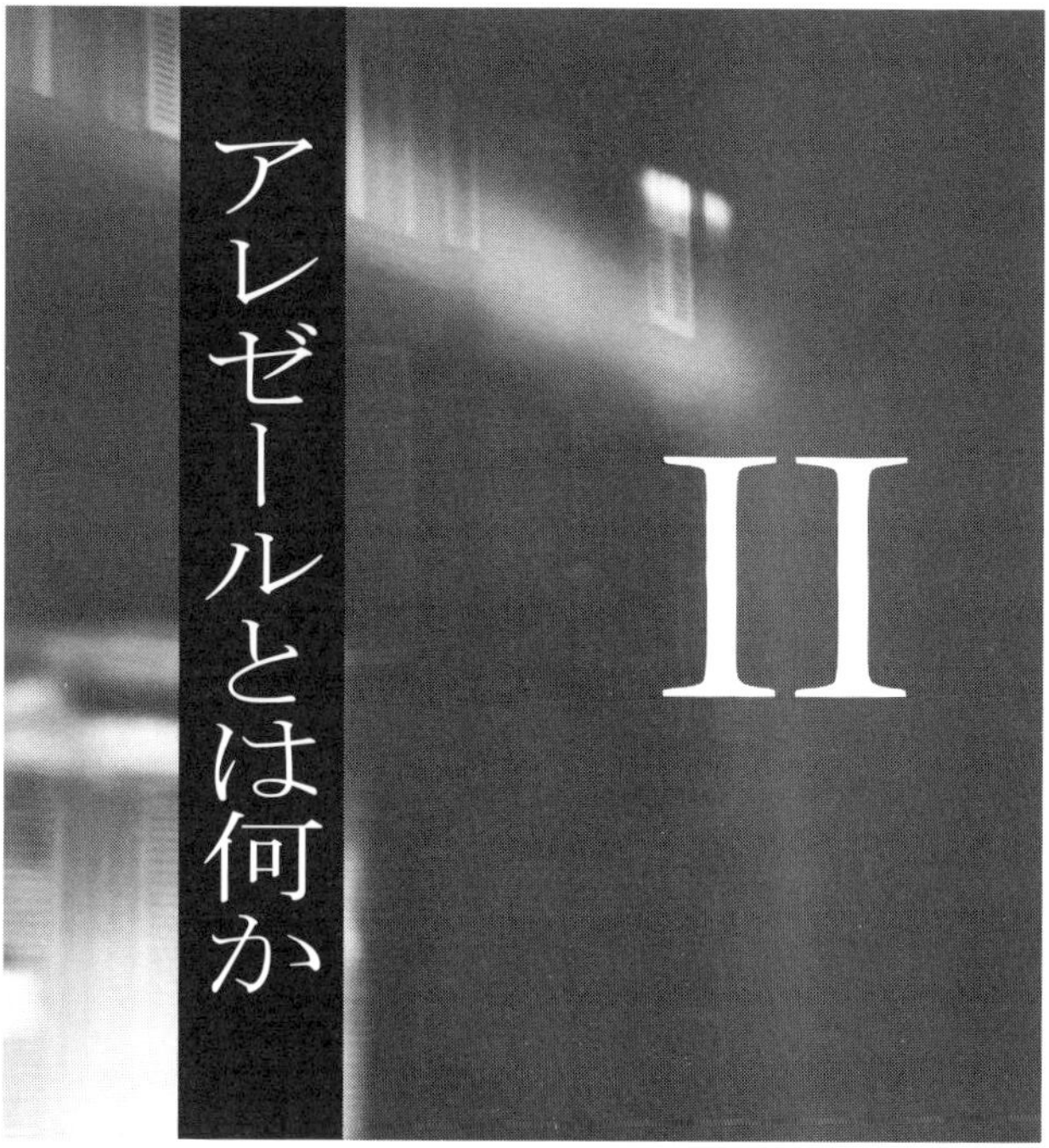

II

アレゼールとは何か

アレゼールの目指すもの
——フランスの大学改革におけるその立場——

彼は世界の、ネオ・リベラルな世界の、グローバル化する一九九〇年以降の世界の、ありとあらゆる悲惨を描いた。そればかりでなく、途方にくれる若者と彼らを前にしてなすすべのない教師たちの、そして「危機にある大学」で迷ってしまった新入生たちの、ありとあらゆる悲惨を描いた。またこの最後の分野に関して、彼はいくどとなく研究会を組織し、提言を行ない、とりわけ一九九二年以降は「アレゼール」を創設し、それを主宰した。

（クリストフ・シャルル、ダニエル・ロッシュ、「ピエール・ブルデューと歴史」『ル・モンド』紙二〇〇二年二月六日付）

アレゼール(1)とは、社会学者ピエール・ブルデューと歴史学者クリストフ・シャルルが中心となって一九九二年に創設した、おもに人文・社会科学系の大学教員からなる自主団体である。事務局長はクリストフ・シャルルが務め、事務局はパリ・ユルム通りの高等師範学校にある。会員は約百名を数え、本稿末の表(2)に示すような独自の提言を新聞などに行なっているほか、高等教育と研究に関するフォーラムをたびたび企画している。

アレゼールが活動を始めた九〇年代は、大革命以後はグランド・ゼコールの陰に隠れてほとんど存在していなかったに等しいフランスの「大学」が、ようやくその再生の可能性を手に入れた画期的な時代といわれる(3)。一九八八年に「**中期契約**《コントラクチュアリザシオン》」と呼ばれる制度が導入され、大学は「四ヶ年計画」を国民教育省に提出すれば自由に使える予算を手にすることになった。当初まったく注目を引かなかったこの制度によって、九〇年代にフランスの大学システムは大きく揺さぶられることになったという。アレゼールが創設されるのは、それから四年が過ぎて、ようやくこの制度の波及効果も現れる頃である。

創設の翌年の九三年には、ピエール・ブルデューが監修した『世界の悲惨』（タイトルは仮訳）が刊行されている。これは二三名の社会学者による論文とさまざまな階層の市民へのインタビューからなる大著であるが、大きな反響を呼んでネオ・リベラリズムへの批判に形を与えることに成功した。事実、九五年にはその執筆者グループとアレゼールのグループが中心となって「レゾン・ダジール」（行動する理由）という大学人の組織が創られ、同年一二月の大規模なストライキを支えることになった。さらにその翌年の九六年には、「リベール－レゾン・ダジール」という自前の出版社（現在は「レゾン・ダジール」と称する）が設立され、次々に新書版のユニークな著作を刊行して話題をさらっている。まずブルデューの『メディア批判』（原題『テレビについて』）が一〇万部を超えるベストセラーとなり、ついで九七年にはセルジュ・アリミの『新たな番犬たち』と、私たちが訳出するアレゼールの『危機にある大学への診断と緊急措置』が出版された。

ブルデューによれば、アレゼールもレゾン・ダジールも、「保守革命に対する新しい武器と新しい闘争形態を発明する」ための「集団的知識人」ということになる。(4) たとえばアレゼールの提言は、九〇年代に進行する「保守革命」としての大学改革を批判し、そのなかで息絶えようとしている〈大学〉を救うためにある。つまり大学教員としての権利だけではなく、政治家や官僚や企業などの圧力から〈大学〉を護るために、いわば臨床的な視点から「診断と緊急措置」を提言したのである。しかしそれは同時に、現在もまだ生きている中世以来の〈大学〉の理念を、ヨーロッパ統合において生かしていくことでもあった。ヨーロッパが「たんに自由貿易のための交易圏にとどまらない」ためには、そこに「大学、雑誌、新聞を通して新たな理念上の空間を創造する」ことが重要なのである。(5) ここではそのようなアレゼールの試みを検証するために、まずフランスにおける高等教育の歴史を概観し、それから九〇年代におけるフランスの「大学改革」の実態と、それへのアレゼールの発言を確認してみることにする。

グランド・ゼコールと大学

フランスにグランド・ゼコールという高等教育機関があることは知られている。しかし、それらはさまざまな機関の管轄下にあるため、(6) 一つのカテゴリーとして法的に認められた存在ではない。行政的には非公式ないくつかの内部文書が、「グランド・ゼコール」という言葉を定義しないまま用いて、そのリストを示しているのみである。(7) しかしそれにもかかわらず、それらは最も高いレベルの就職先を卒業生に保証しており、「グランド・ゼコール会議」という独立した組織を作って、政府に対する圧力団体としても機能している。共通する特徴としては、①リセに付属したグランド・ゼコール準備学級（大学の第一課程に相当）の学生を対象にきびしい選抜試験を行なっている、②ごく少数の学生に全寮制の徹底したエリート教育を施している、③校友会のネットワーク、在学中からの職場体験、成績順の就職先決定などによって、産業界や官界に太いパイプを持っている、などのことが挙げられる。そしてこのグランド・ゼコールの存在ゆえに、大学はつねに抑圧されてきたというのが、フランスの高等教育のもっとも大きな特徴なのである。歴史的に見ると、グランド・ゼコールには大革命以前に創られたものもあるが（土木橋梁および鉱山学校）、大学に対するその優位は、大革命とそれに続くナポレオンの時代に確立された。

ナポレオンのシステム

一八世紀の啓蒙思想家たちは、自由に思索するのを好み、中世以来のセクタリズムのなかにある大学を軽蔑していた。彼らの精神を受け継いだ大革命の執政政府が大学を廃止したのも（一七九三年）、そしてその遺言執行者としてのナポレオンがかつてとはまったく違った大学を創ろうとしたのも（一八〇六年）、それゆえ当然のことであった。

ナポレオンは**グランド・ゼコール**（当時はエコール・スペシアルと呼ばれた）を拡充するとともに、中央集権的で職業教育を優先したヨーロッパでもまれな高等教育システムを作り上げた。かつてそれぞれの大学のものであった**ファキュルテ**（学部）は、医学部が一七九四年にパリとストラスブールとモンペリエに、そして法学部が一八〇四年に全国一二ヶ所に設置されていた以外は、すべてリセや中央行政に付属した機関とされ、その役割もバカロレアの発行や中等教育の教員となるのに必要な修了証（リサンス）を与えることに限定された。そして、それらをひっくるめた中央集権的かつ全国的なシステムを、「**帝国大学**」（リュニヴェルシテ・アンペリアル）と呼んだのである。他のヨーロッパ諸国では、このナポレオンのモデルは大学の否定とみなされ、とりわけ同じ頃のドイツでベルリン大学を構想したシュライエルマッハーやフンボルトの理念と対立した。ナポレオンに占領されたプロシアにおいては、中世以来の大学を近代にふさわしく蘇えらせることが問題となったのである。

第三共和政の改革

フランスでは、すでに一八三〇年代から、このあまりに専門職業教育に偏ったシステムへの批判がなされている。しかし本格的にそれが見直されるのは、一八七一年に普仏戦争でフランスが敗北した後、学問や研究を重視するドイツのシステムのよいところを取り入れる機運が高まってからである。職業教育の厳しい枠が少しずつ緩められ、エコール・スペシアル（高等専門学校）においては新たな需要に応じて高等商業学校や工業技術学校などが新設されたばかりでなく、研究にも場が与えられるようになった（パスツールの研究室は高等師範学校に設けられている）。またファキュルテにおいては、人文科学や社会科学が注目され、学生はたんに医師や弁護士になるためではなく、一個の自由な精神として真理を求めるために学ぶべきものとされた。第三共和政の改革者たちにとっては、文化の面でフランスがドイツへの遅れを取り戻し、さらに優位に立つというナショナルな威信の問題でもあったが、それが自治を求める大学人たちの運動とも呼応して、一八九六年にようやく「大学」が復活する。つまり全国に散らばっていたファキュルテが大学区ごとにまとめられ、それぞれに法人格が与えられて、**大学**（**ユニヴェルシテ**）と呼ばれるようになったのである。地方自治体も協力して新しい建物が造られ、ここに今も見られるようなフランスの近代的な大学が誕生した。

しかしエコールはそのままであったし、中央集権的なシステムと、ファキュルテごとに縦割りになったギルドのような教員組織は存続した。大学人と中央の官僚は、互いの利権を侵すことなしに共存する道を選んだため、新しくできた大学はさまざまな学問分野が交錯する自由な〈知〉の空間というよりは、学問分野ごとに孤立したいくつものファキュルテの名目上の集合体にすぎなかった。一九世紀末の改革は、結果的に（あるいは意に反して）ナポレオンのシステムを強固にするのに貢献したといわれる。つまりフランスに「大学」を再生させようとしたにもかかわらず、結局のところ「ファキュルテの共和国」（ミュスラン）あるいは「大学人の共和国」（シャルル）を創出するだけに終わったのである。

その背景には、第三共和政の改革者たちがドイツにならって教育と研究を充実させようと試みていた頃、皮肉なことに時代はむしろ高度な専門技能者を求めていたということがある。工業が発展し、植民地も拡大し、科学と技術、知と経済、文化と生活が融合するなか、専門知識を備えた優秀な人材（企業の幹部、官僚、技術者、教員など）が求められていた。そのため改革者たちの思惑に反して、エコールがますます名声を高めて「グランド・ゼコール」と呼ばれるようになる一方、大学も職業専門教育を充実させることを優先し、法学部では保険業務や公証人のためのコースも設けられ、理学部には新しい工業技術を学ぶためのいくつかのエコールも併設された。つまりこの時代においても、大学はフンボルト的であるというよりはナポレオン的であり、利益にこだわらない研究と学問は、限られた数のディレッタントな学生しか集めていなかった。一九五〇年代末に始まる新たな改革の運動においても、一八七〇年代と同じ批判が繰り返されている。つまりフランスでは専門職業教育ばかりが優先されているという批判である。

五月革命

しかし一九六〇年代なると、この批判もようやく真実味を帯びてくる。それまでは学生数も限られていたため、グランド・ゼコールばかりでなく大学もエリートの養成機関として機能していた。しかし六〇年代には、あまり就職先の拡大が期待できない文学部や法学部に学生が溢れるようになる。社会は管理職、エンジニア、研究者、エコノミストなどを求めているのに、大学は文学士や法学士を大量に生産したため、①過剰な学生を受け入れたこれらのファキュルテの機能不全、②大学を出たのに就職先のない学生たちのフラストレーション、③労働市場におけるこれらの修了証書の価値下落という、三つのリスクが生じた。**一九六八年五月の学生運動**は、当時の政治状況への反発ばかりでなく、フランスに真の〈大学〉と呼べるものがないことへの不満が爆発したものでもあったのである。

その後、**エドガー・フォール法**によって学生の運営への参加や自治が認められ、ファキュルテも解体されてＵＦＲ（教育研究単位部門）となり、文字通り「新しい大学」が誕生する。しかし七〇年代には危機はさらに深刻なものとなった。それはエドガー・フォール法の失敗というより、①六八年以前から全国に創られていた二年制のＩＵＴ（技術短期大学部）が入学選抜を行なったために大学にあふれる学生を吸収できなかったということ、②グランド・ゼコールが既得権を守るための防御的な反応に出たこと、③グランド・ゼコール出身者が多い政治家や高級官僚もそれを容認したこと、などが原因であるとシャルルは言う[8]。また、履修コースが多様化するなかでフランスの大学が均質性を失い、雑多な構成をもつようになったにもかかわらず、規格化された中央集権的な枠組みはそのままであったことが原因であるとミュスランは言う[9]。いずれにしても大学は、学生の反発が怖くて入学試験や進路誘導は導入できなかった。バカロレア（大学入学資格）取得がかなり厳しい理系はそれほどではないにしても、人文・社会科学系のＵＦＲでは、溢れかえる学生に対応できず、彼らのやる気を挫いて中退させるというシニカルな選別法しか取れなかった[10]。そのためにそれらの分野は、『失業者のための学部』fac aux chomeurs などと呼ばれるはめになったのである。

大学の誕生？

一九八八年九月に当時のリオネル・ジョスパン教育相によって「中期契約《コントラクチュアリザシオン》」という制度が導入される。それによって大学は、ナポレオン以来の中央行政とファキュルテの共犯的な支配から解放され、地方分権の機運にも乗って自ら変貌する可能性を手に入れたといわれる。

大学はすでに一九世紀末に法人格を与えられていたにもかかわらず、ファキュルテの自治が優先されたためにそれまでずっと名目的なものに留まっていた。一九六八年のエドガー・フォール法によってファキュルテが解体され、やっと〈大学〉が存立しうる可能性が生まれたときでも、「新しい大学」はファキュルテの組替えによって作られた、より強固なギルド的組織にすぎなかった（たとえばパリ大学は学問分野の組替えというよりそれぞれの教員の親和性によって八つの大学に分裂した）。しかし「中期契約」の導入以降、専門分野（つまりファキュルテ）ではなく機関（つまり大学）ごとの行政への変換が図られ、かつてはお飾りにすぎなかった学長に実質的な権限が付与される。学長のなかには、学科編成をしなやかに変えていくことの困難や、社会の変化に大学がすばやく適応することの困難を訴える者もおり、国民教育省も地方分権政策に沿ってそれを聞くようになったのである。

しかしそれは必ずしも、ナポレオンの中央集権的なシステムが崩れたことを意味しない。グランド・ゼコールと大学の二分法はそのままだし、学長に大きな権限が与えられたとはいっても、暗黙の了解によって温存されてきたこれまでの中央官僚とファキュルテの共犯的な権力が、企業家のように変身した学長に奪い取られただけとも言えるからである。そのような大学において「トップダウン」の運営がなされるとすれば、「五月革命」は二〇年以上の時を経て実を結ぶどころか、それがやっと手に入れた大学の自治さえ失ってしまうことになる。もとより八〇年代以降に新設された大学の多くは、「大学」というよりはアレゼールが呼ぶところの「ポチョムキン大学[11]」であったため、学問分野の組替えも限定されたものでしかなかった。それゆえ、九〇年代におけるフランスの大学の変化には、〈大学〉の誕生の可能性よりも、むしろ二〇世紀末の資本主義的世界に共通して起こったネオ・リベラリズムによる「大学の危機」を見るべきなのである。

事実、フランスの大学システムは、ヨーロッパ統合への対応を迫られるなかで、官僚たちによって大学関係者も知らないうちに作り変えられようとしている。あるいは、学長のイニシアティブといいながら、いずれの大学でもなし崩しに、グランド・ゼコールに似せた「産学連携」が推し進められている。アレゼールはそのような危機に対処するために、大学人自らが創った組織である。これから、**ロラン・レポート**（一九九五）、**アタリ・レポート**（一九九八）の順に、政府の諮問によって提出された「大学改革」のための報告書の内容を見ながら、それらへのアレゼールの反応を確認してみよう。

ロラン・レポート

一九九五年一月末、ダニエル・ロランによって「高等教育の将来に関する報告書」がまとめられ、当時のフランソワ・フィヨン教育相に提出された。このレポートは、高等教育の地方分権、企業との連携、学生への社会的援助や、それに応じた入学登録料の値上げなどを謳っていた。フィヨン教育相はすでに高等教育および研究についてさまざまな緊縮政策を発表しており[12]、地方のＩＵＴ（技術短期大学部）での学生ストをきっかけに、大学関係者たちの反対運動が起きていた。そして教職員や学生のあらゆる組合によるデモが二月七日に予定されるなか、ロラン・レポートはまるで火に油を注ぐように発表されたのである。当日のデモはフランス全土で一〇万人規模のものとなったため、このレポートも結局はお蔵入りとなっている。

アレゼールは、一九九四年一一月と、九五年二月一六日、そして四月二〇日に『ル・モンド』紙と『リベラシオン』紙に意見を発表している[13]。まずそこでは、教員一人当たりの学生数をできるだけ抑えようとするそれまでの努力が、フィヨン教育相によって放棄されたことが批判されている。グランド・ゼコールと大学の二元論をどうすることもできないのなら、せめて大学の教員を増やすなどの対策が講じられるべきである。学生をふるいにかけて落とすばかりで、実質的な教育が行なわれていない現状をなんとかしなければならない。そして非常勤教員ではなく、専任教員を採用しなければならないと主張する。

しかし非常勤教員の質が問題なのではない、とアレゼールは付け加えている。いくつかの分野においては、提供されるポストに対してオーバー・クオリティーの志願者がほとんどである。彼ら自身の将来が不安だというのに、どうして学生たちに将来に希望を持てと言えるだろう、というのである。また専任教員についても、研究ばかりが評価されるために教育に力をいれる教員が少ない現状が批判されている。さらにその研究に関しても、資金の優先順位をきめる上層部が複雑にからまりあい、それぞれの領域の現実を知らずに財源が分配されていることが告発されている。実質的には同じ仕事をしている大学教員の間に、待遇の差による亀裂が生じている。これでは、教員の間に力を合わせて大学をよくしようという機運も生まれないと述べている。

最後にアレゼールは、問題をすべて先送りにしている政治家たちを批判する。政治家たちは大統領選をまえに無用な対立を惹き起こしたくないと思っているようだが、大統領選とはまさに大学改革のような重要な課題を論ずるべきときではないのか。大学教員、学生、そして管理者の間にいやしがたい不信が募っているときこそ、民主的で幅広い議論が必要である。いったいどのような政策を取るのか、大統領候補となる者は明確にすべきである、と訴えている。これは対立点を明確に示そうとしないシラクとジョスパン、とりわけ中道寄りの姿勢をとって「左」の理想を忘れたように見えるジョスパンへの忠告でもあった。

フォルー・レポート

次に、ジャック・シラクが大統領となった後、一九九六年六月二〇日にロジェ・フォルーによって提出された報告書を取り上げる。フォルーは大企業サン・ゴバンの社長であり、アラン・ジュペ首相のもと、フランソワ・バイルー教育相の諮問に応えてこのレポートを作成した。

レポートは、「教育ほど投資効果が高いものはない」、「教育を将来への不安や過去の政策の失敗をつくろうためのスケープゴートにしてはならない」と述べ、「大学自治」の拡大を謳っている。そして国民教育省の硬直した管理態勢を厳しく批判している。委員会のメンバーで、フランス・テレコム社長のミシェル・ボンも、中央官庁による教育システムの運営が企業家から見ると全くなってないと嘆いているし、他のメンバーのなかにも、「教育の専門家ではなく、政治家と市民が決定しないと事態は進展しない」、「組合と大臣の対話で大学の将来が決まってしまってはいけない」などと述べる者もいた[14]。さらにこの報告書をたたき台に、高等教育の将来をレフェランダム（国民投票）で決めるべきだとする意見もあり、バイルー教育相に提出される以前から新聞などに内容が明らかにされ、組合の反応も出揃っていた。

このレポートは、大学の第一課程における「金のむだ使い、生産性の低さ、欺瞞的な教育」に焦点をあて、それをグランド・ゼコール準備学級、アメリカのコレージュ、そして昔の教養教育などと比較しながら、最終的には肯定したうえで、入試制度の導入、地方分権、中等教育との一体化を提言している。しかしバイルー教育相が受け入れたのは、履修コースの統合と単純化、最初のゼメスターにおけるオリエンテーション、チューター制の導入、持続的なコントロール、履修コース変更制限の緩和、修了時における論文の義務化など、できる範囲の改革であった。[15] レフェランダムも葬られ、九五年九月に議会で採り上げられるはずだった大学改革のための綱領作成法案も、九六年六月には放棄されてしまう。理由は明白で、ヨーロッパ統一基準を満たすための緊縮政策と、そのための財源不足だった。

それに対してアレゼールは、長期的展望に立った計画こそ重要であると述べ、その理由を三つ挙げている。①フォルー・レポートも認めているように、学生の受け入れ条件を改善し、図書館や施設を改良あるいは新築し、教員数を増やす必要がある。そのためには現行の大学予算に加えて、一三〇億フランほどの補正予算を数年に分けて支出しなければならない。②高等教育と研究はすでに国際的な競争にさらされており、これからますますその傾向が強まるにもかかわらず、フランスはヨーロッパでその改善の努力が最も足りない国の一つである。③六〇年代後半以降大量に採用された教員が大挙して退職するという現実がある。そしてさらにアレゼールは、フランスでは失業から逃れるために大学に入る学生が多い事実を指摘し（一五歳から二五歳までの年齢層で就学している者の割合は、フランスでは六〇％、ドイツは四三％、イギリスは二八％）、この問題を解決するためにも、長期的な視野に立った綱領作成法（「大学のための長期計画策定法」）が必要であると主張している。[16] 若者は、冷遇する社会に対抗するために自ら大学で学ぼうとしている。そのような彼らを、現在のような劣悪な環境に放っておいてはいけないというわけである。

アタリ・レポート

最後に、一九九八年五月のアタリ・レポートと、それへのアレゼールの反応を見てみる。これは、八〇年代にミッテランの政策顧問を努めたジャック・アタリが、クロード・アレーグル教育相に提出したものである。

このレポートもまた、フランスの高等教育システムは「混乱していて、官僚主義的で、不平等なものである」と見なしている。そしてそのシステムの全体、とりわけグランド・ゼコールと大学の関係を見直すべきだと提言している。しかし、フランス的例外としてのグランド・ゼコールは否定せずに、フランスの高等教育の課程全体をヨーロッパ統合へと向けてより分かりやすいものにするように求めている。大学に関しては、その自律性を尊重しながら、全国に八つの核となる**大学センター**を創り、そのそれぞれを発展させうるような財源措置、評価委員会、その評価に基づく財源の優先提供、企業や地方自治体からの融資の奨励、さらには、学長に大きな人事的権限を付与することなどを謳っている。しかし眼目となるのは、バカロレア・プラス3（リサンス）、プラス5（マステール）、プラス8（ドクトラ）という**三つの学位**の区切りによって、フランスばかりでなく、ヨーロッパの大学システムをも横断的に統一しようとする提案である。そのためにフランスでは、現在二年制のIUTを三年制にし、また同じように二年制であるDEUG（第一課程）もコントロールなしに三年目のリサンスに入れるようにし、さらにグランド・ゼコールの準備学級もバカロレア・プラス3のレベルで統一するよう提言している。

クロード・アレーグル教育相は、一九九八年五月にソルボンヌで行なわれたヨーロッパ教育相会議で、イギリス、ドイツ、イタリアの教育相の賛同を取りつけ、さっそくこのレポートに沿った改革に着手した。しかし度重なる不用意な発言（「大学の教員は週二日働いたあとは遊んでいる」、「ヨーロッパにいるのは大西洋を渡り損ねた臆病な人間ばかりだ」、「大学は学生のためにある」etc.）のために、大学関係者の反発を買い、道半ばにして立ち往生してしまう。なによりも大学への意見の聴取がなされないまま、一方的にテクノクラートのプランを押しつけたことに批判が集中し、教員、研究者、職員、学生の一致したリコール要求が起きて、二〇〇〇年四月には退陣を余儀なくされてしまう。

ところでアレーグルは、リヨネル・ジョスパンが八〇年代末に教育相を務めたときの顧問であり、「中期契約」を導入した責任者でもある。ジョスパンが首相となり、ふたたび彼に請われて教育相になったアレーグルが失脚し、ジョスパン自身も二〇〇二年の大統領選挙で、第一回投票で国民戦線のル・ペンにも破れて失脚するのだが、それらのことは、彼らの改革が破綻したということを必ずしも意味しない。つまり彼らが八八年から推し進めてきた改革は、フランスの高等教育をもはや後戻りできないほどに変えてしまっているからである。事実、アタリ・レポートはアレーグルを継いだジャック・ラングによってより周到に練り直され、コアビタシオン（保革共存）が解消したいまでも、リュック・フェリー新文相のもとで出番を待っている。いわば右も左も、もはやヨーロッパ統合の流れには逆らえないし、重くのしかかる教育への公財政支出をできるだけ減らそうという点では、むしろ一致しているのが実情なのである。

アレゼールの立場

さて、そのようななかでのアレゼールの主張は、いったいどのように要約できるだろうか。まず彼らは次のように述べて、歴代の右および左の文相を切り捨てている。「ジョスパン、ラング、フィヨン、バイルー、アレーグルらの政策は、選挙への思惑から学生数の増加を許容しながら、財政負担は回避するという無責任なものでしかなかった[17]」。しかしただ反発しているだけではなく、大学がおかれている現実から出発して、ほとんど空想的な官僚らの発想を批判しているのである。

たとえば、ヨーロッパの大学空間を創造するには、まず留学準備教育と留学生受け入れのための体制が整わねばならない。しかし今のところ、それができるのは有力大学のみである。だから財政的な支援がなされないまま留学をめぐる競争が起これば、大学間格差は取り返しがつかないほど大きくなる。また、初等・中等教育レベルから英語が重視され、バカロレアや大学の第一課程から英語以外の外国語が消滅しようとしている。もとよりヨーロッパの大学間交流は、多言語主義の発展を目指すものであるのに、「これでは英語によるヨーロッパ統一のトロイの木馬となりかねない[18]」とアレゼールは言う。さらに、「グローバル化」との関連では次のようにも述べている。「すでにアングロ・サクソンのいくつかの大学は、世界の顧客に教育と修了証を授けるヴァーチャル・ユニヴァーシティーを開設しており、フランスでもそれを真似る大学が現れている。しかしこれは富裕な大学の富裕な学部が、大学に恵まれない国の富裕な層をターゲットに行なう不平等な教育である。このグローバルな競争に参入できる大学は稀であるし、参入しようとする専攻分野を抱える大学では、そのために他の分野が犠牲にされ、内部対立が生じている[19]。」つまり彼らは、「ヨーロッパの大学」構想が「グローバル化」に巻き込まれないためには、まずは各国の大学システムを比較歴史・社会学的に考察し、インターネット時代における著作権保護などについて、きちんと議論しておくが必要あるというのである。ヨーロッパ統合へと向けたジャック・ラング教育相の施策に関しても批判的であった。「教育あるいは知の普及をめざす〈ヨーロッパの大学〉は、もしかしたら、かつてヨーロッパに大学を生んだあの厳しい普遍主義的な理想に私たちを近づけるかもしれない。しかしそのために、知の自律、視点の複数性、そして教育の機会均等という諸価値が犠牲にされることがあってはならない」と述べ、そのあまりにもシステマティックな単位の互換や学位の統一に警告を発している。

次に、アレゼールは、官僚による支配や財界などからの圧力に抵抗するために、大学に集うすべての者が意見を統一できるような仕組みを構築しようと呼びかけている。つまり「**大学議会**」を創設して、「身勝手で互いに張り合っているだけの多くの教育に関するプランを、教育システムのための合理的で集団的なプランへと変換[20]しようというのである。これまでにも、いくつかの報告書がお蔵入りになっている背後に、教員、職員、学生を巻き込んだ大きな運動があった。またその運動を、政治へのポジティブな圧力に転換する民主的な議論のシステムが必要であるのは言うまでもない。それでなくとも大学は、無関心（「エリートはグランド・ゼコールで養成されているのだし、大学の騒擾がグランド・ゼコールにまで及ぶことはないから、大学はどうなろうとかまわない」）と闘わねばならない立場にある。たかだか四％の学生を受け入れるにすぎないグランド・ゼコールに、高等教育予算の三〇％がつぎ込まれているという「不公平」を是正し、大学により多くの予算を振り向けさせるためにも、大学関係者（教員、職員、学生、父兄）がばらばらなままではいけないというのである。

最後に、**グランド・ゼコールと大学の二分法**という、このナポレオン以来の古くて新しい問題については、アレゼールは、それらを一元化するべきではないと考えている。むしろそのディコトミー（二分法）を肯定しながら、そのなかで大学を豊かなものにしてゆくべきだというのである。クリストフ・シャルルによれば、この二分法はナポレオン時代の軍隊そのままである。そこでは、若いうちに選抜したエリートを参謀本部の将校にまで育て上げる一方、戦場で生き残った下士官を少しずつ上級幹部に登用していた。そして今でも、「ほんの少々の『一般教養』で味付けされた初歩的専門教育を大衆のために行なう大学」と、「上質で世界へと開かれた職業教育をエリートのために行なうグランド・ゼコール[21]」という、基本的な不平等が存在している。しかし、大学は、グランド・ゼコールと職業教育の充実を競うよりも、自由な学問の場としてのその独自性を花開かせるべきであり、そうすることでグランド・ゼコールと共存すればよいというのである。もちろん、そのために政府は決して予算を惜しんではならないというのが、アレゼールの一貫した主張である。

確かに、グランド・ゼコールがなかったドイツでは、一九世紀末から二十世紀初頭にかけて、大学の「グランド・ゼコール化」が進んだ。つまり時代の要請に応えて、研究や学問よりも、高度な専門家を育成するための実学的な教育が大学においても重視されるようになったのである。しかし教員たちの貴族主義的なコルポラティスム（同業組合主義）の抵抗も強かったから、この改革は結局ドイツの大学の衰退を招いてしまったとシャルルは言う[22]。二十世紀に入ると、アメリカの大学が躍進するなか、ドイツの大学は世界的名声を失い、本来持っていたはずの権力批判としての機能さえ奪われてしまう。一方、大学がなかったフランスでは、ドレフュス事件（一八九四～一九〇六）のさなかに大学が復活するが、その周縁で生まれた〈**知識人**〉は、ドレフュスの冤罪を晴らすのに貢献し、そのお陰で、一八八〇年代末以来揺らいでいた共和主義の伝統も復活する。つまりフランスでは、むしろグランド・ゼコールがあったがゆえに、〈大学〉も生き残ったのである。

フランスには現在、グランド・ゼコールと、CNRS（国立科学研究センター）と、大学があり、大学はいわば、職業教育と研究に関しておかぶを奪われている。しかしこの多様性があるからこそ、それぞれの独自性が生きているとも言える。大学に関しては、開かれた自由な学問の場としてのアイデンティティーは揺らいでいない。今のところみすぼらしいものではあっても、批判的市民精神と民主主義の伝統を護るためには、〈大学〉をけっして消滅させてはならない。そのように、アレゼール論文の結論は語っている。[23]

（**岡山茂**）

注

（1） ARESER : Association de refléxion sur les enseignements supérieurs et la recherche（高等教育と研究の現在を考える会）。

（2） アレゼールの発言一覧。

（3） Cf., Christine Musselin, *La longue marche des universités françaises*, p.103-105.

（4） ピエール・ブルデュー、『市場独裁主義批判』、藤原書店、二〇〇〇年、四ページ。

（5） クリストフ・シャルル、「ドレフュス事件以降のフランス知識人」、『思想』八七二号、一九九七年二月、三四～五九ページ。

（6） たとえば理工科学校（エコール・ポリテクニーク）は国防省、国立行政学院（ＥＮＡ）は首相府、高等商科学院（ＨＥＣ）はパリ商工会議所の管轄下にある。

（7） Cf., *Dictionnaire encyclopédique de l'éducation et de la formation*, deuxième édition, Nathan, 1998, p.324.

（8） Cf., «De la révolution à la globalisation, le legs de Napoléon à travers les siècles», *Ouvertures*, n°4, automne 1999, p.55-59.

（9） Cf., C. Musselin, *op. cit.*, p.18.

（10） アレゼールの発言一覧 1997d 第5章参照。

（11） ポチョムキン元帥が視察に来たエカテリーナ女帝の目をあざむくために造った見せかけだけの町並みのような、内実のない大学。アレゼールの発言一覧 1997d 第6章を参照。

（12） 教育予算の凍結、教員増の抑制、教員の潤沢な大学から足りない大学への配転、ＣＮＲＳへの予算の四〇%カットなど。

（13） アレゼールの発言一覧 1994c, 1995a, b。

（14） Cf., *Le Monde*, le 27 juin 1996。しかしミシェル・ボンは二〇〇二年にフランス・テレコムを倒産の淵にまで追い込んで社長を辞任している。

（15） Cf., *Le Monde*, le 19 juin 1996。

（16） アレゼールの発言一覧 1997b。「大学のための長期計画策定法」については、1997d 序文を参照。

（17） アレゼールの発言一覧 2000。

（18） アレゼールの発言一覧 2002。

（19） 同右。

（20） アレゼールの発言一覧 1997d 序文を参照。

（21） アレゼールの発言一覧 2000。

（22） Cf. Christophe Charle, « Des modèles, pas de solutions », in *Le Monde de l'éducation*, octobre 1997, p.30-32.

（23） アレゼールの発言一覧 1997d 結論を参照。

d 『危機にある大学への診断と緊急措置』〔本書第Ⅱ部所収〕、11 月、リベール・レゾン＝ダジール、アレゼール。

1999 年

「新たなオルトドクシー、官僚主義（テクノクラシー）に拘束される大学と研究」、『ル・モンド・ディプロマティック』誌、9月号、クリストフ・シャルル（アレゼール事務局長）。

2000 年

「一人の大臣が春をもたらすことはない」、『ル・モンド』紙、4月8日、アレゼール（ピエール・ブルデュー、クリストフ・シャルル、クリスチアン・ボドロー、ミシェル・エスパーニュ、サンドリーヌ・ガルシア、ベルナール・ラクロワ、フレデリック・ネイラ、ダニエル・ロッシュ、クラウディオ・スカッゾッキョ、アン・トムソン）。

2002 年

「高等教育、最小限のプログラム」、『ル・モンド』紙、7月10日、アレゼール（クリストフ・シャルル、ダニエル・ロッシュ、クロード・カザレ、ミシェル・エスパーニュ、ジャック・フィジャルコヴ、アニー・ジャコブ、ベルナール・ラクロワ、レミ・ルノワール、フレデリック・ネイラ、シャルル・スリエ、アン・トムソン）。

アレゼールの発言一覧

1994 年

a 「若者への欺瞞的アンケート」、『ル・モンド』紙、7 月 8 日、アレゼール（クリスチアン・ボドロー、ピエール・ブルデュー、カトリーヌ・レヴィ）。

b 「回答者は 5 人に 1 人以下」、『ル・モンド』紙、9 月 27 日、アレゼール（クリスチアン・ボドロー、ピエール・ブルデュー、カトリーヌ・レヴィ）。

c 「大学にとっての古くからの問題と緊急措置」、『ル・モンド』紙、11 月 3 日、アレゼール（ピエール・ブルデュー、クリストフ・シャルル）。

1995 年

a 「ロラン・レポート、あるいは仮面をかぶったリベラリズム」、『リベラシオン』紙、2 月 16 日、アレゼール（クリストフ・シャルル）。

b 「高等教育、もう少し努力を」、『ル・モンド』紙、4 月 20 日、アレゼール（クリストフ・シャルル）。

1996 年

「大学教員の採用、真のコンクールのために」、『ル・モンド』紙、7 月 18 日、アレゼール（ピエール・ブルデュー、クリスチアン・ボドロー、クリストフ・シャルル、ベルナール・ラクロワ、ダニエル・ロッシュ）。

1997 年

a 「バイルー提案は大学政策の不在を覆い隠している」、『リベラシオン』紙、4 月 1 日、アレゼール（クリスチアン・ボドロー、ピエール・ブルデュー、クリストフ・シャルル、J・フィジャルコヴ、ベルナール・ラクロワ、ダニエル・ロッシュ）。

b 「高等教育の未来を準備する」、『ル・モンド』紙、5 月 29 日、アレゼール（フランソワーズ・バリバール、クリスチアン・ボドロー、ピエール・ブルデュー、クリストフ・シャルル、カトリーヌ・レヴィ、ダニエル・ロッシュ）。

c 「ＳＯＳ」、『ル・モンド・ド・レデュカシオン』誌、46-47 ページ、アレゼール（Ｐ・ブルデュー、Ｃ・シャルル、Ｆ・バリバール（パリ第 7 大学）、Ｌ・バットゥシュ（セルジー大学）、Ｃ・ボドロー（高等師範学校ユルム校）、Ｍ・エスパーニュ（ＣＮＲＳ、パリ第 8 大学）、Ｓ・ガルシア（シャンベリー大学）、Ｂ・ラクロワ（パリ第 10 大学ナンテール校）、Ｆ・ネイラ（ボルドー大学）、Ｄ・ロッシュ（パリ第 1 大学）、Ｃ・スカッゾッキョ（パリ第 11 大学オルセー校）、Ａ・トムソン（カーン大学）。

危機にある大学への診断と緊急措置

ARESER（高等教育と研究の現在を考える会）

岡山茂・中村征樹訳

この著作は、きわめて多様な高等教育機関で働く、ありとあらゆる専門分野の会員や情報提供者の協力を得ながら、アレゼール事務局の方針のもとになされた集団作業の成果である。

F・バリバール（パリ第七大学）、C・ボドロー（高等師範学校ユルム校）、P・ブルデュー（コレージュ・ド・フランス）、P・ビュイレット（エヴリー大学）、C・シャルル（パリ第一大学）、D・ディアトキーヌ（エヴリー大学）、J・フィジャルコヴ（トゥールーズ・ル・ミラーユ大学）、B・ラクロワ（パリ第一〇大学）、E・ヌヴー（レンヌ第一大学）、D・ロッシュ（パリ第一大学）。

全体の調整にはP・ブルデュー、C・シャルル、B・ラクロワが当たった。

その他にも以下の者が情報、資料、証言を提供した。

L・バットゥシュ（セルジー大学）、J-M・ベルトロ（トゥールーズ大学）、J・ブーチエ（プロヴァンス大学）、P・ブリワ（ツール大学）、N・コクリー（ツール大学）、A・クーロン（パリ第八大学）、M・El-ムーウード（エヴリー大学）、M・エスパーニュ（CNRS）、J-M・フォール（ナント大学）、A・ジャコブ（パリ第一〇大学）、B・ライール（リヨン第二大学）、F・ルバロン（アミアン大学）、R・ルズー（ナント大学）、G・ロワラン（ナント大学）、B・マラン（プロヴァンス大学）、Ph・ミナール（リール第三大学）、B・ペキニョー（ブザンソン）、C・スカッゾッキョ（パリ第一一大学）、Ch・スオー（ナント大学）、Ch・スーリエ（ルーアン大学）、J-M・スピーゼール（ストラスブール第二大学）、A・トムソン（カーン大学）、J・ゼットラウイ（パリ第一二大学）。

序文

本書は、政府機関の要求に従って諮問委員会が提出するような、おあつらえ向きの報告書ではない。まして、圧力団体としての教員グループが集団の利益を追求するための陳述書でもない。もちろん組合や党の綱領でもない。本書はむしろ、何人かの大学の教員——そのほとんどは教育システムの研究者である——が、大学について自ら診断を提示し、それを正常な状態へと回復させるためのいくつかの緊急措置を提案する、高等教育の現状をめぐる公開質問状のようなものである。

その作業は、誰かに要求されたものでもなければ、なにかしらの個人的利益を期待するものでもない。それは、普段関心を引くことのない大学の諸問題に対して、光を当てようとするものである。多くの調査から、子どもの教育は家族が最も関心を抱き、個人的にも心を悩ませる問題であって、友人との雑談でしばしば話題にのぼり、多くの時間とお金が費されている問題であることが知られている。ところで、逆説的なことに、大学の帰趨は誰の関心も引いていないように思われる。しかしながら、私たちは、身勝手で互いに張り合っているだけの多くの教育に関するプランを、教育システムのための一つの合理的かつ集団的なプランへと変換することができなければ、グランド・ゼコールと大学からなるフランスの高等教育システムを救うことはできないだろうと確信している。そのような転換——あるいは総力結集——の作業は、あまりにも重要であるがゆえに、いくつもの委員会の提言を受けるものではあっても、ひとりの大臣に委ねてしまうわけにはいかない。その作業が成就するためには、前提として、あらゆる利害関係者、つまり生徒あるいは学生、生徒の両親、そしてすべての分野の教員が、次のことを理解する必要があるのだ。すなわち、免状、能力、知識など、彼らが教育システムから手に入れるであろうものの価値は、その教育システム自体の価値によって決まってしまうということ、そして、彼らが成し遂げたいと思う個人的なプランが真の意味で成就するためには、そのシステムが近代的で効率的なものでなければならないということ。言いかえれば、本物の教育と本物の免状を与えることが可能なシステム、国際的な競争に立ち向かえる研究者や最前線の学問を伝えられる教員ばかりでなく、有能な労働者（こんにちでは教育は生産の最も重要な条件の一つである）や教養ある市民を産み出すことも可能なシステムである。じっさい一国家の市民にとって最も危険なことは、まるで「国立作業場《アトリエ・ナシオナル》」（一八四八年の二月革命後に失業者救済のために創られた）のように、もはや価値のない学校版アシニャ紙幣〔フランス革命期に乱発されて紙くず同然となった〕をうわべだけの学習をした者に与えるものでしかないのに、それでも自分の国には教育システムがあると信じることなのである。

無関心からの脱却

私たちはたしかに政治の領域にまで踏み込み、少なくとも紙の上では執行機関や立法機関に取って代わり、立法者として振る舞うつもりである。しかし私たちは、非常に厳格に、私たち自身の問題とそれを解決するための私たちの武器、つまり研究という武器をもってそこに向かう。言いかえれば自律した知識人として行動する。そのような行動は政治家たちには理解しがたいだろうし、許し難いものだろう。政治家たちはなによりも、彼らが「知識人」と呼ぶところの人々が彼らへの支持表明を行ない、党への加盟や政治的帰属において公的な態度を明らかにすることを求めるからである。しかし私たちは、十分に耳を傾けられもせず理解もされない専門的分析か、あるいは空しい戦闘的態度かという二者択一を拒否しながら、ここに新しいタイプの政治的行動を立ち上げようと試みる。個別の研究や集団での討論・検討を通して、教育システムの諸傾向について獲得することのできた知識を拠り所にしながら、大学に関与しているすべての人々、学生、教員、職員に対して、集団的な動員を提案したいと望んでいる。すなわち、私たちが素描する方針を起点とし、私たちが提案する組織機構（とりわけ「大学議会」）を通じて、入念に作り上げるべき計画への動員、一言でいうならば、真の教育システムの合理的自主管理である。馬鹿げた野望であろうか。しかしそのように思う人々は、彼らにそう信じ込ませる力（とりわけ慣習の力である）が何なのかを自問してみるべきである。彼ら自身がそうであるように、一つのシステムの中に組み込まれ、それについて思考するためのあらゆる道具を持っている人たちよりも、官庁、役所、中央行政などの公的機関のほうが、どうして彼らを合理的に管理するのにふさわしいのだろうか。

人々が高等教育や研究に対して懸念を抱くのは、なんらかの混乱が深刻で人目を引く危機を引き起こし、いまだ真剣に取り上げられることのなかった問題の存在を思い起こさせるときである。改革というものはいつでも、まさに緊急時において、人心を落ち着かせて、剥き出しの傷に包帯を巻くために始められ、繰り返される。かくして、学生たちの直接行動と政府による「緊縮予算」への回帰が交互におとずれ、学生たちの圧力があまりに激しいと感じられると、政府は財布のひもをすぐに緩めるのである。アレゼールはなによりも、そのような長期を見渡した省察の欠如から決別し、すべてが動員解除の方向に進んでいる状況下で力を結集するために創られたものであるが、未来に向けたその行動原理のいくつかをここに示しておきたい[1]。

問題は、いまだかつてフランスにもどこにも存在しなかったような、理想的な大学を描写することではない。一部の人たちのように、歴史感覚を欠いたところで、その存在を信じるふりをするつもりはない。また、高等教育の全体を、ある一つのモデルによって判断することでもない。多様なあり方が可能ななかで、どうしてアメリカ流の理科系諸学だけがモデルとなるのだろうか。そのモデルは民主主義的なレトリックで飾っているけれども、やはりエリート主義的であり、それに相当するものならば、すでにフランスにも、きわめて選抜的なさまざまな形態のエコールや履修コースとして存在している。もしフランスの高等教育において、大学が他のヨーロッパ諸国と較べて明らかに凡庸であるとしたら、それはおもに、グランド・ゼコールという特権的な部門がほかにあるからなのである。

グランド・ゼコールは長いこと、歴史家や教育社会学者のみならず、いくばくかのデマゴギーを伴いながら、政治に最も責任を負う人々によっても告発されてきた。私たちによれば、この機構はさまざまな効果を生み出しているが、そのなかでも最も深刻なものは、一般に理解されているようなものではない。第一にそれは、国の財政的資源の並外れた部分を、二重の意味で優遇されている少数者のために独占している。つまりグランド・ゼコールの学生たちは、出自においてすでに恵まれているばかりでなく[2]、学校の格付けや教育スタイル――この点についてはさらに詳細に検討されねばならない――においても優遇されている。第二にそれは、さまざまな履修コース、就職先、学習タイプの間に、あまりにも早い段階から、すでに時代遅れとなった文化モデルのものでしかないヒエラルキーを押しつけている。つまりグランド・ゼコールは、自らのもつ権威、権力、そして広範な社会的人脈を利用しながら、それと近い他の教育課程にもそれを模倣しようという試みを誘発し——こうしてその教育課程の欠点はさらに増幅される——、時代遅れの文化モデルを危機に陥れるようなあらゆる革新を退けている。第三にグランド・ゼコールは、フランスの高等教育を西洋の他のシステムから孤立させている。他の西洋諸国では、それに相当するものがないにもかかわらず、高卒者への巧みな選抜と指導が行なわれており、マルサス的エリート主義にしばられているフランスよりも、よほど広範な学生に社会的上昇を可能にしている。

ということは、高等教育を構成しているグランド・ゼコールと大学という二つの部門をともに考慮するのでなければ、いかなる改革も顕著な結果をもたらさないということである。被支配的な部門（大学及び／あるいは短期履修コース）の機能不全の一因は、支配的で閉鎖的な部門（グランド・ゼコール）が及ぼす社会的効果に帰せられる。

分断され細分化された大学世界の多種多様な現実を、むやみに提言を特殊化せずに浮かび上がらせるために、私たちは、収集した文献や同志から提供されたあらゆる情報を動員しようと努めた。嘆いてみたり、訴えたりするのは、その悲観主義ゆえに大学に対して不利益をもたらしかねないので避けている。世論においては、一部のジャーナリストやリベラリズム信奉者によって、たえず反知性主義が煽られているからである。かくして私たちは、一般的分析、事例の立証あるいは検証、統一的な提言を繰り返すことになるだろう。ここで、革新的かつ現実的な提言を構想し練り上げるにあたって、私たちのいる世界の不透明性そのものが主要な障害となる。というのも、官庁のものであれ、臨時の調査によるものであれ、私たちの世界を知るための資料はつねに不完全であるか、あるいは進行している事態に対して遅れているため、ほとんど無力だからである。そこで私たちは、それぞれの資料を多様な観点から眺めることによって、その偏りを補正しようと試みることになる。とはいえ、一七歳から六七歳までの、ありとあらゆる階層に属する数百万という諸個人が、たいていの場合には互いに知り合うこともなく併存している世界について、網羅的であろうとしたり、絶対的な真実を語ろうとすることはできない。大学および研究機構は、同時に企業、行政機関、生活の場、伝統の保管庫、紛争の舞台、未来の実験室であるばかりでなく、さらに多くの隠された機能を果たしているからである。

そのシステムが極度に不透明であることの一因は、歴史的な厚みにある。すべての新参の改革者たちはそれを忘却するという過ちを犯す。しかし彼らは、そのことによって痛い思いをするにもかかわらず、そこから得られる帰結を引き受けはしないのだ。便宜ゆえ、また習慣からフランスで大学とよばれているものは、ヨーロッパ的な意味のそれとしては実際には存在していない。フランスの外では、大学とは一般的にあらゆる分野を抱えた総合的な機関であって、人事や予算に関して一定の権限を確保している。そして多くの機関が同等の教育を提供しているからこそ、各機関は競争という環境に置かれている。しかしフランスでは事情は異なる。というのも、一九六八年に分割を免れた中堅都市（たとえばブザンソン、ディジョン、ナント）のいくつかの大学を除くならば、全学科を包括するような大学はほんの少ししかないからである。競争は、いくつもの大学機関が類似の課程を提供しているパリ地方と、周縁ではリヨン市のあるローヌ＝アルプ地方にしか存在しない。最後に、国民教育省は（免状の国家統制によって）教育課程に強固な枠をはめ、教員採用の手順とポストの配分を規定し、予算の大半を供給している。こうしてフランスの大学は、その不完全な学科の陣容のせいで、――この欠陥は多少なりとも、一九六八年五月以後の政治的衝突ゆえの混乱と、それ以前の学部の時代に由来する――、自律性を想定された機関として不利な立場で教育市場に参入させられている。

大学が抱える主要な問題の分析を通して、私たちはこれらの不均衡と機能不全の根源を明らかにし、そのような結果に抗するための具体的な解決策を提示しようとする。ただし、高等教育、平等、民主主義、公共サービスに関するある特定の考えに立脚した私たちの選択に、すべての人々が同意するだろうと信じるほど私たちは素朴ではない。また、大学のように細分化され階層化された世界においては、どのような選択でもなんらかの既得権益に抵触するであろうことは明白である。しかしながら、すでに諦めたような人たちとは反対に、私たちは教員や学生たちのあいだに積極的な意欲がいまだ残されているという感覚を抱いている。また官僚の分析とも反対に、私たちは、より少ない予算でより多くをなすことが可能であるとは信じない。フランスの大学は、ヨーロッパの他国でそれに対応するものよりもよっぽど不十分な分配しか受けていないのであって、それというのも、高等教育の総予算がただでさえ十分ではないのに、多様な機関や履修コースの間で非常に不均等に分配されているからなのだ。たとえば、グランド・ゼコールとその準備学級の学生たちは、高等教育の全学生数の四%を占めるだけなのにもかかわらず、高等教育予算の三〇%を意のままにしている。より一般的な議論をすると、一九九三年には、経済開発協力機構（OECD）諸国の平均一・七%に対して、フランスは国内総生産の一・一%を高等教育に割り当てているにすぎず、これは学生一人あたりにして、OECDの平均九六七〇ドルに対して六〇三三ドルにしかならない。[3]それゆえ二重の議論を省くことができない。つまり、教育システムの内部では、資源のどのような利用を優先するのが望ましいかをめぐるあらゆるレベルでの議論。そして、国民を前にしては、教育と研究に関してフランスがどのような展望を明確に持つべきか、また、これまでに積み重なった遅れを挽回し、近隣諸国の水準を取り戻すためには、どのような特別の努力が必要とされているかをめぐる公共的な議論である（かつての不足分があるゆえに、予算を学生数や教員数の増加に応じてスライドさせるだけでは不十分である）。そのような努力はしかしながら、大学共同体の動員を伴うのでなければ意味を成さない。思考の構造や慣習を根本において変容させるために増大した財源を活用するためには、そのような動員が欠かせないのであって、それこそが結局のところ、フランスが真の大学を手にするための必要条件なのである。

大学のための長期計画策定法に向けて

長期的な視野から見た大学政策という考えは、多くの努力の結果、八〇年代末になってようやく日の目を見るようになった。しかしながらあっという間に、選挙による議員の入れ替わりは、何年にもわたって協議されてきたいくつかの目標をひっくり返す機会を権力者たちに与えてしまった。政府（とくに右派）は当然のごとく、「予算の圧迫」を理由にして、決められた約束に背くことを正当化したけれども、軍に対してはずっと前に長期計画策定法を承認していたし、あるいは社会的あるいは政治的な理由で、特定の産業に対してこれまで大量の補助金を与えてきたのである。より根本的な問題としては、政治家の大半が——多くはグランド・ゼコール出身者である——、大学に対する投資が積極的な効果を持つことを信じておらず、公共支出のなかで複数年度にまたがる大学への投資の重要性を認めない、ということがある。このような傾向は、高等教育の恩恵を享受していない大部分の大衆と、そしてなによりも、当事者である大学人たちの無関心によって助長されている。大学人のほとんどは、効果的なやり方で集団的に行動するよりも、個別的な問題へと退却するのを好むのである。

私たちは、衰退への悪循環しか引き起こさないそのような消極的なコンセンサスを拒否する。フランスの大学の歴史は、事実、知的ルネッサンスの時期や科学の生産性が国際的地平を上回った時期が、長期にわたる努力によってもたらされたことを証明している。九〇年代のノーベル物理学賞や化学賞は、五〇年代に始められた研究政策の成果である。また逆の意味で、今日の危機は、学生数の急増と七〇～八〇年代の惨澹たるマルサス主義的政策が結びついた結果なのであり、これから定年退職する人々のあとを大量に補充しなければならないという時に大学教員の不足をもたらしている。

それゆえ私たちは、大学の長期計画策定法が不可欠のものであることをふたたび確認する。その法律はたんに、財源や教員採用をめぐる公の議論のさいに具体的な数字を挙げるための根拠となるだけではない。また、あらゆる領域で見なおしや底上げが必要となる状況において、国家が持続的に関与することを明白に約束した証拠となるだけでもない。それはなによりも、さまざまな理由で緊張や矛盾に悩まされ、バルカン半島のごとき細分化の危機にさらされている大学を守るための集団的な防御手段となるだろう。そして最後にそれは、動員と考察をうながす道具となることで、大学関係者たちの戦意喪失と道徳的退廃をふせぐ手段ともなるだろう。たとえ予算法上では大枠を提示するという意味しか持ちえないにしても、二〇一〇年を見通した長期計画策定法がありさえすれば、とりわけ次の諸点が保証されるのである。

——財源の増加にともなう仕事の増大に対して、財源を対応させるという約束。教育的環境を保証することで、学生の社会的・文化的な不均質性が高まりつつある第一課程の機能不全を克服する（4章を参照のこと）。

——人材の増強。二〇〇〇年から二〇一〇年に到来する大幅な人員交替に備える（3章を参照のこと）。

——学習様式の必要な再編成。研究や教育におけるグループ活動の発展、規約で定める大学教員の義務、とりわけ報酬をうる正規の仕事の再規定（5章を参照のこと）。

——大学の自律性の確認。法律には記載されているが、これは必ずしも実現されているわけではない（2章を参照のこと）。

——大学機構の自治を可能にする財源の強化。その不十分さはすべての人々が認めるところである（2章を参照のこと）。

——教員採用方法の変換。アレゼールはすでにこの件に関して意見を発表し、広範な同意を得ている（3章を参照のこと）。

新たな財源も新たな参入者たちの支持もなくして、不可欠な転換を実施することは不可能である。お菓子が毎年同じサイズか小さくなる傾向にあれば、誰しも自分の分け前を維持するために闘い、いかなる進展も拒否することになるだろう。そのような図式こそ、財源の停滞期において、ＵＦＲ（研究教育単位部門）やそれぞれの教育分科《デパルトマン》、そして大学の各評議会に、変わることない旧弊を維持させてきたものである。そのため、部分的な自治しか確保されていない諸機関において、教育方法上のまた知的な保守主義が不可避的に産み出されている。

大学の長期計画策定法とは、協議されなければならない新たな大学協定の核心となるもの、すなわち、予算の奪い合いのような不毛な対立を乗り越えるための、断絶の政策に不可欠な手段である。

1　パイロットのいない飛行機

大学が共同体としての自律性を喪失しつつある。そのことは、大学をめぐる協議機関や代表機関が、ＣＮＥＳＥＲ（全国高等教育・研究評議会）、ＣＮＵ（全国大学委員会）、ＣＮＥ（全国大学評価委員会）などに分割されていることや、その結果としてそれらの固有の権限が縮小されていることからもわかる。ＣＮＥＳＥＲは大学の諸問題についての諮問機関であり、メンバーは選挙によって選出されるが、いまや政府がみずからの計画を提示してさまざまな圧力団体の反応を試すための場となってしまっている。それはだから古典的な議会の論理にとらわれているのである。ＣＮＵは、十分なポストが確保できないときの常として、その固有の権限の縮小を目の当たりにしており、各大学で決定された事項を記録するだけの場となっている。さらにＣＮＥは、かつては貴重な専門的分析を行なって公表したにもかかわらず、それもほとんど省みられることもないまま、専門家の指名に際しての官僚らの駆け引きによってコントロールされてしまっている。

ここでの「自律性」のような、抽象的で重要な概念には、それを援用するすべての人々の期待と争点が投影されている。「自律性」という概念をめぐって意見が一致しているかのように見えるその背後には、実際には、普遍的な言葉を使って自己の個別的利害やみずからの大学観を引き立たせようとするさまざまな集団が存在しており、彼らの目標に対応した多様なヴィジョンが存在している。大学の自律性に訴えかけることは、こんにちでは行政側の武器とさえなっており、国家が大学から全面的に撤退することを正当化し、互いに競合しあう諸機関を財源の分配を通して分断するのに役立っている。

大学に固有の自律的な諸権限は、それらが一つの場を自由にできるのでなければ真に認知されることもないだろう。つまり、そこにおいて知識の発展や知の伝達に最も貢献しうるような長期的な要請が確立され、そうすることで「管理運営」の必要性や、ひどい場合には選挙のためのデマゴジックな運動を退けるための、あるいは個々の大学にとっての意義もさほどない中央行政と学長のあからさまな結託に対して闘うための、意欲をわかせる場である。

公権力は、ある状況においては数年規模の長期計画策定法を容認するけれども、それは勢力があるとみなされている何らかのグループ(あるいは同業組合)や、あるいは政治家にとっては同じことだが、選挙の折に有利に働く集団に限ってのことである。たとえば軍には軍事長期計画策定法があり、農業には農業指針法がある。バイルー教育相が大学のための長期計画策定法を否認したことは、大学界というものが政治的に弱小であり(とはいえ大学関係者は専門家としてほとんどの政党や諮問機関に入り込んでいる)、政治家たちが実際には大学に関心を抱いていないことをよく表している。政治家たちは、学生が「騒ぎ」を起こせばそれなりに懸念を表明し、熱心に大学問題を語るにもかかわらずである。

今後、政治家たちは、彼らにとって切実なものとなる活動領域において、独立した行政権力を認めるという方向に向かうだろう。たとえば選挙活動において広報手段としての役割をになうメディアについては、CSA(視聴覚設備高等評議会)が設置されている。またフランス銀行の法的地位もそうである。というのも、フランス銀行も、マネタリズム思想が勝利するのと期をあわせて、独立した行政権力へと昇格することになった。私たちは大学の持つ価値を信用しており、そしてそれを信じるがゆえに、大学は理解されるための表現手段を掌中にするべきだと考えている。このような提言に対して一部の大学人たちは、「ジャコバン主義」の亡霊が回帰したとか、

「パリ中心主義」の怪物が現れたなどと言い立てることだろう。だけれども、たとえばＣＮＵ（全国大学委員会）は、便宜上パリに本部を置いているとはいえ、フランス全土の大学から委員が選出されているがゆえに、パリのものでも地方のものでもない。まして選挙に依拠した全国的決定機関の権限を拒否するのであれば、それは結局のところ唯一の現実のパリ中心主義的権力、あるいは中央行政の権力を強化することにしかならないだろう。しかも大学の外では、大学の管理権限を有する人々が、「分割して統治する」ことに躍起になりながら、自律性という言葉を振りかざしており、それがあらゆる恨みや嘆きを産み出しているのである。

提言　大学議会

実際のところ、実質的な自律性とはまずもって（それだけによってではないとしても）、集合体としての大学に固有の問題の存在を公然と主張することによって確保される。そこでは、大学を構成する諸集団や諸機関のあいだでの対立関係は、傍らに押しやられる。競争の価値を信じる人々は、そこでの競争がなにを具体的に意味するのかは明らかでないにもかかわらず、そのような対立関係のなかへと引きこもろうとしてしまう。しかし、公権力が教育の管理に没頭し、教育がますます道具と化していくのに対して、私たちは、まったく困難なものではない自律性、大学の問題をそのものとして明確にすることを可能とするような自律性を主張する。それは、大学の普遍的な機能、古くからの機能に従ったものである。行政の専制や彼らの用いる数量的で形式的な基準に対して、そしてあらゆる分野の専門家たちが、妥協のうえで、個人的な目的のために一時的に委ねられた任務を利用するのに抗して、私たちは、「良識ある大学人たちの集団」、あるいはより新しくより普遍的な表現を使うならば、「大学議会」の設置を要求する。それは、大学に固有な諸問題の総体を公に議論することを任務とすることになるだろう。大学に固有の利益や意義、とくに教員採用や財源に関するそれを明確にし、承認させることができるような（フランス人や外国人の）評価の高い学識者から構成されることによって、同議会は「独立した行政権力」になることができるだろう。

　ここでは、その機関の具体的な構成や指名の手順を記述することはしない。それらの点は、教育や研究関連の他の独立した行政権力のこれまでの経験やドイツ研究連合などの諸外国の経験を参照することによって練り上げることができるだろう。まずは最低限の原則が獲得されねばならないのである。その機関は、設置されて以降二〇年のあいだ、ただひとりの委員も任期満了を迎えることのなかったこんにちのCNU（全国大学委員会）と違って、政権の交代に翻弄されることはないだろう。委員は、任用期間をあらかじめ明確に定めたうえで、選出され指名される。その評議会は、人数を明記した一定数の教員から構成され、彼らは昇進やキャリアを心配する必要もなく、また再任されることもない。経済性と一貫性という最低限の要求に則って、その職務はCNUとCNEの任務を合併したものとし、以下の権限を承認されることになる。

○　教員採用を各大学の権限に委ねるべきだということであれば、採用結果の公開を通してそれを監督すること。これは採用人事の透明性を確保することになる。また、国のレベルの選考委員会として「全国審査委員会」を設置するほうが望ましいということであれば、同委員会を承認する際に、その内部で（学術的にも地理的にもまた専門分野に関しても）バランスが保たれるように調整すること。

○　国民教育省の統計部局の協力を得て、高等教育でどの段階までになにが必要かに関する議論にもとづいた綱領的な見通しを提示すること。

○　多様な研究分野について、それぞれの今後の展開についての見通しを踏まえたうえで、それらのあいだの複雑な関係性を管理すること。というのも、そのような見通しは、役所によってなされるものと、より一般的には、これまでのポストを継続することによって決まってくるような慣性にもとづいたものを除けば、どこでも検討されていないのである。

○　専門家や学識者の力を借り、必要とされる協力体制をフランス内外から総動員することによって、各機関で遂行されている研究内容を評価すること。

以上の項目が多様で複雑なものであることからも窺えるように、そのような組織が一挙に均衡状態を見出せないだろうことは明白である。それゆえ、そのようなかたちの介入措置が安定し認知されるようになるまで、その存在は保証されたものとみなされなければならないだろう。

2　管理不全の組織

大学とグランド・ゼコールとの格差はあまりに明白であるため、往々にして後者だけが効率的な教育を行なっていると思われている。こんにちでは、エリート主義があからさまに表明されるようになっており、それに伴って、大学の「運営」のあり方がますます頻繁に問題とされるようになった。一部の人たちは、まだファキュルテ（学部）がファキュルテとして存在していた一九六八年以前の時代を懐かしみ、秩序が保たれていた昔の姿に戻ることを切望しているが、そのような過去は実際にはあったためしがない。その傍らでは、大学の管理運営を担う連中が、彼らの配下にあるとみなされている大学構成員たちに階層的な権力秩序を押し付けようとしている。また官庁の責任者たちは、彼らの立案した政策を実現するために協力してくれるような連中を獲得しようとしている。それらの三者が一様に、大学「運営」の欠陥を嘆いている。だとすると、一九八四年一月二六日の法律で計画され設置された「大学機構」を再検討する必要があるのだろうか。管理評議会（ＣＡ）、学術評議会（ＣＳ）、学業・大学生活評議会（ＣＥＶＵ）という三つの評議会のあいだでの権限の分割を、行き過ぎたものとして見直し、なかでも学長が大学関係者に対して道徳的権威以外の一切を剥奪されている状態から脱却してその権限をとくに強化する必要があるのだろうか。さらには、大学間、専門分野間の区分も再検討する必要があるのだろうか。それらの区分は、当初は、さまざまな偶然の重なり合いによってもたらされたものでしかなかったにもかかわらず、時間が経過するとともに、あたかも自明なものであるかのようになってしまっている。

大学関係者たちが関心を失った理由

選挙期間をのぞけば、ほとんどの大学関係者は大学の問題には（人事を別にすれば）関心を持っておらず、その一方でごく少数の人々が、「学長」のためにすべてを犠牲にすることによって自らの利益を守ろうとしている。いまや多くの人々が、そのような棲み分けに妥協して甘んじているようかのようである。しかし、こんにちの平穏状態は、おもに以下の三つの問題を抱えている。まず、大学関係者たちはうんざりして問題から退いている。次に、陰謀の犠牲になっていると思っている同僚たちは孤立し、抗議の声をあげても誰も聞いてくれない。そして、研究室や予算はいつのまにか、しかもたいていは正式の手続きを経ることもなく、姿の見えない連中によって没収されてしまう。周期的に学生たちが憤激して行動を起こし、評議会での静粛な討論が突然、講堂での非常に高揚して騒々しい総会へと転換する。彼らの行動によって、選挙が虚構のものでしかないことが白日の下に明らかになる。そして学長室周辺の廊下は、普段は、特権にあずかっている少数の連中が学長に取り入ろうとしてざわめいている程度なのだが、そのような静寂な空気もかき乱されてしまう。しかしそのような緊張関係も長くは続かない。

さまざまな機関の選挙で、棄権はまさにアメリカ的な規模にまで達している。大学界の内部がどれほど分裂しているかを知るには、学長選挙の当日に廊下で適当に学生をつかまえてみて、それまでの五年間の学長が誰だったかを聞いてみればよい。彼らはきっと、答えることができないだろう。学科やＵＦＲ〔研究教育単位部門。かつてのファキュルテ（学部）を再編して一九六八年に作られたもの〕のレベルでは日常的に、かたちだけで内実のないオフィシャルな組織と、自発性に基づいているが限界のある学生組織とが、どちらも自分たちの勢力を拡大しようとして別々に活動している。実際、法律で設置された代表機関はたいていの場合、それだけで自己完結しており、当事者たちの実際の問題関心に関わりあうことができない。それだから、UFRの評議会に選出された職員や学生たちは、評議会から抜け出すことができるとなると、すぐにそこから逃げ出してしまうのである。ときおり、政府がどこから出てきたかも分からない改革案を突然、公にすると、学生たちはその改革に描かれる将来の大学像に幻滅し、不安を抱く。そして声を上げることを長いこと抑えられていた学生たちから、抗議の声が活発に飛び交うようになり、授業のストライキ、教室の占拠、かたちばかりの監禁、ぎこちない連帯が次々と繰り広げられていく。一時の情熱にほだされて学生たちが直接行動主義に走ると、大学当局のスポークスマンが運動のあとを駆け回る。そして学生たちは、成果をえることもなく時間が失われたことにうんざりして、やがて無力感を抱くことになる。かくして、問題が解決されないまま秩序だけが回復され、単調な大学行事（新学期、選挙、試験）が再開するのである。

大学の管理運営にかかわる問題としては、単なる財政的問題や研究予算の管理から国際交流まであるが、大学関係者のすべてがそれらを同じように引き受けるのではない。学科やUFRの執行部は、控えめにいっても、教員にとってなにがなんでも目指そうとするようなものではない。執行部の委員は、適性も省みられることなく急場で確保されるのであって、それに従事したところで、彼らが属する学問世界のなかでは評価されない。じっさい、学内行政の仕事は彼らのキャリアという点では時間の浪費だと考えられている。というのも、少なくとも表面的には、教員のキャリアというものは、学問的生産だけが考慮されるのであり、集団に対する奉仕はまったく評価されないのである。行政職はあまり名誉あるものでもないし、ほとんど評価されることもない。その結果、執行部の委員は、その仕事に長いこと携わっている古参の教員たちと、若い助教授たちに委ねられてしまっているようにみえる。古参の教員たちは、長年の経験を通してノウハウを身に着けるかわりに、行政的な仕事のもつ多様な可能性を見出すことができなくなっている。また若い助教授たちは、新参者としての純朴さと熱意も手伝って、いきなり前線に駆り出されてしまい、同僚たちに助けを求めることもできない。

執行部の委員がなぜこれほどまでに関心を引かないのかといえば、その一因として、大学行政の仕事には自律性が完全に欠如していることを指摘できる。学長や各評議会を飛び越して、次官通達がＵＦＲの生命を握っている。というのも、教育や研究に支給される財源は、行政の直接の管轄であり、大学にはその権限はない。ＣＳ（学術評議会）は研究水準特別配当金（ＢＱＲ）を再分配する権限しか持っていないが、それは大学全体の研究予算の一五％に相当するものでしかない。残りの八五％は、行政からＵＦＲに、直接、支給されるのである。だから、学科長やＵＦＲ長がまずやらねばならない、そして最も重要な仕事は、〔国民教育省のある〕グルネル通りやデカルト通りから送られてくる面倒な書類に、ほとんど毎日のように記入する役人としての仕事と、財政を圧縮しようとする行政の金庫番と大学の同僚たちとのあいだで、同僚たちに財源の縮小を納得させるパイプ役としての役割へと切り詰められている。行政のテクノクラートたちは、履修コースの責任者に対して、教員たちが毎週行なっている授業に対する教育資格認定の更新を定期的に申請するよう要求する。そのように煩雑な手続きのために、最も意欲のある教員たちでさえもやる気を失ってしまう。というのも、たえず教育資格要件を見直さなければならないということは、それ自体が屈辱的なものであり、さらには、ＤＥＵＧ（大学一般教育免状）、学士号《リサンス》、修士号《メトリーズ》、ＤＥＡ（専門研究免状）の概要を時流にあわせて見直すには、かなりの事務作業を要するにもかかわらず、ほとんど意味のない成果しか得られないのである。

ところで、ＣＡ（管理評議会）、ＣＳ（学術評議会）、ＣＥＶＵ（学業・大学生活評議会）は、十年以上前に大学評議会にかわって設置されたものだが、これまでのところ、それらの評議会は大学にとって明らかにうまく機能していない。評議会委員は、もっぱら組合的な基準にもとづいて大学全体から選出されるのだが、問題の当事者となっている人々と直接連絡を取って話しを聞くことも、他の評議会と連携をとることもないため、どの評議会も人々に大きな失望を抱かせるような機関でしかなくなっている。それらの評議会は実質的な決定権を持っていないために、たいていはおしゃべりの場になってしまっている。そのため、人々のあいだには無関心が広がり、あるいは予算のない議会政治を前にしたときのような嫌悪感が助長されている。委員に選出された学生からも職員からも徐々に見放された評議会は、一部の教員たちに牛耳られている。彼らはたいてい、学内政治が好きで、学部や組合どうしで型どおりの競争を行ない、それを学長や副学長が仲裁するものだから、その結果、行政や地方自治体、企業といった真の交渉相手たちが脇へと追いやられてしまう。

学長は各評議会の委員たちによって選出されるため、評議会にその声が反映されている一部の連中のあいだでの妥協の産物となっている。学長の選出にあたって、大学の多様な構成員が活動を繰り広げていくために本当に重要な問題が反映されることはない。というのも、評議会に占める委員数はきわめて不平等に割り振られているからである。さらに、それぞれの評議会のあいだで権限が分割されてしまっているために、副次的な問題をめぐる議論が延々と繰り広げられていく一方で、その傍らでは、戦略的に重要な決定がごく少数の連中に独占されている。そして最後に、評議会が議会制度として、政治体制が当然持つべき制限を習慣的に欠落していることが一番の問題である。任期中に学長の責任を問うためのきちんとした仕組みもなければ、はじめに打ち出された計画が実際にどの程度、実現しているのかを確かめるための仕組みもないのである。

市民的で批判的な大学空間の創造

法律や法規を大々的に改革しなくても、そのような現状や精神構造を是正することは可能である。そのためには、大学執行部のメンバーだけではなく現状に満足していないすべての者が、以下の四原則を守ることである。つまり、選挙活動を利用して透明性を多少なりとも確保すること、大学評価に依拠して（とくに研究の）計画が一貫性を持つように奨励すること、批判的な集団討論を通して大学の方針が常に公なものとなるようにすること、全大学関係者と視点を共有するような大学執行部の登場を促すことである。

大学について利用可能で基本的な判断材料、つまり定員や教員一人あたりの学生数、予算、研究室の配分状況などについて、選挙にあたって誰もが知ることができるようにはできないものだろうか。大学執行部が真に大学にふさわしい明確な綱領を打ち出し、それをもとに投票が行なわれるような選挙はできないものだろうか。大学の長所と短所は、外部評価のときに確認されたり、あるいは学校を周期的に揺り動かすような危機的状況のなかで明らかになるが、選挙リストのトップに名前が挙がっている人は、それらの点を考慮に入れたうえで、大学の方針について自らの態度を公に表明しなければならなくなるようにすべきだろう。

　大学内部の活動スケジュールは、選挙日程によって周期付けられる。それが、将来の方向性を交渉するにあたって行政と大学が依拠する中期契約《コントラクチュアリザシオン》〔本書「アレゼールの目指すもの」参照〕とまったく関係を持っていないというのは、驚くべきことではないだろうか。それらのスケジュールを調和させることによって、大学執行部は、委ねられた権限に対して完全に責任を負うことができるようになるというのに、選挙日程と契約日程を一致させることによって得られるものはなにもないというのだろうか。また、四年ごとに行なわれている現在の中期契約そのものについて、大局的な観点から見直すことも考えられる。いまのところそれは、部門ごとの貢献を集成し、場合によっては個々ばらばらなプランを単純に寄せ集めるだけになっているが、それを、中期的な局面においてすべての担当者で検討し、往々にして互いに異質なさまざまなプランを束ねあげるためのチャンスとすることはできないだろうか。また、選挙活動を利用して、学外から同僚を呼び、彼らの個人的な経験、とりわけ外国での経験を話してもらい、真の優先事項について議論することも考えてみるべきではないか。またそうすることで、観光のようなものでしかないいまの大学間交流のありかたを、より熟慮され組織化された交流とすることもできるのではないだろうか。

　選挙は同時に、計画を提示し公にする機会でなければならない。成果を総括し、執行部の任務を中間査定し、最も展望のある方針がいかなるものかを再確認し、ぐらついている方針を再調整するような学内討論会を組織することを考えるべきだろう。共同した取り組みとしての自己評価の試みとは、具体的には、獲得することのできた成果をまとめ、到達段階を報告するものとなるだろう。それは、十分な議論を経たうえでの資料として、行政の専門家たちのしばしば不明瞭で不可解な権力に大学のすべてが委ねられてしまうのを回避させるものとなるだろう。そのような試みこそ、一共同体としての大学に対して、集団としての自覚を覚醒させるための方法の一つのように、私たちには思われる。それはフランス以外の国ではどこでも自明な考えなのである。

大学の管理不全

教員の誰もが責任ある任務から逃れようとするのは、決定のなされる手順が不透明だからとか、決定機関が形だけのものになっているからということもあるが、理由はそれだけではない。慢性的な問題として、大学がきちんと管理運営されていないということにも原因がある。近年のいくつもの報告が、具体的データや国際比較を証拠として、そのことを強調してきた。フォルー・レポートはその最新のものである。ところで、実現するための方法が欠落しているならば、理屈のうえでの自律性とは見せかけのものでしかなく、多種多様な業務の管理運営も、衝突を生み出すか、性格の異なる部局のあいだで不適当な移動を行なったり、あるいは責任逃避行動を促したり、自分で自分のことを酷使するよう仕向けるものにしかならない。

大学の提供する教育がますます多様化していることは、それ自体は望ましいのだが、その結果、それらのディプロム（修了証）や履修コースなどを管理することが、より一層、複雑なものとなり、行政的な負担も不可避的に増大している。つまり、予算配分をめぐって学内会議を行なったり、対外的な会合を通して改革への理解を促し、従来よりも優れた教育法のような、改革を実現するための方法を宣伝するなど、やらなければならない仕事はたくさんある。しかしフランスではいつもそうなのだが、そのような改革がうまくいくのに必要不可欠な財政的措置がとられるまでには非常に時間がかかる。改革をたちあげた人々は、負担があまりに多すぎることもあって、途中でやる気をそがれてしまい、改革が座礁してしまうのである。

大学行政に関わるもう一つの解決困難な問題として、大学では、伝統的な官僚制度に特有な、ルーチンワークの圧倒的に多い日常的な管理が必要とされる一方で、将来への展望を開くための改革を準備しなければならないことがある。そのような運営は、大学が革新的で変化しなければならないことに由来するもので、大学の活性化のためには不可欠である。それら二つの機能を両立させるために、行政スタッフとして、国民教育省の官僚である事務局長と、それよりも地位は高いが権限の限られている大学教員選出の行政スタッフである学長を連携させるという、その場しのぎの解決策が採られている。事務局長は、学生数の拡大に事務職員ポストの増加が見合っていないために、一般的に仕事を抱え込みすぎている。学長は、大学の自律性という原則と大学固有の秩序原理に則り、大学関係者から選出された大学執行部に従属している。執行部にたずさわる大学関係者にも二種類ある。一方に、やむをえずその仕事を引き受ける人たちがいるが、メンバーが少ない部局では専任教員の数があまりに少なすぎて、研究所長やＵＦＲ長の職務の持ち回りもできず、やる気のある人がその職を引き受けるというような状況にもない。またその傍らには、大学における他の仕事の大半を投げ出してしまい、特殊な利害関心のもと、ある種の権力に執着して行政職を引き受ける人たちがいる。

行政的な仕事について相反する期待を抱いた、多様な人々が、そのようなかたちで一緒になって仕事をしているために、大学を順調に運営することが難しくなっている。それが最も顕著にあらわれるのが、大学執行部が一新され、彼らが現場での経験を通して仕事を覚え、さまざまな事情に精通しなければならないときである。大学は、省庁に常設してある行政機関や地方自治体、企業と交渉する必要があるが、以上の点に、それらの機関に比べて大学の力が弱い一因がある。またそれは、大学関係者が大学当局と根深い緊張関係にあることの要因でもある。というのも、大学関係者はえてして、権力を持っている者は実質的に役人と変わらないと考えがちであるが、一方で行政職につく大学関係者たちは、大学の運営がうまくいっていないのはほかに理由があるのに、自分たちがスケープゴートにされていると思っているのである。

二重のコントロール？

一般的に、あらゆるレベルで、専門の行政官と選挙で選ばれた大学関係者の二人が共同して大学行政を統率するのが望ましい。そこで前者が後者に従属すべきことはいうまでもない。そして、ＥＮＡ（国立行政学院）出身の高級官僚たちと肩を並べることのできるような優れた大学行政集団を作る必要がある。ただしそれは、行政の法規や規定には回収することのできない大学界の特殊性について熟知していなければならない。そのような集団は、必要なときに必要な情報を提供する優れた機能を通して、選挙で選ばれた大学執行部が頼ることのできるもので、執行部が中央行政からの指令に対して首尾よく応えるための法律的な武器を提供することができる。つまり、フランスの行政機関ではそのような体制が組まれているのが一般的なのに、メンバーに法律関係者がいる場合をのぞけば、大学執行部の大半はそうはなっていないのである。それはフランスの大学の力のなさの一因でもある。さらにそのような大学行政集団は、キャリア上の壁にぶちあたってやる気を失ってしまった一部の大学職員に、内部昇進という目的を提供することができるだろう。ただし、そのような組織を作ることを決定するにあたって、大学に関する無数の報告書で指摘されている管理運営上の問題点について、徹底的に分析する必要がある。また、先に提示した各評議会のこれまでの経験を踏まえ、救済策によって事態がより一層悪化するようなことがなかったかどうかを判断し、また、そのような普遍的な問題をめぐってこれまで海外でなされてきた対応策についても検討する必要があるだろう。

同時に、大学関係者の全員が行政職を交互に引き受けるようにして、ごく一部の集団が行政職を独占している現状に終止符を打つことが大切だろう。行政職を引き受けた人に特別手当を支給するのは、問題が存在することを事実上認めたものだとしても、それへの解決策をもたらすものではまったくない。金銭的な報酬によって行政職へと誘導しようとするやり方のもつ矛盾は、これまで十分に強調されることがなかった。つまり、行政職についている人々の大半は間違いなく、お金のためにその仕事を引き受けたのではないのである。そのようなやり方は、アメリカで行なわれていることをそのまま輸入したもので、それが導入される集団がどのような感情を抱くのかということを見誤っており、行政職を引き受けようという人々とその同僚たちとのあいだに亀裂を生み出してしまう。というのも、彼らの同僚からしてみれば、行政職を引き受けることが個人的な利害と結びついているならば、大学行政とは信頼できないものだということになるからである。

アレゼールのように、公共サービスとしての大学という理念を擁護するならば、行政職のための特別手当を廃止し、そのお金をすべての人の給与へと再分配し、その代わりに、大学関係者の全員が順番に行政職を引き受けることを義務化するのは必然的なことである。個人のやる気に任せるといいながら、実際には行政職を引き受けざるをえない状況に追いやるのではなく、むしろその行政職を経験することがキャリアに組み込まれ、（昇進や研究資金、サバティカル休暇の割増など）規約で決められたなんらかの利益を手に入れようとするように促すのである。それはすでにドイツでは実施されている。そうすることで、ほとんどの人々が行政職から逃れようとし、行政職を担うのが職業的行政官僚とでもよぶべきごく一部の人々に特化していくという悪循環から抜け出し、そのなかで無理解や怨恨、嫉妬心がはぐくまれていく状況に終止符を打つことができるだろう。

ただし、もし大学の中枢権力が一部の連中によって独占されたままにとどまるならば、それぞれのＵＦＲで行政職を引き受けるように働きかけたところで、まったく意味がないだろう。なるほど、大学教員たちが行政職から逃れようとする一因は、さまざまな手続きの煩雑さにあるが、フランスの大学は普遍的な矛盾にもとらわれている。行政職を引き受けようとする教員たちは、それと同時に、授業や会議以外の時間を自分の研究のために確保してあったのに、それを失ってしまう。そのような犠牲を認めることは、キャリアの上での重大な断絶を決断することでもある。それは後から打ち消すことがほとんど不可能なもので、たとえ四年間であっても、その間に読めなかった本やできなかった実験、参加できなかったシンポジウムが多数に上ることは、こんにちのように学問的競争が激しい状況では、実際の研究に戻る際の障害となってしまう。だからといって、そのような責任ある仕事が、当初は望んだはずの学問的に満足できる成果を研究者として手にできなかったような人々や、最近のパターンでは、高級官僚や企業経営者のような職業に遅まきながら魅了されて、その代替物を大学の行政職のなかに求めるような人々（ただし、行政権限があるわけでも、ストックオプションがあるわけでもない）に委ねられているのを、諦めて眺めていなければならないのだろうか。

教育や研究への愛着を失っていない教員たちが、不満を抱えることなく管理運営に携わることができ、さらにその間、研究者としての職分を維持できるようにする必要があるし、また、そのような責任ある仕事を魅力的なものにしなければならない。そのためには、管理運営の仕事と両立するかたちで、進行中の研究や学生の指導を継続するような最低限の学問的生活を維持することが保障されなければならない。それには、仕事をゆだねるにあたって、研究計画を妨げないようにすることが重要である。さらには、外国で実施されているさまざまな措置を参照することもできるだろう。たとえば、ある教員＝

研究者が評議員に選出されたときには、彼の所属する研究チームが特別な恩恵にあずかることができるという措置が考えられる。具体的には、選出された本人の代わりを確保できるように一つと、研究チームの潜在的能力を高めるためにもう一つという、二つのポストを配分するという方策がある。そのようなかたちで補強することで、研究チームは、チームの一員が大学全体のための犠牲になることに悩まずにすむようになるだろう。そうすることで、評議員に選ばれた教員=研究者は、再び研究に戻るときまで、自分が携わっていた研究がダメージを受けることもなく遂行されているのを確認することができるようになる。また、任期が終わったあとには、特別手当というかたちではなく、研究を再開するにあたって遅れを挽回し、勘を取り戻すための猶予期間としてサバティカル休暇(研究休暇)を受け取ることで、それまでの献身的活動への恩恵を享受することになるだろう。そのような特典を活用することで、選挙にもとづく行政職ポストは、ただ権力がほしいがために権力を望む人々や、新しい道を切り開くことをやめてしまった人々以外の大学関係者に対しても開かれたものとなるだろう。評議委員としての仕事にこだわろうとはしない人々がさまざまな部所から選出されることで、評議会の構成は、選挙に参加する大学関係者全体の多様性により近いものになるだろう。最後に、各種評議会の役割と、それらが相互に確立しうる、また確立しなければならない関係について再検討しておかなければならない。

大学の各種評議会の役割

これまで見てきたように、現在の多元的な評議会システムは、多種多様な関係者のあいだでの政治的妥協の産物であり、そのために大学関係者が遠ざかり、決定プロセスが不透明になっている。これまで指摘してきた方針にのっとって大学の選挙に新しいスタイルを導入し、そのうえで、各種評議会を大学の諸活動に密接に連携させる必要がある。そのためにも、とりあえずは、CA(管理評議会)と他の二つの評議会を分けて考えなければならない。ここで、前者だけが議決権を持つのに対して、残りの評議会は、専門的知見を提示する諮問機関としての役割に特化され、それぞれの活動領域に対応したさまざまな分野から委員が選出されるものとする。CEVU(学業・大学生活評議会)は、各UFR(研究教育単位部門)

について一人の代表者と、学生生活に関係するそれぞれの部局（教務、試験、オリエンテーション、生涯教育、遠隔地教育、生活指導、文化活動、運動、図書館など）から一人ずつの代表者によって構成される。そうすることで、学業や大学生活のそれぞれの分野と直接の関係を持つ人々が、制度上の多様性をカバーするかたちで評議会に選出されることになる。その結果、そこで選ばれた人々（学生や教職員など）は、学生生活に関わるさまざまな部門を明確に代弁することになるだろう。それはもはや、ＵＦＲと各部門とのあいだでの最低限の関係も持たない、組合どうしの力関係だけに規定されるものではない。

ＣＳ（学術評議会）についても、同様の原理にのっとって、各研究グループと各専攻について一人の代表者と、博士号授与機関、ＣＩＥＳ（高等教育初期教育センター）、博士課程教育担当、大学出版部、情報処理部局、研究施設掛など、研究に直接かかわってくる各部局の代表者から構成されるものとする。そのような原則のもとで候補者リストを作成したうえで、ＣＥＶＵと同様に組合的原則によって調整するのは問題ない。

以上の二つの評議会の構成に変更を加えることによってもたらされる利点は、三点ある。まず、専門的知見と組合の参加を結びつけることで、必要とされている改革はより用意周到なものとなるだろう。次に、すべての受益者を巻き込むことによって、ＵＦＲと評議会とのあいだの権力的対立の構造を回避することができるだろう。そのような対立は、現在では頻繁に起きている。というのも、一部のＵＦＲが、自分たちの立場が評議会ではほとんど代弁されていないと感じているからである。最後に、とくにキャンパスが分散している大規模な大学では、さまざまなグループや部局が互いのことを認識していないことがしばしばあるが、そのようなグループや部局を結びつけることで、横断的な討論を可能にする場が作りあげられることだろう。もっとも現在でも、審議にあがっているテーマとの関係で、評議会の正式なメンバーには入っていないが、その部局の代表者がいないことで問題になっていることについて情報を得るうえで支障をきたすと認められた場合には、非公式なかたちでその代表者を招集することはしばしば行なわれている。先にあげた提言は、まさにそのような不確実な慣行を公認するだけなのである。

こんにち、ＣＡとそれ以外の評議会の関係は、存在していないも同然であるか、政府が勝手に決めたもので実情とかけ離れたものでしかない。設けるべき規則は単純なものである。それは、CSとCEVUの構成を変更するのに対応して、CAがみずからの管轄にある問題について事前調査を行なう役割を他の評議会に委ねること、そして、そのような問題を取り扱うにあたっては、かならず専門的知見を有する評議会が提出した報告書に依拠することである。そうすることで、各評議会がお互いの存在を無視して無秩序に活動するという現状に終止符が打たれ、CEVUとCSは基本的に無用だという意識や、学長やCAが承諾したときにだけその活動が意味を持ってくるという認識は終わりを迎えるだろう。CAの会議とCEVU、CSの会議を日程上は交互に行なうことで、そのような関係の構築が促されることだろう。さらに、CEVUやCSの委員である副学長がCAの会議に出席することを権利として認めることによって、自己の絶対的な優越性を信じきった一部の学長たちが「分割して統治する」という古くからの手段に訴えようとするのを、回避することができるだろう。

提言

以上で提示した提言の主要なものを繰り返すので十分だろう。

○ 教員、学生、事務職員に対して責任を取り、能力のある大学執行部の登場を促すこと。

○ 専門の行政官と選挙で選ばれた大学関係者の二人から構成される指導部を設置すること。

○ 各種評議会の役割の違いをより明確なものとし、そのうえで連携させること。

3　分断されやる気を失った教員集団

大学を取り巻くさまざまな問題をめぐって大学関係者の結集を呼びかけようとする際に、もう一つの障壁がある。内在的な問題として、教員の地位が細分化し序列化され、そのなかで不平等がますます拡大している。大学の大量拡張期に行なわれた教員採用政策の結果として、大学教員としての一体性が危機に瀕し、彼らが共同した取り組みを行なうことが困難なものになっている。

一九六〇年代以降、学生数の予期しなかった急増に対応するために教員を大量採用する時期と、不況や学生数の減少により財政的支出の削減が正当化され教員採用が抑制される時期とが交互に訪れてきた。一九八八年以降にも同様の政策が繰り返され、教員の大量採用と採用抑制が短期間のうちに相次いで行なわれた。一九八八年から一九九三年には教員採用が増加したが、九三年以降には一転して、助教授の募集は大きく減少した（助教授への新規採用は、一九九三年には二二二二件あったのに、一九九四年には一〇〇〇件、そして一九九五年には七五九件になった）。それと並行するかたちで、一九六〇年代に採用された教員が定年を迎えて教員の需要が高まるのを見越して、政府は博士課程の定員数の増大を促す政策をとった。それは当初の見込みを大きく上回る成功を収め、一九八九年に博士号を取得したのが五九六三人だったのに対して、その数は一九九四年には一万四二七人へと増加した。新規採用の抑制と博士号取得者の増加とのあいだの不均衡は、公開審査に実質的に開かれた専任教員のポストの数を考慮するとより深刻なものとなる。というのも、(教育担当助手、ATER〈研究・教育非常勤助手〉、非常勤講師などの)不安定な地位の教員や、(アグレジェ教授〔アグレガシオン資格所有〕やセルティフィエ教授〔中等教員免状所有〕などの)授業負担の大きな教員に一貫して依存してきたために、教員＝研究者のポストはますます減少しているのである。(4)

しかし客観的には、たとえ学生数の増加が落ち着いたとしても、教員の需要はこれから十年間、高水準なものにとどまるだろう。CNE(全国大学評価委員会)の予測によると、一九九五年から二〇〇七年のあいだに教員＝研究者の四〇・三%がその職を離れることになる。文学系では専任教員の半数が該当し、理学系では教員の七〇%が一五年以内に定年退職を迎える。法学系では二〇〇七年から二〇一七年のあいだに定員の五二%、医歯薬系の学科では五七%の教員が入れ替わる。(5)というわけで、九〇年代の初頭をのぞけばこれまで実質的にまったく事前の対策をしてこなかった政府は、いまになって、予算をたてる必要に迫られて政策的介入を再開したのだが、それはまたもや短期的な見通しにもとづくものでしかない。

国家の責任

国民教育省は教員の需要拡大を前にして、新しいカテゴリーの大学教員を何種類も作り出すことで対応してきた。非専任教員は、時間あたりのコストが低く、社会保障の負担も軽く、また序列的にはもっと高いカテゴリーに属する教員が普段受け持っているよりも多くの授業を委ねることができる。そのような人材を活用することで財政的負担を軽減することができたのである。またそうすることで、地域や学科の需要変動に応じて教員数を増やしたり減らしたりすることができるようになり、柔軟な運営ができるようになった(同様の措置は、中等教育の分野でも、一九六〇年代の生徒数増加率が非常に高い水準にあったときに利用された)。しかしそのような政策は、高等教育における教員養成の特殊性も、彼らの引き受ける仕事がますます多様化していることも見逃しており、その政策によって社会的、知的、教育的に望ましからぬ影響がもたらされることを忘れている。

第一に、教員のあいだに格差が広がっている。彼らは理屈のうえでは同じ仕事をしているが、受け取る報酬はまったく違っている。一九九七年初頭のデータとして、文系の学科では、助教授になったばかりの人でも月に一万一四三五フラン〔約二三万円〕の給料を受け取っており、これは年間一九二時間という授業時間をもとに計算すると一時間あたり七一四フラン六〇サンチーム〔約一万四三〇〇円〕になる。これに対して非常勤講師では、一時間あたり一九二フラン四四サンチーム〔三八〇〇円〕しか受け取っていない[6]。そのような違いは、どちらも基本的に少人数授業を任せられている以上、要求される仕事が違うからというわけではない。ただし助教授は、博士号を取得しており、公開審査を経て採用されたのであって、場合によっては非常勤講師と同じ年齢であるかもしれない。一方で非常勤講師は、博士学位論文を準備している途中か、あるいはすでに論文を書き終えたのだが、CNU（全国大学委員会）や大学の教員採用のための選考委員会で拒まれてしまったのである。そのような次第で、このような三倍以上の金銭的格差は対立や怨恨をはぐくんでしまい、みなが連携して教育に取り組むという可能性を損なってしまう。それは、学生がよりよい成果をあげられるようにするには必要不可欠にもかかわらずである。

それら新しいカテゴリーの教員たちは、たいていは急場で採用され、経験も持ちあわせていなければ事前研修も受けていない。にもかかわらず彼らは、中等教育の補助教員たちと同じ状態におかれている。つまり、最も大変なクラスを任せられたものの、そのようなクラスを扱うのに不可欠なノウハウを事前に教えられることのない補助教員たちと変わらないのである。非常勤講師は、「代理を務める」ために数時間の授業を持つだけなので（年間九四時間が上限として定められている）、大学にいることはほとんどなく、教授会にも普通は招かれず、誰もやりたくないような授業を任されている。アグレジェ教授やセルティフィエ教授の場合をのぞけば、彼らは、孤立、教育指針の不在、不安定な地位、不鮮明な手続きによって彼らを採用してくれた専任教員の善意への依存、実地で習得する以外の教育方法に関する専門知識の欠如という、フランスの大学の否定的な側面をすべて体験している。

不安定な職にこのように頼ることは、事務職員にも及んでいるけれども、同様に、学科間、大学間、課程間の格差をも増大させる。というのも、どのようなカテゴリーの教員がどの程度の割合を占めるのかということは、大学の古さや学科のステータス、全学生数のなかで第一課程の学生が占める割合などと互いに関係しているからである。大学の新しさ（したがって教員一人あたりの学生数の多さ）と学科の学問的な序列の低さ、学生の社会的出自や出身学校の多様性、地位が不安定でわずかな経験しか持たない教員の割合の多さは、互いに関連しあっている。それは、新入生たちが大学生活に順応し、高等教育のなかで能力を発揮できるようになるのを困難にするだろう。

　あくまでも財政的な抑制をめざす人事政策は、それ自体が悪影響を持つというのに、それにとどまらず、政府はその一方で、中等教育機関から派遣された教員を大量に採用してきた。彼らは専任教員なので、不安定な身分には悩まされないものの、教員＝研究者の二倍という過重な授業負担に苦しんでいる。[7] その数は、一九九五年には大学全体の教員数四万八〇〇〇人に対して四〇〇〇人になっており、文学系の学科では一六％にも及ぶ。[8] そのような人材に依拠するかげで政府が推し進めようとしているのは、高等教育とはかならずしも研究活動を前提とするものではなく、大学の最初の数年間の教育は中等教育で行なわれている教育の延長でよいということである。さらにここで大学全体のさらなる細分化をもたらしているのが、管理運営上の柔軟性を確保し、コストを抑制しようという狙いである。というのも、博士号を取得してから現在の手続きを経て教員＝研究者になるには一年近くかかるところを、アグレジェ教授やセルティフィエ教授に頼れば、必要なときに中等教育機関という貯水池から必要人数を引き出してくればいいのだから、柔軟な運営ができるし、同じ給料か、場合によってはもっと安い給料で二倍の授業時間を確保できるのだから、コストも抑制できるというわけである。ただし、従属関係や地位の不安定さが非常勤講師ほどではないとしても、「二つの椅子のあいだ」に腰掛けるアグレジェ教授やセルティフィエ教授の不満が少ないかといえば、そんなことはない。というのも、教員＝研究者は、彼らのような研究に携わらない「偽の大学人」に対する軽蔑的な発言をしばしば行なう。反対に彼らは、自分たちの生まれた時期や辞令を交付された地域、あるいは（往々にして女性の場合）

面倒をみなければならない家族のめぐり合わせが悪かったので博士論文を仕上げられなかったのだと、愚痴をこぼしている。というのも、博士論文を書き上げることができれば、彼らはそのようなカテゴリーから抜け出すことができただろうからである。それでもなお、一部の人々は、ＡＴＥＲ（教員・研究非常勤助手）や教育担当助手、助教授にくらべて自由になる時間がずっと少ないにもかかわらず、研究を継続しようと頑張る。そのことが結果として、より一層、嫉妬心や怨恨をはぐくみ、大学での仕事をとりまく環境全体に悪影響を及ぼしているのである。

カテゴリーの衝突

彼らは、その身分ゆえの分け前の少なさに失望していたり、よりよいポストを見つける展望を抱くこともできなかったり、そうでなければ、肩書きだけの不安定な地位から抜け出すことをあきらめている。そのような集団の利益を擁護するべく、この数年のあいだにいくつもの団体が設立された。それらの団体によって、近視眼的な人事政策によっていかに重大な問題がもたらされたのかが明らかになってきた。にもかかわらず、それらの団体も依然として偏狭な同業組合主義に陥っている。新しいカテゴリーの大学教員が何種類も作られていくことが、そのような傾向にさらに拍車をかけるとともに、相対的なものでしかない特権をめぐって対立関係を引き起こさせ、それに乗じて管理運営を行なうことを可能にしている。博士号をとった若い研究者たちは、アグレジェ教授のポストが作られたために、本来ならば自分たちに就職口を保障したはずの助教授ポストが潰れてしまったことを嘆いている。アグレジェ教授やセルティフィエ教授は、博士論文を完成させたり最新の研究成果に触れるために必要不可欠な自分の自由になる時間を欲しがっている。[9] 非常勤講師は、授業のためにたくさんの資料を準備し、生活の糧をかせぐために多くの時間を費やしている。そして専任教員たちは、自分たちの言いなりになる働き手として彼らを恥ずかしげもなく権力争いに利用しているか、でなければ、彼らの劣悪な労働条件が自分たちにも及ぶのではないかと心配している。

お互いに不満を抱きあい、組合にひきつけられる根っこには、法的地位が不平等なことがある。そのような状況は、集団間に敵対関係を作りだし固定化させることを多少なりとも意図するなかで生み出されたものである。非専任教員が劣悪な労働条件に置かれており、専任教員が権力を乱用するなかで、道徳的な退廃が進行し、個人レベルの対立やいざこざが生み出されているが、逆にそのことによって背後にある広範な社会的問題が覆い隠されてしまっている。

しかし実際のところ、専任教員と非専任教員は、そのような局所的で内部的な対立を超えて、本当に責任あるものの責任、つまり公共サービスの悪化を現実に引き起こしている政府と想像力を欠いたその管理運営政策の責任を問わなければならない。若い博士号取得者が職を見つけることができないという現状の責任は政府にある。しかも一九六〇年代には存在しなかった新しい博士課程の教育システムのもとで育ったこんにちの研究者が優れた能力を持っていることをみなが同様に強調しているだけに、それは非常に深刻な問題である。というわけで大学は現在、世代間対立や、多様な身分への分化が進行するさまざまなカテゴリーの教員のあいだの抗争に直面しているのであり、さらに今後、そのような対立には拍車がかかることだろう。

それぞれの大学や専攻分野によって程度の違いはあるものの、特権階級としての利害をむき出しにした言説や振る舞いがあからさまに表明されるようになり、父権主義とエリート主義がはぐくまれるなかで、そのような対立が悪化している。人事では自分の大学の出身者を採用する傾向が強まっており、現在の政策によって公開審査に開かれた専任教員ポストの絶対数が少なくなっているし、上級課程のディプロム（修了証）を取得した人にとっては、大学以外の就職口の見通しは暗澹としている（私企業、研究機関、行政機関、中等教育機関では博士論文を準備中の人はほとんど採用されない）。そのなかで、専任教員たちが権力をほしいままにしている。高等教育機関に職を見つけたいと思っている若い志願者のあいだには、専任教員になんとか気に入られようとする姿勢がはびこっている。また若い教員たちは、一人前の研究者としてきちんと認められることもなく、いつまでも指導教官に依存せざるをえない状況においやられている。それに拍車をかけるのが、新しい博士論文の制度において、アビリタシオン〔本書「シャルル・インタビュー」参照〕の申請手続きが加わったせいで負担が倍増した結果、古い制度の博士号取得手続きが実質的に復活したことである。そのようなあり方は、大学がふたたびかつてのような醜悪な状況に突入していることの証拠であるのみならず、若い世代がいつまでも古参の人々に服従するように習慣づけてしまうので、そこでは知的な競争心がまったく育まれないことになってしまう。さらにこれらの新しい特権階級の人々は、年上の世代が退職していく時期にちょうどさしかかっているため、キャリアという点では非常に有利な世代としての特権を享受することになる。一九八一年にケルモンヌ・レポートが「曲線をならし、長期的な観点から採用を調整すること」を要求したにもかかわらず、それを怠ってきたため、教授ポストについては相対的な人材不足となる恐れがあり、それどころか候補者の十分な選別ができなくなる可能性さえある。国家博士号の制度がなくなり、アビリタシオン〔研究指導資格〕を得るのに必要な条件をめぐって大学や専攻によって解釈が非常にばらばらなものとなっている。そのため、以前よりも教授ポストが豊富に供給されているのでなければ説明もできないような、拙速な昇進人事がまかり通っている。教授陣の急速な若返りは、品質についてなんらかの全国的な基準が遵守されていれば有益なものたりうるだろう。ところが現行の手続きでは採用人事を派閥の論理で進めることができるため、その結果として、大学間の人材交流が妨げられ、出身大学や専攻のネットワークから外れた候補者が大学に職を得る際の障壁となっている。それ自体はささいな採用人事が、人格を考慮に入れてとか、もっともらしいさまざまな理由をつけて処理されるのだが、それが積み重なることで、不公平なシステムの犠牲者たちがやる気を失い、外部からの刺激を欠いた知的な停滞がもたらされ、人々の間の関係が悪化することであらゆる集団的な活動が不可能なものとなってしまう。

見せかけだけの公開審査

新しい特権階級の人々は、目下、教員の採用手続きが混乱していることの恩恵をも大いに蒙っている。フランスの大学関係者たちはたしかに、考えうるあらゆる解決法を試してきたにもかかわらず、すべての利害関係者がその結果に満足することはなかった。アレゼールはこれまでに、現在のシステムが抱えている諸問題をめぐって徹底的に検討し[10]、さらに教員候補者たちのいくつかのグループもそれに呼応している[11]。現在の手続きをいつまでも続けるわけにはいかないことが、一連の議論のなかでつねに指摘されてきた。にもかかわらず、一九九六年一二月一五日の法令は問題をより一層、悪化させるものでしかなかった。その法令によって、候補者が公募に申し込むときには、業績は一切関係なく履歴書だけを送ればよいことになった。研究論文については、第一次審査が終了してから審査委員長に提出するものでしかない。そして結局のところ、研究論文の審査も任意なものにとどまる。というのも、審査委員長は研究論文の審査を、候補者に興味を持っている何人かの委員に完全に委ねてしまうのである。その結果、これから三〇年も四〇年も働くことになる候補者たちが、ちゃんと審査を受けたのは履歴書だけで、あとはたいていは一〇分程度の面接試験を受けただけという、奇妙な状況に遭遇する。そのせいで、応募者たちは採用手続きの正当性に疑念を抱き、失望や欲求不満を抱くことになる。それでもなお、書類選考とかたちだけの面接でしかないものを前にして、それを公開審査と呼んでしまうのだ。結局それは、力を握っている人々が最大限の利益を手にするために権力ゲームを繰り広げているとしかいいようがない。

提言

・能力評価を欠落したまがい物の公開審査でしかない現在の教員採用審査を、能力評価にもとづき新しい博士号システムを補完するような正真正銘の全国的な公開審査へと、早急に転換しなければならない。というのも、新しい博士号システムは、専攻や学位論文の公開審査を受ける地域、審査委員の構成によって要求水準がまったくばらばらで、また、「候補者に損をさせないために」という配慮から一番よい評価が乱発されており、さらには、研究成果を判断する基準もばらばらだからである。

だから私たちは、現在から二〇二〇年、三〇年くらいまでの大学の将来を見据えた教員採用システムを検討することを主張し続けている。とくに以下の二点を要件とする採用方法を推奨する。

・**第一段階**――外国人の委員を加えた審査委員会を専攻別に設け、そのもとで全国的な公開審査を行なうこと。その際、全候補者について書類審査を行なったうえで、それに合格した候補者についてはその研究をめぐって内実のある討論を行なう。ここで書類審査については、出版されたものと印刷中のすべての研究業績と、それらについて全体的な見通しを述べ、今後の展望を提示するための文章を対象とする。また、候補者との討論を通して、教育者としての資質を評価することができる。そのような公開審査によって、教育と研究の双方について学術的な能力を持っていることが保証されることになるだろう。

・**第二段階**——各大学に委員会を設け、それぞれが個別に必要としている人材に応じて候補者の教育能力を審査する（ただし、選別にあたって特定の誰かを前もって、あるいは暗黙裡に想定するような行為は、一切、排除するものとする）。この審査が正当化されるのは、実際に採用するのは教育を受け持つ人材だからである。この審査に通過した者には、その大学だけで通用する教育資格が授けられる。

以上のシステムは、特定の候補者に対して一種の拒否権を行使できるようにすることで、それぞれの大学の自律性を尊重しながらも、第一段階選抜を通ったすべての候補者にポストを保障することで、彼らの利益や正当な希望にも配慮するものである。かつてのシステムにもこれら二つの側面が組み込まれており、各候補者について履行義務のない待機者名簿だけ作って、第一次審査に通った人たちにかたちばかりの希望を与えることで不満を和らげていた。それでもやはり、大学教員を志願する人の人数とポストの数との不均衡があまりに極端だったり、あるいは、問題についての集団的な議論も長期計画も不在なせいで、一部の世代には犠牲を強い他の世代には恩恵をもたらすような採用人数の「極端な変動」がもたらされたりするのであれば、どのような教員採用システムも信用されないだろう。大学だけで採用が行なわれると仲間内でいざこざが絶えず引き起こされることになるが、そのような事態を避けるためには、博士号を得た大学には一定の年限内は応募を認めないという条項を厳格に適用するよう要求する必要があるだろう。そのような措置をとることで同時に、教員採用をまさに全国的なものとすることができるだろう（地域レベルではいくつかの試みがなされている）。

・教育手法や個別指導のあり方を改良するにあたって、高等教育に携わる教員のあいだの身分やヒエラルキーの違いを、乗り越えられない絶対的な壁だとは考えないこと。高等教育とは原則的には能力主義の貫徹された空間でなければならず、そこでは肩書きや職務等級の違いと年齢差しか正当化されない。授業の受け持ちはさまざまなカテゴリーの教員に要求されるものの、いまのところ担当時間数は、研究と教育へのかかわり方や教える課程によって異なっている。その格差を狭めることによって、教員どうしの関係はより望ましいものになるだろうし、それゆえ、集団的なものとしてあるべき教育活動はより効率的なものになるだろう。

・もし大部分の講義が、研修もうけていない非常勤講師や、中等教育から出向してきているまったく別の枠組みで養成された教員たちによって担われるのだとすれば、CIES（高等教育教員研修センター）で新任の教員を研修させても効果はあまりないし、いずれにせよ失敗を運命付けられている。一部の大学では、ベテランの教員＝研究者に若い教員を指導させようとしている。そのようなイニシアティブは、（一部のやる気がある人間に委ねればいいと考えられるのを避けるためにも）広く一般的に実施するものとし、規約のうえでも正規の仕事と認められねばならないだろう。

・高等教育をめぐる人事政策について、大部分の教員の地位が大幅に不安定化し、さらにそれがより一層進行しているような現状を終わらせなければならないだろう。そのためにも、不安定な教員に依存する授業時間数を制限する必要がある。それは、教員需要の変動に対応するためにはたしかにいまだ不可欠ではあるが、にもかかわらず、そのような安易な手段に完全に頼り、ただでさえ財政的に恵まれていない大学にその種の職がより一層増えるような状況は、食い止めなければならない。臨時雇用型の身分についても、正当な給与が支払われ、採用条件を明らかにし、常識的な社会保障を与えることが必要だろう。そして、一部の規定があまりに厳格すぎるがゆえに不正な選考が行なわれ、拙速で不透明な採用人事がなされるのを妨げることである。

「大学教員の採用、真の公募制のために！」

フランスでは一九八六年から九六年までの一〇年間に、大学教員の採用や昇進の制度が一二回も変更されている。そこでの問題は、大学界全体の要請と個々の大学のさまざまな部門の要求を調整しながら、どのようにしたら選考や審査の**透明性**を高めることができるか、そして志願者の**機会均等**を保証できるかということであった。つまり大学自治を尊重しながら、いかにして地元優先主義あるいは閥族主義《ネポティスム》を退けるかということであった。

一九九六年には当時の教育相によって二重の解決法が採用された。すなわち志願者の書類はまずそれぞれの大学の選考委員会において審査され、それにパスした複数の候補者の書類は次にCNU（全国大学委員会）の専門委員会（全部で七四の部門に分かれている）に送られ、そこでの審査にパスした複数の候補者のなかから、最終的には大学が決定するというものである。しかしアレゼールは、「大学教員の採用、真の公募制のために！」（本書「アレゼールの目指すもの」中の「アレゼールの発言一覧」参照）という提言を『ル・モンド』紙に発表して、そこに問題があることを指摘した。募集されるポストの少なさに比して候補者が多すぎるため、多くの分野で優秀な候補者が不採用の憂き目にあっていたばかりでなく、パリで博士論文を書いた者と地方の大学でそれを書いた者の間に、機会の不平等が生じていたからである（本書「シャルル・インタビュー」参照）。

アレゼールは四つの欠陥を指摘している。①**審査期間**が長すぎる。二月に願書が提出され、大学と国の委員会で審査されてふたたび大学に戻されて結論が出るまでにほぼ半年かかる。その間に候補者が強いられる緊張と、委員会の内部に交錯する圧力はたいへんなものである。②志願の**コスト**が高すぎる。志願者はいくつもの大学に願書を出すから、そのたびに博士論文のコピーを二部製本して願書に添えねばならない。しかも面接のために現地に赴くのが普通だから、費やされる時間とお金は相当なものになる（平均すると志願者は二〇万円から三〇万円の支出を強いられる）。③志願者が**平等**に扱われていない。公募ポストの正確な情報にアクセスできない者もいる。面接の日時は選ぶ側の都合で決められ押し付けられている。④CNUでの審査の**客観的な基準**が不在である。志願者数の増加のために切迫した日程が組まれ、委員は十分に研究業績を読む余裕もないまま判断を下している。たとえば昨年は合格したのに今年は不合格にされた志願者もいる。しかも説明を求めても聞かせてもらえない。委員会の構成も、意見の調整や多数派の形成に際して専門家同士にありがちな紛糾を避けられない。

アレゼールは、このような欠陥を一気に解消するための魔法の杖はないとしながらも、次のような提言をした。①CNUの各委員会のメンバーは全体のバランス（専門領域、勤務する大学、学問的傾向など）を考慮して**抽選**で選ぶこと。委員には**報酬**を支払い、買収されたり利益誘導したりすることがないようにすること。②志願者はすでに教師として在籍したことのある大学には応募できないようにすること。③さらにラディカルな方法として、真に平等で全国的な教員採用試験を行なう。**合格者数**はその年に全国で募集されるポストの数と同じにし、合格者は席次に応じてポストを選べるものとする。

このようなシステムの見直しは、大学教員の大幅な世代交代が見こまれており、しかも良質な志願者がたえず増加しているなかにあって、「怨恨と不公正の連鎖を避けるためにも必要である」とアレゼールは言っている。その後に『ル・モンド』紙に寄せられた反論などを考慮に入れて書きかえられた提言は、本コラム直前の第3章末に読むことができる。

ところで、日本では大学教員の採用に際してどのように公正が保たれているのだろうか。ふつう教員は将来の同僚を自分たちで選んでおり、学部の人事委員会や教授会も彼らの人事を見守るための学内機関でしかない。文部科学省も「大学自治」の観点から、大学のそのような慣習に口を差し挟もうとはしない。採用の基準はばらばらであり、志願者は公募があるたびに年齢制限や必要とされる学位の条件などに翻弄されている。アメリカでは、日本と同じように各大学が独自に教員を採用しているけれども、絞り込まれた複数の候補者は一人ずつ日替わりで学内に招待され、学部長をはじめ多くのメンバーに紹介され、食事をともにし、模擬講義を行なうそうである。日本の大学もそれに倣うのでないなら、教員採用のための全国的かつ透明なシステムを構築し、それによる公募を行なうべきではないのか。この問題に触れることがないすべての「大学改革」の試みは、変わらないための口実にすぎない。

（**岡山茂**）

4 二重の学校、二重の社会

フランスの高等教育システムを特徴付けているのは、それが閉鎖的で選別的なグランド・ゼコールと呼ばれる学校群と、原則として人数制限も入学試験も一切ない、万人に開かれた大学（ユニヴェルシテ）という、きわめて対照的な二種類のコースから成り立っていることである。前者は、グランド・ゼコール進学用の準備学級（高等師範学校準備学級や理系のグランド・ゼコール準備学級など）の学生のような、社会的に恵まれた少数者のために存在している。他方で後者は、出身学校や社会的出自のために高等教育機関に進むのに十分な知識を習得していない学生を多数、受け入れており、そのうえ学生数が絶え間なく増大している。そのため、高等教育機関に進むための準備がほとんどできていない学生たちが、彼らの要求と必要に最も適合できないような履修コースへと進むことを余儀なくされている。フランス政府は大学について無関心であり、表面上はできる限り取り繕ってみたりありもしない現実を描いてみせるだけで、大学はいまや最低限のサービスを提供するだけのものへと追いやられている。その根本にあるのは、高等教育が二元的な編成になっていることである。さらに大学内部においてさえ、入学してからの選抜がより厳しい履修コースと逃げ込み先やお払い箱でしかないような履修コースのあいだに、学校体系内部における分断と社会的な分断がもたらされている。

第一課程の社会的二重性

第一課程〔大学の一、二年度。教養課程に相当する〕はたしかに「問題が多い」けれども、実際には、中等教育と高等教育とが一緒になって機能しているなかの一つの要素でしかない。中等教育のなかの中学校をめぐる諸問題は、それがおかれている固有の社会環境のなかに位置付けることなくしては理解できない。それと同様に、大学のいくつかの履修コースで第一年度の落第率が上昇していることは、そのコースを大学全体の初年度教育のなかに位置付けて考察するのでなければ理解できるはずがない〔コラム「フランスの高等教育について」を参照のこと〕。

第一課程では、法学系やとりわけ医学系の大学が、あたかも特権的な立場にあるかのごとく、実際には学生数を制限し、選別を多少なりとも公然と行なっている。その傍らでは、それ以外の大学が、自らの意に反して大学に入った学生たちを受け入れている。近年では法学系でもそうだが、文学系、人文科学系、多少は理科系の大学でもその傾向が見られる。彼らは、選抜のあるグランド・ゼコール準備学級やＳＴＳ〔中級技術者養成課程〕、バカロレアだけでは入れない各種の専門学校《エコール》やＩＵＴ〔技術短期大学部〕に受け入れてもらえなかったので、仕方なく大学を選んだのだ。総計をとれば、大学の第一課程に所属している学生は、高等教育機関全体の第一学年の定員数の五五％にしかならない[12]。

社会的な分断がこのようなかたちで実際に存在していることは、よく知られているにもかかわらず、いかなる改革プランでもつねに忘れられている。社会学者たちはかなり以前から、そのような機能上の二重性というものが、実は同時に社会的な二重性であり、地理的な二重性であることを明らかにしてきた。というのも、履修コースのあいだのヒエラルキーは、多少なりとも、〔バカロレアでの成績やそれを獲得した年齢、バカロレアの部門というかたちで〕学生の社会的、地理的な出自や出身学校のランクと連動したものとなっているのである。

たとえば、ＤＥＵＧ〔第一課程〕での落第率の高さを財源の浪費だとして告発する人たちは、学生たちが落第する原因が、学生にとってふさわしい教育が大学でなされていないからだと思っているけれども、そのほかにも理由があるということに留意する必要があるだろう。落第率の高さは実際には、最も準備のできていない学生たちを、教員一人あたりの学生数の多さや貧弱な財源など、最も劣悪な環境のなかでなんとか対処しなければいけないような履修コースにはじめから追いやってしまった結果なのである。まずなによりも、IUTが不合理な役割を担っているのをやめさせるべきだろう。IUTは、短期の高度専門教育をめざすバカロレア合格者たちのために作られた制度であるのに、いまや普通教育バカロレアの合格者たちの受け入れ先となりつつある。IUTがすべてのバカロレア合格者に対して開かれているために、消極的な選択の結果として、科学技術バカロレアや職業バカロレアに合格した人たちが大学に追いやられ、大量の落第を引き起こしている。その傍らでは、IUTを卒業してDUT（大学技術教育終了証）を取得した人たちのほぼ五〇%が、科学技術バカロレアや職業バカロレアに合格した人たちに用意してあった「席」を奪い取っただけでは飽き足らず、さらに大学の第二課程や第三課程に進んでいく。そのようなかたちでの進路転換やその結果としての落第を避けるためにも、文学バカロレアや社会経済バカロレア、科学バカロレアなど一連の普通教育バカロレアに合格した人たちがIUTに進学するのを妨げるような措置を、十分な配慮のもとで少しずつ進めていくことが考えられるべきだろう。そうすることで、IUTはより合理的な役割を担えるようになるだろう。また、DUTを取得した人たちが大学で勉強を続けることが妨げられることもないだろう。そのことはまた、（使うあてのない）職業免状を保険として取得したうえで、バカロレア・プラス3（学士レベル）かそれ以上を目指すという要領のよさを示すものではなく、長期にわたって学習を続ける能力そのものを証明するものとなるだろう。

以上の論点は、一方でシニカルな立場からも議論されている。つまり大学への入学にあたって選抜を行なうのは、政治的な問題としても社会的な問題としても不可能なので、そのかわりにDEUG（第一課程修了証）に第二のバカロレアの役割を担わせるというのである。DEUGには、中退あるいは落第という選別があるゆえに、より選抜の厳しい分野についても社会的に不平等だという批判から守られている。さらに、入試がないために優秀な連中を確保できなかったことに不満を抱いている教員たちは、DEUGのおかげで、自分にはふさわしくないと判断した学生たちをさっぱりと排除することができるのである。

現実問題として、このようにして学生を排除することで、学校における不平等は、修了証を持っているかいないかによる社会的不平等へと転換されている。そのようなあり方は、政治的に容認できないばかりでなく（すべての利用者を等しく引き受けないような公共サービスとは何なのか）、時間と財源の浪費でもある。だからこそ、高等教育をめぐる無分別な自由放任体制に終止符を打たなければならないのである。

学生の不満の源泉

以上のような問題は、フランスの高等教育に固有の歴史的な産物である。さらにこんにちでは、中等教育がさまざまな階層にいきわたり、その社会のなかでの役割も変化したために、新たな問題が生じている。バカロレアが多様化したことで、新しくできたさまざまなタイプのバカロレアの合格者たちが昔からの大学に受け入れられるようになった。しかし、彼らが大学に入ったばかりの時期に受ける教育は、一九六八年以前のファキュルテ（学部）で行なわれていたような教育内容や教育方法からは、ますます遠ざかりつつある。逆説的なことだが、伝統的なこれらの大学の初年度の教養教育は、実際のところ、学生たちが文化資本を持っていることをなによりも前提としている。新しいタイプの学生たちは、その社会的な出自や高校で受けた教育のために、そのような文化資本にはまったく縁がなく、一般的に不利な条件におかれている。彼らはたいていの場合、中等教育のなかでもかつての「修辞学級」からはかけ離れた教育を受けているため、伝統的なバカロレアを持つ同級生たちとは違って、それまでまったく無縁だった慣習に直面している。中等教育ではいまや選別の基準としてかつてのラテン語の代わりに数学が使われており、高校生の多くが、数学や経済学があまりできなかったからという理由で、文学系や法律系のＤＥＵＧを選ぶことを余儀なくされている。あるいは、高校進学時には「サービス産業」系のバカロレアを仕方なく選んだのだが、今度もまた仕方なくそれらのＤＥＵＧを選ばざるをえなかったのだ。そのような次第で、あらゆる調査が示しているように、高校でのバカロレアの種類によってＤＥＵＧを取得できるか否かが予想できてしまうのである。(13)

したがって、「大学での学習指導がうまくいっていない」からだと思われている大学落第率の高さは、実際には、中等教育での選別の仕方が不適切なものだからなのである。現在の高等教育の教員たちは、その大多数がいまの学生たちとはまったく違った教育システムで育っており、世代の違いや教員採用のシステムのせいで、新入生たちが抱えている問題をなかなか理解することができない。というのもそのためには、自分たちの社会的な地位の根拠になっていると考えられるものを再検討せざるをえないからである。かくして、教員たちと新しい学生たちの間で、教育をめぐってその距離が広がり、不協和音が高まっている。

履修コース間の格差の縮小

もたらされるべき救済策を展望するにあたっては、以上の診断が前提となる。もちろん、部分的には、新しいタイプの学生たちを適応させるためのいくつもの試みがなされてきたし、それはときに一定の成果を挙げてきた。チューター制度を導入し、方法論についての授業を行ない、オリエンテーションの期間を長くとり、あるいは、授業方法を改善して試験の後にも学習効果が継続するようにするなどの対策がとられてきた[14]。しかし、社会的、文化的な不平等を再生産している選抜原理を、実効力のあるかたちで改善し、それによってもたらされる悪影響を軽減するためには、すべてのグランド・ゼコールで、より多くの社会人を職業上の肩書きや特別な試験によって学生として受け入れること、また同時に、選抜の厳しいグランド・ゼコールの定評ある個別指導や教育手法を、大学の第一課程でも採用することである。前者については、ＥＮＡ〔国立行政学院〕ですでに実施されているモデルに倣うもので、そこでは八年以上の労働組合活動歴あるいは職業経験のある者を受け入れている。以上の対策を実行するには、少なからぬ財源が必要となる。なぜなら、一人の学生が入学してから卒業するまでにかかる費用は、ＤＥＵＧの三万二〇〇〇フラン〔約六四万円〕に対して、グランド・ゼコール準備学級で七万フラン〔約一四〇万円〕、ＩＵＴで五万二〇〇〇フラン〔約一〇四万円〕にのぼるのである。

そのような政策を採用することで、優遇されているセクターとそうでないセクターのあいだの格差は狭まるだろう。にもかかわらず、大学では二つの障壁がその実現を妨げている。第一に、あまりに多様な教育科目が教えられていること、第二に、グランド・ゼコールでは取るべき単位の枠組みがきっちり決まっているのに対して、比較的自由に単位を取ることができることである。大学は多種多様な層から学生を集めており、また勉強に注ぐことのできる時間も学生によってばらばらなので、効率的に教育指導を行なうのも難しい[15]。さらに、使命感を持って多くの授業を引き受けているまれな教員をのぞけば、受け持っている第一課程の授業時間数は教員によって異なっており、一般的には、地位があがるほど受け持ち時間数が少ない。基礎教育や方法論の授業など、初歩的なものと考えられている仕事が、若い教員や、不安定な身分のために拒否できないような教員に委ねられる傾向にあることが明らかになっている。

そのようなかたちで大学教育が分裂しているのは、「第一課程の中等教育化」というステレオタイプな議論で納得できるようなものではない。問題はそれが、第一課程と第二、第三課程のあいだに、また学生のあいだに格差をさらに作り出していることである。というのも、多少なりとも個別指導のシステムがあっても、日常的に指導を受けていたり、教育担当助手やチューターと親しくなれる学生はごく一部にすぎない。もう一方で、大学内の不平等や大学間の不平等ゆえに、個別指導のシステムを一般化するのが困難となっている。教員一人あたりの学生数が少なく、第二、第三課程の学生が多い大学では、それ以外の仕事に支障をきたすことなく、新入生への個別指導の時間をとることができる。それと対照的に、近年になって設立された大学では、個別指導のシステムが最も必要とされているにもかかわらず、学生数の増加が著しく、また第一課程の学生数が多いので、そのような教育モデルを実行に移すのが難しい。かくして、先ほど確認したばかりの不平等な論理にここでもまた直面することになる。つまり、最も準備のできていない学生たちが、結果として、最も劣悪な環境におかれるのである。さらに、大学という組織は、各大学の自律した意思決定を基盤としており、政策的介入や上意下達型の指示が通用しないため、個別指導システムを採用するかどうかは、個々の大学の執行部のイニシアティブと、彼らがなにを優先するかに委ねられている。したがってそのような対策は、それぞれの大学の事情に依拠した部分的なものとならざるをえず、落第や中退を引き起こす数多くの原因のいずれかに、個々の大学レベルで対処することしかできそうにない。

改革を普遍化すること

個別指導のシステムのほかにも、さまざまな大学で数多くの実験や積極的な試みがなされてきた。一部の教員の「英雄的」な献身によってではなく、大多数の教員が「ごく普通に」それらの実験に取り組めるような条件を一般化することができたなら、それらの試みも一般化することができたかもしれない。最近できたばかりの大学や、外国の事例に影響を受けている社会学のような専攻、落第率が極度に高まってしまったような状況では、全レベルの教員が連携し、協調関係が築かれている。それは、一貫して水準の保たれた教育を学生に保障するのに不可欠なことである。にもかかわらず、各専攻や課程のレベルによって学生に最低限、なにを要求できるかについて、教員たちが検討したり議論したりすることは、ほとんどない。しかし、ほとんどの場合きちんと議論されることのないそのような基準の存在こそが、学位の価値を保証するものであって、とりわけ雇用者は大学の発行するディプロム（修了証）に対して、それを当然のこととして期待できるはずなのである。また、講義と演習の連携や、方法論や最低限のノウハウについての導入の仕方、成績評価の仕方について話し合いがもたれることも、きわめて稀である。なぜかといえば、そうやって検討することになると、第一課程の教育を担っている教員とそれ以外の教員のあいだで分業が確立している状態が崩れることになり、また、教育への関与が個々人の完全な自由に委ねられている現状に対して、各教員が教育へと積極的に参加するよう強制するにはなにが必要で、またそのことによってどのような結果がもたらされるのかといったことについて、考えざるをえなくなるからである。

教員と学生の比率がかなり好ましい状況にある理科系の専攻や、一部の法学系の専攻では、以前から、教員グループという理念を実体化させるために努力がなされてきた。一般的では必ずしもないが、いわゆる教員会議が古くから行なわれてきた。教員会議は原則として毎週開催され、演習を請け負っている教員と大教室での講義を担当している教員が参加する（場合によっては実習を受け持つ教員も参加する）。会議の目的は、講義内容と演習でやることを一緒になって計画することである。そこでは、教育計画をめぐって学術的な観点から議論が行なわれることもある。教員会議の具体的な成果として、「演習簿」の作成をあげることができる。それは演習で行なうことについてまとめたもので、グループのメンバーは演習簿を使って学生への授業を行なう義務がある。その結果、共通の大講義を受けたあと、少人数にわかれて別々の演習授業を受ける学生たちが、個人差はあるとはいえ、原則として同一の教育を受けることを保障されることになるのだ。さらに、教員会議は大講義と演習授業を連携させるだけではない。教員会議を通して、教員たちが一緒になって教育について考えるようになる。またそれは、教育担当助手、教育・研究非常勤助手（ATER）、高等師範学校給費助手（AMN）といった若い同僚たちが、教員としての仕事を習得するための場でもある。

　このように連携して教育に取り組むことができるのは、理科系の専攻で知識を習得していく過程と似通っているからである。つまり、やるべき演習問題はきっちりと決まっているし、表現も明確なので一緒になって検討できる（とはいえ、実験室での集団作業に慣れ親しんでいる物理学者に比べれば、数学者ではそのような取り組みはそれほど一般的ではない。ただしそのことについて、物理専攻の学生たちは、数学と違ってみなが同じ条件で試験を受けることができないと不平をこぼしているが）。だから、理科系の専攻から遠ざかるほど、連携した教育を行なうのが難しくなるのである。毎週一回の会議ということで時間がかかることと、それになによりも専攻によって慣行が異なるため、教育上は明らかに利益があるにもかかわらず、この教育はあまり浸透していない。しかしそれは、教員教育という点で最も効果を期待できる。つまり、中堅やベテランの教員には刺激を受ける場となり、新任教員には彼らの経験を共有する機会となる。また、教員会議は学術的な交流の場だと考えることもできる。それは、教員どうしで質問をし、学生たちが何を理解して何を理解しそこなっているのかについて検討し、あいまいな点を遠慮せずに明らかにするための唯一の場なのである。

　理科系の知的活動に特有な教育手法についての考察から、普遍的な結論を導き出すことはできないが、にもかかわらず指摘しておきたいのは、理科系の履修コースの第一課程では、落第率が他の履修コースよりも低いということである。理科系では平均して六五・五％が課程を修了しているのに、文学系と人文科学系では六一・二％、法学系では五〇・八％しか修了していない。たしかに、教育環境が恵まれていることや、科学系バカロレアですでに選別されているからということもあるだろうが、集団で研究活動を行なうという習慣は、まちがいなく、そのような相対的な成功の無視できない一因である。

保守的悲観主義に抗して

一部の教員たちは、研究の質には大変熱心であっても、以上で提案したような教育改革にはたいてい口を閉ざしている。もっとも彼らは、そのような改革を行なえば大学の教育システムが改善するだろうとは思っている。実際のところ、第一課程における教育は、第二、第三課程と比べてより厳しい選別を行なっており、しかも教育の革新が最も遅れている箇所である。なぜなら第一課程に入るような学生は、すぐに伝統に順応してしまい、伝統自体が省みられることがほとんどないからだ。これまでの調査によれば、たとえばグランド・ゼコール準備学級や医学系の第一学年のような詰め込み教育を行なっているコースでは、逆に、学生個人の意思が尊重されているはずのコースより学生の満足度が高い。理由は単純で、そこではゲームのルールが明確で、それに耐えられないような学生ははじめから入ってこないからである。

大学の第一課程では、興味のある勉強を積極的に続けようと思って進学したわけではないために、不満が生まれ、落第や中退に結びついている。実際、自らの意に反して進路が決められたり、将来やりたい仕事との関係が曖昧で教育内容も定まっていないような履修コースをそのときどきの流行りで選ぶことが、成功への第一歩であるはずがない。学生たちの落第や中退は、現代社会における社会的、文化的な緊張関係のなかで生み出されており、大学関係者たちは対処するすべをしらない。フランスでは、勉強を続けることが一種の失業保険として考えられており、それぞれの履修コースの間に壁があり、IUT（技術短期大学部）などの短期のコースや教員一人あたりの学生数が少ないコースには人気が集中し、入れない人たちがあふれている。それだから、そこに入れない学生たちは、大学の中でも「柔軟な」分野に進み、難しくて数も限られた実質のある学歴を手にすることができないものだから、どんなことをしてでも目に見える学歴を手にしようとするのである。登録はするものの学期末試験では決まって単位を落とす学生や、どのコースが簡単でどれが難しいといった噂におどらされて、毎年のように履修コースを変更する学生が、中退してあっというまに教室からいなくなってしまうのには、そのような事情があるのだ。

社会的な危機の結果としてそのような混乱がもたらされているわけだが、しばしばそれに乗じて、大学の保守主義が正当化されてしまう。なぜ、やる気もなく勉強に一所懸命取り組もうともしない学生のために、努力を注がなければならないのか。その種の学生の態度は、社会環境に変化でもない限り変わらないし、大学にも大学関係者にも、まして国民教育大臣にも責任がないのは明白ではないか。彼らに言わせれば問題なのは、高い失業率や、株に投資して失敗したために悲惨な経済状況に陥った家庭、落第して奨学金を受けられなくなったので働かざるをえなくなった学生、勉強が不向きではじめから在学期間が長引くことのわかりきっている学生、あるいは新たな雇用を作り出すことのできない経済の能力にあるのだ。勉強はそもそも役に立たないという議論や、「失業者を作り出す学部」という、いま流行りの物言いの次には、どんなことが言われるのだろうか（しかしこの情報は間違っている。大学で上級課程に進んだ学生のほうが失業率は低いのである。とはいえ、この一〇年、全体的に状況は悪化しているが）。

そのように嘆いているうちに、悲観主義に陥りかねないが、それは実際には保守的態度を正当化することにしかならない。もちろん、自分たちの過ちや多岐にわたる経済的選択の結果を引き受けもせず、どうすることもできない公共サービスの担い手たちに押し付ける政治家たちの偽りの言説は告発しなければならないけれども、大学関係者の力で改善できることはある。確実にいえることは、一部の特権的な学校で行なわれており、詰め込み教育で育った学生たちが賞賛する、規律、継続性、安全性を保障する小グループでの学習がぜひとも必要とされているのは、受けてきた教育や社会的な出自のために、高等教育が普通、暗黙裡に前提している能力を身に着けていない学生たちに対してなのである。

提言

○大学とグランド・ゼコールの格差や、大学の履修コース間にある格差を縮小し、すでに特権的な立場にいる「エリート」が独占しているさまざまな利点を、すべてのコースに開放すること。そして、グランド・ゼコール準備学級で行なわれている一部の学生に対する早期からの特別教育はやめること。

○集団指導よりも個別指導に重点をおくこと。

○学生の処遇や評価基準が教員によって異なるのを避けるために、教員チームを作ってできるだけ協力させること。条件の不均衡は、DEUG（第一課程修了証）の取得を宝くじや障害物競走のようなものにしてしまう（5章を参照のこと）。

○大教室での講義と方法論の演習を連携させること（ただし、過保護になって、学生が少しずつ自立するように促すのを忘れてしまってはいけない）。

○教員たちがたいていは無意識のうちに使っているさまざまな規則を、文化資本を持たない学生たちに理解しやすく、明確なものにすること。

○進路指導や個別指導にかかる時間的コストに配慮すること。とくに、授業の準備、計画、評価についての会合を俸給の対象となる正規の仕事に組み込むこと。そうしない限り、こんにちよくあるように、報われもしないし罰せられるわけでもないものだからということで、教員たちがこれらの仕事を避けてしまう。

○教育手法の改善をこころみたり、熱心に取り組む教員が、個人的な利益や研究活動を犠牲にせざるをえないような状況を避けるために、サバティカル休暇（研究休暇）などそれを埋め合わせるような特典を用意し、また、第一課程と第二、第三課程、さまざまな教育形態のあいだで、教員の定期的なローテーションを行なうこと。

5 最悪の教育法

大学改革の行き詰まりの多くは、いまある大学の建物や施設（とりわけ図書館）が、めざす改革とは相いれない知的・教育的モデルに基づいて造られていることに起因する。

適応できない建物群

高等教育の建物の全体は、事実上ふたつの主要な層からなっており、それぞれの厚みは大学の古さによって異なっている。第一の層は最も古い大学にしかないものであるが、概して学生の人口密度はきわめて高く、大都市の不動産市場の諸拘束に最も苛酷にさらされている。建物は十九世紀末に建てられた歴史的建造物であり、そこでは大教室での講義が中心であった（いまでもかなりの程度そうである）。一部のディレッタントな若者のために作られたこれらの建物は、現在の急増した学生を収容するには向かず、教室や施設の割りふりはつねに担当者を悩ませる問題となっている。大教室が多すぎるのに対して中教室あるいは可変型教室が足りない。また立派な廊下や階段のせいで学生ラウンジなどが作れない。図書館の席数も現在の一〇分の一の学生を対象としており、書庫はいまの基準にまったく合わなくなっている。一九六八年、エドガー・フォール法によってかつての学部が解体されたとき、大学の施設も分割されたが、そのことも二十世紀末にふさわしく変貌できないこの空間にさらなる不調和を付け加えている。使いづらさのゆえにさまざまな軋轢や時間の損失が生じ、限られた空間のなかでの陣取り合戦のゆえに象徴的ライバル意識と権力争いが助長されている。建物の利用にからむこのような対立は、知的であるべきこの空間においてなんとも不毛なことである。図書館で予約した席と本を待つ時間、グループ作業の際に突き当たる困難、資料探しで分断される研究、教員には個人の研究室さえない。

第二の層は、六〇年代における大学の最初の発展期にできたものである。当時造られた建物は安普請ですぐに老朽化したため、すでに多くの批判を呼んだ。性急な建設作業、劣悪な（そしてアスベストのように危険な）建材、そして都心から遠く離れたキャンパス。当初の都市計画では近くに市街地を造成して大学を孤立から救うはずであった。しかしそれらも都市周縁の社会的流刑地のようなものになってしまい、トゥールーズのミラーユ地区〔移民が多く住む郊外の街〕に見られるように[16]、互いに無関係な二つの宇宙が同居することになってしまった。計画立案者たちは人文系や法学系の学生の急増に振り回され、それに慌てて対応したため、これらのキャンパスは慢性的な施設の不備に苦しむことになった。九〇年代初めに予算がおりて、これらの過ちのいくつかは是正された。都心への足が（市電や地下鉄で）確保され、不足していた小教室も作られ、荒廃していた建物の修復もなされた。

しかし六〇年代に造られ、七〇年代と八〇年代の財政不足のなかで見放されていたこれらの建物は、九〇年代の学生数の急増に最悪の条件で直面したのである。学生たちの高い中退率は大学の建物やキャンパスのせいでもある。きわめてシンプルな中等教育システムのなかで育った学生たちは、曖昧で複雑な大学システムのなかで、どのように移動したらよいのか途方に暮れてしまっている。どこで、誰と、どのように勉強するのか、そしてそれを知るにはどこに行けばよいのかさえ、彼らには判らない。ＩＴＵ（技術短期大学部）、ＳＴＳ（中級技術者養成課程）、グランド・ゼコール準備学級などにおいて中退率が低いのは、ふだん言われているようにそこの学生たちが優秀であるからだけではない。それらの機関はたいてい規模も小さく、そのために場所の用途も明確であって、事務所や教員へのアクセスも容易なのである。

パリの大学は建物をめぐるこれらの制約に最も苦しんでおり、二つの矛盾する現実につき当たっている。つまりいくつかの巨大なキャンパスへの極度の集中と、極端なまでに分散した学生と建物である。たとえばジュシユー（パリ第六と第七大学）の非人間的なキャンパスは、四万五〇〇〇平方メートルの敷地に一つの郡庁所在地なみの学生（三万人）を集めており、またピエール・マンデス＝フランス・センター（パリ第一大学）は、二二階建ての「インフェルノ・タワー」（床面積三万二〇〇〇平方メートル）に一万五〇〇〇人の学生を詰め込んでいる。後者においては、そこに入り込めなかったいくつかの部門が小規模な一五の分校となってパリとその近郊に散らばっている。この分散が教員間のコミュニケーションを難しくし、管理上の連携を複雑にし、学生たちを戸惑わせている。もちろんこれも土地の束縛の代価である。しかし後見人であるパリ市当局にも重い責任がある。パリを含むイール・ド・フランス地方は、「大学二〇〇〇年計画」〔リヨネル・ジョスパンが八〇年代末に教育相であった頃から推進した改革プラン〕に最後まで署名を渋った地方の一つであり、パリ市にしても、たとえばソルボンヌ（パリ第四大学）の地主であるにもかかわらず、その資産にほとんど関心を払ってこなかった。フランス国立図書館の近くにソルボンヌの分校を作るプロジェクトが一向に進まないのもそのためである。(17)

大学関係者がまったく無実であるというわけではない。大学施設は古いものでも新しいものでも、それを一度改築したり合理化しようとすれば、たいてい因習や習慣そしていまの高等教育には適応しないノスタルジーという名の壁に突き当たる。建物内の場所の割り当てはいつも紛争の種であり、そこに関係者の威信と権力もからむため、およそ合理的には進まない。

パリほどではないにしても、地方の大きな大学も同じ病いに苦しんでいる。そこではまだ都市空間は飽和状態ではなく地価も安いことから、「大学二〇〇〇年計画」による再編はそれなりにうまくいった。しかし大学に古くからある地方間格差はむしろ拡大したのである。すなわち大学のタイプ（単科大学か総合大学か）による格差と、大学区（昔から存在する大学区と新たに整備されたそれ）による格差が拡がった。職業教育の拡充にもかかわらず、八〇年代末から九〇年代初頭にかけての学生の急増は、すでに六〇年代に学生ではちきれそうだった諸分野を直撃した。建物の不足に最も苦しみ、大教室での講義という以前の習慣から抜け出せないでいた分野に、大量の学生が押し寄せたのである。かくしてエックス＝マルセイユ第Ⅲ大学（法学部とかつてのマルセイユ大学理学部の一部を統合して創られた）においては、一九九四年にはその法学系の学生七八七一人は一人当たり一・二四平方メートルの空間しか確保できなかったのに対し、理系の学生たちはその一〇倍のスペース（平均一四・一平方メートル）を自由にしていた[18]。新設された総合大学の一つブルゴーニュ大学でも学問領域による格差は確認されており、その傾向は最近の学生数の増加（一〇年で八〇％）でさらに強まっている。キャンパスにある建物を全部合わせると、一九九三年度において、二万八一三八人の学生に対し、一九万六〇〇〇平方メートルの面積を提供していた。理論的には学生一人平均六・九平方メートルであり、パリと比べると有利である。しかし文学や人文系の九〇〇〇人の学生は、一人当たり一平方メートルそこそこ、法律と経済の学生は約一・六平方メートルしかない。他方、理学系の学生はその三倍（三・七平方メートル）、医学、薬学、生物系の学生はその四倍（四・七平方メートル）のゆったりとしたスペースを享受している[19]。

　中退率の最も高い専攻分野におけるこのような慢性的飽和状態は、教員の無関心ばかりでなく、大学を単なる通過するだけの場とみなす考えや、学生同士が接触する機会が少ない大学内での生活スタイルにも由来する。それらのことによって、敷地内の建物構成に残るかつての教育学的モデルは、さらに強固にされている。もはや終わった時代の大教室の代わりに、人間的なサイズの可変型教室や面談室や研究室をいくつ作れることか。しかし新築される大学の校舎の一階には、相変わらず大教室が造られている。

大教室での講義をどうするか

システムの機能不全と、それが助長する挫折に少なからず貢献しているもう一つの逸脱は、大教室での講義という最悪の教育法が、とりわけ第一課程の学生を対象に存続しているということである。高校を出たばかりの学生たちはこのような教育法に慣れていないし、その有効性も疑わしい。しかしさまざまな批判にもかかわらず、それが維持されている。まだほとんど何も知らない、しかも先験的に劣っていると判断される聴衆に向かって概論的な講義をすることは、情報の最大限の消耗に身をさらすことである。まじめな教員なら誰でもそれを知っている。フランスと、さらに劣った高等教育システムをもつ国のみが、いまだにこの伝統を維持している。

大教室での講義を擁護する人たちは、普通、有名な教師の生の声を聞けることや、集団的な感情の創出や、教師と学生が面と向かうことから生まれる知的高揚感などを引き合いに出す。しかしそれは過ぎ去った何世紀かの間に、カリスマティックでまれな教授たちによって吹き込まれた輝かしい伝説にすぎない。教育学的現実はといえば、エリートためのものであったかつての大学においてもすでに異なっていた。ここで混同されているのは、一つの「教育学的」様式のみかけの生産性と実際のそれであり、たしかにそれは、名指されたボランティアがひたすら孤軍奮闘して大多数の教員を「苦役」から解放するという長所は持つのである。学生たちの証言はおしなべて、劇場を貧弱にしたようなこの様式への困惑を語るし、印刷物と文庫本とケーブルテレビあるいは衛星放送の時代にあって、とりわけそれは馬鹿げたものとなってしまっている。誠実な採点者なら誰でも、答案に多くの滑稽な間違いを見いだし、それについて審査会で嘆くのだけれども、それらも大教室という劣悪な環境が生み出すものにほかならない。

唯一そのような教育法を正当化するのは、大教室での講義はきわめて多くの学生を最小のコストで扱うことを可能にするという、教育というより経済的な配慮である。しかしそのような実践はつねに「順調な働き具合」を示すとは限らない。立派な階段教室はいつも塞がっている。前の講義が終わらないうちに、次の講義を聴こうとする学生が席を取ろうとする。学生たちは素早く大教室から出ないといけないため、入ってくる学生たちともみあいになる。のろまな者、よく聞こえなかった者、また教員に質問を試みる何人かの大胆な者たちは、たちまち追い立てられ、新たな上演に席を譲るが、この上演もまたまったく同様に手早く片付けられねばならないのである。

文学系や法学系は、バカロレアが難しい理系や入学制限のある医学系と違って、学生に公式の柵を設けることができない。そのためにあたかも、意識的にか無意識的にか、学生の意欲をそぐための補助的な道具として、客あしらいの悪い大教室での講義を利用し、学生の心の中に自分の「無価値さ」の感情を作り出そうとしているかのようである。学生を大勢のなかで泳がせて溺れさせるわけである。生き残るのは、けち臭く計算された場と空間にしがみついてでも、自分自身に十分な敬意と信頼を保ち続けることのできる学生だけだろう。

おそらく演習（トラヴォー・ディリジェ）は、大教室からの落後者を救うために発明されたものである。しかしそれも、ほとんど講義と変わらない多くの聴衆を相手にしなければならないほかに、講義との調整がたいていの場合は不完全なのである。無防備なＤＥＵＧ（第一課程）の学生たち、とりわけアルバイトのために継続して出席できない者や、図書館にこもる時間も補助教材を買う余裕もない者を相手に、それはほとんど無力である。

図書館の惨状

大学図書館は、教学スペースに恵まれない人文や法学系の分野にとって、きわめて重要な施設と言える。しかしその悲惨な状態は、生存競争を覚悟して入ってきた学生たちを救うどころか、彼らの大量の到来に対応しきれぬこの分野の脆弱さを際立たせるのみである。一九八九年に出されたミケル報告以降、大学図書館の状況についていくつもの厳しい診断が出された。当時、フランスの大学図書館には一八人の学生に一つの席しかなかったが、イギリスにおいては、文学部では三人に一つ、理学部では四人に一つ、工学部では五人に一つの席を確保するよう推奨されていた。七年前からそれなりに努力はなされている。一九八八年から九二年の間に国の補助金は三倍になり、一九八九年にミケル報告が掲げた目的の五〇％に当たる三〇〇のポストが新設された。[20] 図書の購入能力も一七万冊から五〇万冊にまでアップし（一九八七〜九一年）、開館時間も延長され、学生たちの質問に答える指導員も置かれることになった。しかしそれでも採用ペースは学生数の増加のそれより遅いし、学生の利用率は年々上昇している。とりわけ、開架式でないため読みたい本にアプローチできないシステム、そして学生が集中する時間帯に席が足りないというのは旧態依然であり、新たな財源の使い方への疑問が生まれている。

学年や専攻によって大きな違いはあるけれども、全国平均でいうと五五％の学生しか図書館に登録していない。アンケートに応えた学生の四三％は、定期的に利用していると答え、二一％はよく利用するというが、専攻分野、図書館のある場所、あるいはその使い勝手のせいか、二五％から四〇％の学生はあまり利用しないと答えている。学生たちは図書館が気軽に入れる場所であり、自由に手にとって本を選べ、夜遅くまで開いていることを望んでいる。そしてこれらの要求は、経済的な理由あるいは無関心のゆえに、[21] 大学図書館がその期待とは裏腹の現状にあることをよく示している。

何度も繰り返し語られるもう一つの問題は、遅れを取り戻す方向性を維持するための継続的努力のことである。よく知られているけれども、一九九三年以来緊縮政策のためばかりでなく、学生数の増加が鈍化するという予測のもとに予算が減らされている。こうして私たちは、エヴリー、マルヌ・ラ・ヴァレー、サン・カンタン・アン・イヴリーヌなどの新設大学が、いまでも図書館がないまま機能していることをレポートなどによって知らされることになる。[22]

これらの数字は、フランスの高等教育がいまだに虚構のうえに築かれていることを示している。学生たちは、自主的に勉強するとも、本を読むとも、授業を受けること以外の目的で大学に来るとも思われていない。というのも、最小限のものに甘んじているといって彼らを非難することはできないから、それ以上のことをするのは、頑固さとか、執拗さとか、是が非でも学びたいという渇望のような、要するに変わり者にしか該当しない稀な事例と見なされるのである。大学図書館に早くからやってきて他の一七人に先んじて席を取ろうとする者、お金がなくて買えなかった本や雑誌を図書館で探しまわる者、さらには、税金ばかりか入学登録料や図書館登録料まで納めているのに図書館にない本を自分の財布をはたいて買う者は、変わり者とみなされている。

この怠慢は、明らかに社会的かつ政治的な選択なのである。自習のための空間と誰もが使える知的資源が貧しいことは、フランスの大学が実践している恥ずべき選別の隠された一面である。それによっていい思いをするのは、大多数のために配給されているこれらの資源を社会的かつ文化的な相続によってわがものにしている者たちである。だからこの怠慢もまた、専攻によって偏りのある中退率ばかりでなく、少数の者には真の自己形成へのアプローチを許しながら、大多数の者には最小コストで手に入る教科書あるいはフォトコピーの文化しか許さないという、異なった学習形態を肯定していることになる。

教育意欲喪失の直接的原因

大学、専攻分野、教員としての資格、所属する課程によって事情はまったく異なるけれども、一般的に言ってフランスの大学の労働条件は、きわめて不十分で不確かである。多くの場合、パリや地方大都市の古い大学では、学科の配置が見直されなかったこともあり、社会科学や文学や法学系の教員たちはいまでも集団的施設を持てないままであり、研究室もあいかわらず共用で、演習室や自習室は稀にしかない。フォルー・レポートは、これらのスペースの不足を二四万六〇〇〇平方メートルと見積もっている[23]。そこでは行政上のヒエラルキーに優先権が与えられているようである。というのも、大学当局の責任者やかなりいる職員には、UFR（教育研究単位部門）に所属する者や教育に携わる者よりもつねによい資金やスペースが保証されているからである。

そのため教員の大学での活動は、仕事のための個人的なスペースと講義のための公的なスペースとに分断されたもの以外としては、ほとんど考えることが不可能である。高等教育の教育的実践もすべてこのような実情にある。なぜなら教員、研究者そして学生の間に成立するすべての関係は、これらの選択に順応した結果として理解できるからであり、しかもその選択は、かなりの割合で多くの教員の意欲喪失を引き起こしているからである。

評議会は回数も絞られ、しかも少数の積極的な教員しか出席しない。そこではたいてい新任教員の人事が議題となるが、講義と演習の調整、時間割や担当科目の選択、グループでの新しい研究活動の組織化なども時に応じて対象となる。もちろん学科ごとの伝統、また熱心かつ動員された個人がいるかどうかでヴァリエーションがあり、イメージもかなり異なってくる。教育活動の細分化あるいは個別化を、その評価の仕方が暗黙のうちに助長している。昇進には研究業績が重視され、見えにくく測ることもむずかしい教育への貢献はほとんど考慮されることはない。研究賞与と教育賞与の導入も、いくつかの困った結果を引き起こした。ほとんどの教員が教育賞与ではなく研究賞与の方を選び、教員の身分や専攻分野による差異化も生じたのである[24]。

教育の役割に関する保守主義あるいは諦めには、さらに二つの要因があり、それが文科系の大学には重くのしかかっている。まず中等教育教員採用などの国家試験

（その結果は一種の大学ランキングのようなものとなる）を受ける学生たちへの補習である。それは教員から膨大な時間を奪い、優秀でやる気のある学生を受け持つことができるかどうかで教師のステイタスも違ってくる。もう一つは、第三課程の学生数の増加である。指導教員の仕事は増え、論文指導のための演習も拡大している。そのための時間は、もちろん第一および第二課程の時間を減らすことで作られている。新しい世代の学生たちは、外国の大学のように、第三課程においてさらにコンスタントで積極的な指導がなされることを求めており、それは第二課程の修士レベルからそうなのである。博士論文の指導は在職期間の長いベテラン教員が優先して受け持っているが、そのことは同時に、より評価の低い初年度学生向けの仕事に従事する教員との断絶を深め、彼らのやる気を失わせる結果となっている。

士気の喪失

こうして教員たちは、学生数が増えるにつれ、学生一人当たりへの時間的投資を少なくするよう導かれる。さもなければ、労働時間として計上されない仕事が無限に増えてしまうからである。ところで、「大学二〇〇〇年計画」にもかかわらず、教員一人当たりの学生数の平均は、七〇年代初めのレベルをいまだに取り戻していない。かつては教員一人当たり二〇・八人の学生であったが、一九九三年には二四・七人となっている。学科間の格差はさらに大きく、法律は教員一人につき学生五五人、文学は三四・六人、理科系は一五・一人となっている。大学の地域間格差を考慮に入れるなら差異はさらに拡がるだろう。いずれにしても、これらの数値が示すのは、フランスがヨーロッパの平均的な基準よりも劣った地位を占めているということであり、そのことは覚えておかねばならない。しかもフランスは、他の国と同じように、単位の管理、国際交流、さらに個人研究とグループ研究などの付随的仕事を、教員に要求している。多くの報告書が指摘しているけれども、事務職員や技術職員の採用が学生の増加に追いつかないため、教員は彼らの援助を期待することができない。そのために、あるいは仕事の押しつけあい、あるいは研究所などへの転出、あるいは担い手のある職務と毛嫌いされる職務の分断が引き起こされている。学生たちへの個人的な指導は、これらの選択においてしばしば犠牲にされるため、彼らの数多くの期待や不安に応えるにはあまりに手薄なものとなってしまっている。

法律、文学、人文科学系の学生の多くは、すでに中等教育において落ちこぼれ的なセクションにいたこともあって、教員たちは彼らの学力不足を補うべく務めねばならない。しかしそうしながらも、彼らは自分たちの同業者が高校ですでに失敗したことをさらにひどい教育環境のなかで繰り返すのみであることに気づかざるをえない。いくつかのケースにおいて、この熱心さが功を奏し、学生が高校ではいやいやながら学んでいた学科を自ら選んで学ぶにいたる場合もあるけれども、教員たちは（「大学の中等教育化」のテーマとともに）、彼ら自身にとっての、そしてすでにしっかりと学んでいる一部の学生にとっての、時間と能力の浪費をそこに見ずにはいられない。

提言

○　大学の使命と必要に適った建物の建設および整備政策は、決定するにあたってそれほどの困難はない。一番満足のいく国際的基準に並ぶようにすればよいのである。しかし最も大きな障害はあきらかに予算にある。建物を国際レベルに合わせ、図書館の遅れを取り戻すには、かなりのコストがかかる。これまでいくつもの報告書が試算しているが、図書館の床面積は九〇万平方メートルほど増やさねばならないし、図書館司書のポストは二五〇〇新設しなければならない。また学生一人当たり六〇〇フラン（約一万二〇〇〇円）の運転資金が必要である[25]。それ以外の領域においては、予算に頼らずに改善できると信じ込ませることもできる。しかし建物について再考し、建築を誰にとっても納得のいくものにし、それを地元で学ぶという真の教育法の必要に適合させ、書物や辞典をやる気のある学生ばかりでなくすべての学生に十分なだけ提供するには、官僚の呪文のような話ではなく、持続的に供給される予算と、場所の使い方に関する集団的な議論を待たねばならない。

○　教員に積極的な教育への関与を促すには、教員がいくつかのチームを構成することによって仕事の全体（第一課程ばかりでなく、第二課程、DEAも含めて）を再編成するようにすべきであり、学生の指導に有効な教育方法（講義と演習の組み合わせなど）も再考されるべきである。

○教育への貢献（学習指導や論文指導など）は、手当や昇進において考慮されるべきである。逆に（時間で計算される）授業数などの教育義務は、研究実績に応じて決められるべきである。

○職歴の概念や、国やそれぞれの大学レベルでの評価の原理は、上記の集団的パースペクティブにおいて再考されるべきである。研究チームという概念、そして作業計画という概念によって、教員の意気阻喪や過度のヒエラルキーという有害な要素もおそらく是正されることだろう。教員が同時に研究者でもあることは、高等教育において不可欠のことだが、そのためには教育の役割と研究のそれ、そして欠くことのできない教務への貢献をともに評価することが必要である。したがって問題は、義務と自由を共存させることであるけれども、そのことは、数年間のさまざまな活動の組み合わせのなかで、長期にわたって評価されるべきことである。CNRS（国立科学研究センター）に対しては、大学教員をもっと幅広く受け入れることが望まれる。そうすれば教員も教育への関与が報われるからである。また、CNRSの研究員を大学が組織的に利用できるようにすることも望まれる。大学の教員チームが考える余裕がなくてうまく動けないでいるときに、CNRSの研究員がチームに入ることは、プロジェクトを再活性化させ、新たな教育を始動させることにつながる。

○大学を勉学の場以上に魅力的なものにするには、いまのところほとんど顧みられることのない、最小限に抑えられたままのラウンジなどの学生のための施設を、ヨーロッパ諸国並に整備する必要がある。学生たちのさまざまな活動（グループ研究、リクリエーション、集団行動、大学自治への関与など）を奨励するには、彼らが大学にいながら自分の家にいるという感覚を育むことが大切である。狭いキャンパス、あまりにも窮屈な教室、隣の席の学生が誰かわからない授業のスタイルがそれを阻害している。しかしこの点が改善されないかぎり、そしてそれを可能にする物質的条件がないかぎり、フランスには見せかけだけの大学しかないということになるだろう。

6　見せかけだけの大学

大学の発展は、八〇年代においても六〇年代と同様に、その諸機関のさらなる細分化を全国においてもたらした。この脱中心化は、並行して進行した地方分権のプロセスにも支えられて、しばしば大学問題への万能薬のようにみなされた。テクノクラートの主張（国土整備）や地方分権論者のそれ（「地方で学ぶ」）に対して、知的・社会的な枠組みの大切さがいまや喚起されるべきである。

大文字の大学、ポチョムキン大学、アンテナ校

「大学」の法的な地位はきわめて多様な機関の全体を包含している。その理念的タイプについて、ここでは大学の世界を（サッカーの）「リーグ戦」とのアナロジーで描いてみることにする。

ヒエラルキーの頂点には、「大文字（majuscules）の大学」とでも呼ぶべきリーグが存在する（省略してUMと書く）。これは競争におけるすべての切り札を持っている大学のリーグである。大学共同体のなかでも伝統的に卓越しているとみなされ、外国の有名な大学と張り合うこともできる。

このリーグの下に、「ポチョムキン大学」とでも呼び

うる第二のリーグがある。極端だがイメージに富むこの表現は、十八世紀ロシアのポチョムキン元帥がエカテリーナ女帝の眼をあざむくために、ファサード（正面）しかもたない張りぼての建物を並べたことからインスピレーションをえている。つまりこのリーグの大学はあえて言うならそのファサードに似ているのである。ポチョムキン大学（これからはUPと略す）は欠乏によって定義できる。それはUMほどの予算をもたない。設備の整った実験室は足りず、教員ポストも少なく、学術資源や伝統にも乏しい。しかしUMとUPの区別をあまりに強調しすぎることは間違っている。大学はいずれにしても解体した旧「学部」の寄せ集めであり、専攻分野によってはその評価も変わるからである。UPも少なくとも第二課程あるいはDESS（専門高等教育修了証）までは、学生をきちんと教育できる能力をもっている。

さらに第三のリーグとして、必ずしも大学としての地位を与えられていないリーグがある。それらは上位リーグに属する大学の脱中心化政策から生まれたものであり、「アンテナ校」と呼ばれる。それは結びつく大学に対してほぼ植民地的な状況にあり、たいていの場合は教員も本校で行なった講義を反復するためにそこにやってくる。一般的にこれは教育・行政上の単位であって、自律的な研究の場ではない。

UMでは基本的に、そのほとんどの専攻において自らの再生産つまり教員＝研究者の生産が可能である。UPの大学はなかなかそうはいかない。アンテナ校ではそのようなことは考えられもしない。またUMは、その再生産を支えるための「規模」の点で際立っている。しかしUMであるためには、多くの学生を集めるだけでは十分ではない。UMはそのほとんどの専攻が「危機的な学生数」のレベルに達しており、学生と教員の数（それらは互いに関連する）は当該のUFR（教育研究単位部門）の全国平均を上回っている。その結果として、これらの大学にはそれにふさわしい研究補助金が配分される。さらにこれらの特徴は、学生の地理的・人口的構成にも反映される。UMの第一課程から第三課程までの学生の構成を図にすると、底辺が広くて頂点がとがったピラミッド型のイメージ（UPの典型）ではなく、上辺がかなり広くなった台形のイメージに近くなる。DEA（博士論文を書くための専門研究免状）と博士論文を書く学生が多いからである。学生の出身地を調べてみると、UMにおいては別の学区でバカロレアを取得した修士以上の学生の割合がＵＰよりもずっと高い。ＵＰは学生の集まり具合がより地域に限定されている。

ＵＭには先端的な研究チームが存在するし、学生や教員も多いため、かなりの数の学生を博士課程に受け入れられる。そしてその学生たちもかなりの部分が研究助成を受けられる。そこでの最も優秀な博士号取得者たちはふつう講師として採用され、最終的にはチームの一員として認められる。あるいはもしアンテナ校があれば、結局は同じことだが、元の研究室に留まったまま行政上はそこに配属される。ＵＭに採用されなかった博士号取得者はＵＰに活路を見いだすことになる。多くの場合彼らはそのときでもＵＭの研究チームの一員に留まる。あるいはしばらくＵＰに落ち着いて、配置替えや昇進のおりにＵＭに戻ってくる。この図式はＵＰに配属されたすべての者に当てはまるわけではない。何人かはＵＰのなかで活路を見出し、そこの研究チームを躍進させるのに成功する。しかしそうでない者はＵＰに取り込まれ、エネルギーの大半をそこでの教務や教育に費やすことになる。ＵＰは自らの在り方をなかなか変えられないし、研究においても実績があがらず、「ピラミッド状」の学生構成にどうしようもなく縛られている。ＵＰリーグの大学が増えるにつれ、ＵＭにとってのポストの「貯水池」も拡がるけれども、その水量のコントロールはたいていＵＭに委ねられている。ＵＭは帰還させたいと望む講師を自由にそこから引き抜き、新たな博士を勝手にそこに送り込み、場合によっては自らのチームに留めたくない若い博士をひそかにそこに追放する。

ＵＭの在り方がＵＰを規定するから、二つのタイプの大学はむしろ一つのシステムを構成していると言える。たとえいくつかのＵＰが、ある特定の専攻領域の学生数に関してＵＭと競えるとしても、危機的なほど多くの学生がそこに殺到することはない。また優秀な研究チームが生まれ、それが同じ領域の研究者や研究機関に認知されることはあっても、ＵＭのそれほどには信頼を得られない。ＵＰがなんとか一つあるいはいくつかの専門分野で傑出しても、パリにある大きなＵＭの研究所などがつねによい研究者を引き抜いてしまうからそのチームはもとより壊れやすいのである。多くの指標によって「ポチョムキン効果」を測ることができる。大学がポチョムキン的になればなるほど、そこでは若い講師や教授の「ターン・オーバー」（転出）が多く、その地に居住せずにパリから通う教員や、ＵＭの研究室の一員であり続ける教員の割合が多くなる。また（とりわけ良以上の成績をとった学生で）ＤＥＵＧ（第一課程）のあとにＵＭに移動しようと試みる者が増え、学士や修士レベルではさらに多くなる。もう一つのポチョムキン指標は、その学生人口の構成が、異常に肥大した第一課程のためにつぶれたピラミッドのように見えることである。

「アンテナ校」は一つの自律的なカテゴリーというより、過渡的な制度あるいは母体となる大学の定員超過を解消するための道具である。ほとんどの場合アンテナ校は（とりわけ法律、経済、経営系において）、大学の将来の発展を見越したプロジェクトからではなく、月並みで緊急な要請から生まれている。つまり大学が国の怠慢のせいで七〇〇席しかない大教室に一六〇〇名の学生を受け入れねばならなくなったとき、地方自治体と戦略的に提携してアンテナ校を作り、なんとかすべての希望者を受け入れようとしたのである。だからそれは独自の組織というより遊水池のようなものである。学生たちはその大教室、演習室、図書館にとりあえず収容され、第一課程による選別と排除をへて本校へと流れこむ。アンテナ校のスタッフはふつう三名から五名の学籍係の職員と、彼らを統率するアンテナ校長によって構成される。アンテナ校長は大学人かつ支配人としてほとんどの場合そこでのすべての教員＝研究者を代表する常勤者である。その他、授業は多くの場合ＵＭあるいはＵＰのスタッフが担当し、センターで行なった講義を繰り返す[26]。アンテナ校はきわめてしばしば矛盾した利害の調整と妥協から生まれている（代議士たちにとっては地元が「文教都市」となること、本校の学長たちにとっては大教室をやり繰りすること、一部の教員にとっては小遣い稼ぎをすること）。リーグの拘束や矛盾した期待の調整から生じる次善の策が、仮の決定やしばしば非理性的な決断を制度化してしまう格好の例である。

モデルの限界と問題点

ここで振り返っておきたいが、この三リーグのモデルは一つの様式化されたヴィジョンにすぎず、その意味で現実そのものではない。とりわけＵＭとＵＰの対立は、厳密な二分法より連続体《コンチヌウム》としての観点から考慮すべきものである。じっさいここでの類型学は大学のランク付けを行なってしまっている。ところでフランスの大学は、（あまり多くはない）単科大学を除けば、六八年の再出発から三〇年を経たいまでも、「学部」あるいはＵＦＲ（教育研究単位部門）の寄せ集めにすぎない。有名な大学はそのいくつかの部門、研究所、学科がそれなりの実績を挙げれば好イメージを維持できるし、同じ大学の実績レベルの低い学科もそれに同化することができる。逆にＵＰに支配的な特徴をそなえた大学が、学問的な活力に溢れる学科や革新的な研究で注目される第三課程のスタッフをもつ場合もある。つまり補完的なデータを挙げれば単純化はできないのであって、ＵＭのなかにはそこに集まる学生と教員の数の多さや、官僚的な機構に特有の厳格さとそれゆえの身振りによってたんに有名であるケースもある。

次に、ＵＭとＵＰの関係は専門分野によってかなり異なる。だからたとえば、物理学、法学、スペイン語に同じ規範を押し付けるような、中央行政によくある過ちをここで繰り返すべきではない。実験科学の分野などにおいては、希少な研究装置（加速器のようなものを考えればよい）の導入に関して差別化が一層強まる場合がある。

さらに、ＵＭとＵＰを対立させたことで、ＵＭによるＵＰの支配を強調しすぎた嫌いがあるが、実際はもっと複雑である。たしかにＵＭの権力者にＵＰの教員がへつらう例はあるけれども（たとえば人事委員会において）、愛校心やパリへの反発から、ＵＰをＵＭから解放し、保護しようとするメカニズムが働くこともある。それが良い結果（学生の要求へのこまやかな対応）をもたらすことも、あるいは悪い結果（人事における極端な地元優先主義）をもたらすこともある。

ＵＭ／ＵＰの関係モデルは、多くの場合、既得権を永続させることに貢献する。たしかにランク付けはたびたび成されているけれども、十四世紀にまで溯れば話は別だが、この四〇年の間に信用が失墜したＵＭのケースはほとんど見つからない。ＵＰがＵＭに昇格したケースもほとんどない（この方が問題である）。六〇年代に創設された大学のなかでいまどれだけの大学がＵＭリーグにいるだろうか。経営学に秀でたパリ・ドフィーヌ（パリ第九）大学や、テクノロジーのコンピエーニュ大学を例外として、ほかの第二世代の大学はほとんどがいくつかの学科や専攻を自慢できるのみである。

大学の新設政策はＵＰを作り出すことにしかならない。さらにそれが脱中心化の力学にもとづく場合は、ＵＰの胚のようなものを作り出すことにしかならない。この事実はしたがって、地域主義によってこれらの大学に通うことを余儀なくされる学生にとって不平等を生み出すことになる。またそれは、地方有力者たちの思い違いのもとになる。彼らは第二リーグのチームに一度となく援助をするだろうが、その際それが第一リーグで闘っているものと思い込むからである。

見せかけと罠

九〇年代の終わりには大学が一つもない県はめずらしくなった。同時に、家庭や若者の大学との関係も変化した。これまで大学には縁のなかった家庭生まれの、第一世代の学生の多くが、家の近くに大学が「提供」されるのを待っている。かつての「ファキュルテ」（学部）はもはや生活様式のなかの断絶ではなく、高校の延長のようなものと考えられている。

有権者との関係を大切にしなければならない地方選出議員も、ようやく大学政策と地方誘致の重要性を認識するようになった。IUT（技術短期大学部）あるいは「アンテナ校」の一部門を獲得することは、一定の有権者をつなぎとめ、口約束でしかなかった公約との断絶を象徴するための証しとなる。しかし地方選出議員のそのような熱意にも、不透明なところがないわけではない。彼らはしばしば中等後教育と大学とを混同しており、そのため社会的な注目を得やすい研究（生物学、物理学、化学など）と、理系UFR（研究教育単位部門）とを一緒くたにしている。しかし理系UFRは経費がかかるため地方誘致は簡単ではない。いきおい大学網の拡大は、あまり資金の要らない法学、文学、経済系のUFRや、短期制のIUTなどに偏ることになる。しかし議員たちは、これらの機関において研究の占めるべき位置や、ましてやそこでの研究の社会的有用性についてはほとんど関心がないのである。

地方の中都市に大学機関を分散させる国の政策は、たしかに否定できないメリットがある。学生やその家族にとっては、とりわけ就学コスト（とくに家賃など）の面で有利である。大学図書館の椅子に座り、参考図書を自由に閲覧できるようになることは、おもに地方自治体の支援で「地方移転」した多くの大学第一課程にとってチャンスである。これまで大学とは縁のなかった家庭の若者が大学に入っていることは統計からも明らかである。もし大学が家から二〇〇キロも離れたところにあったなら、それは経済的にも精神的にも不可能なことだったはずである。

　しかしこれらの利点はいくつかの重大な難点を隠している。最も有害なメカニズムは、提供という言葉のために人々がいくつかの誤った期待を抱いてしまうことである。独占あるいは寡占状態での提供は、どんなものであれ自主性もモチベーションもない客層を引き寄せてしまう。コストを考えると、地方には、法学、理学、経済学、歴史学、経営学、そして心理学などのＤＥＵＧ[27]（第一課程）が設置されやすいが、最も伝統的な教育法に縛られるこれらのコースに、ほとんど何の準備もできていない新参者が集まることになる。大教室での講義が多いがゆえにコストがかからないこれらのコースでの学習は、彼らにとってはたいへん酷なものとなるだろう。

　地方移転を見せかけのものにしないために多くの提案もなされている。とりわけアメリカ合衆国をモデルにした「カレッジ大学」のシナリオがなんども喚起された。他国の教育システムの特殊性と結び付いた一つの構造を盲目的に押しつけるのではなく、それをいくつかの前提で囲むことですでに述べた矛盾の少なくともいくつかが乗り越えられると考えることは許されてもよい。おそらく問題となるのは、第一課程を大学のなかに留めたままでそれに「切り離された」ステイタスを与えることができるかどうかだ。

　本格的な総合大学を創設するのは例外的であるべきだろう。それは官僚主義的な怪物と化した施設（指標としては登録者が二万五〇〇〇人以上になった場合）の混雑緩和のためだけに許されるべきである。この場合、新設される大学は、いま優勢な専門領域（医療、実験科学、社会科学……）を重視した構成にするべきであり、あまりに細分化されて学問的市場価値を失ってしまったような領域までをも含ませることはない。逆に、中都市に存在する複数の第一課程を体系的に組織化することは、すでに喚起したようないくつかの否定出来ないメリットをもつ。

　そこでこの「カレッジ」のシナリオは、すでに存在する大学に基本ユニットとしてのステイタスを保証しながら、それに属する複数の第一課程をいくつかの中都市に分散させるというものとなるだろう。この図式は、地方（あるいは地方においてさらに細分化された空間）に中心／周縁のモデルを作りだし、それがさらに第一／第二／第三課程というもう一つの差別化と重なるという事態をもたらす。またそれは特殊な行政様式の変更を伴うかもしれない（地方の有力者および議員の学内評議会への参加？第一課程のＵＦＲに特別の地位を与えること？）。

それゆえ「カレッジ大学」の創設あるいは認可には、いくつかの明確な保証が伴わねばならない。

○それぞれのキャンパスに複数のコース（ＩＵＴ、ＤＥＵＧ）を設けること、あるいは近くに選択したいコースがない場合は、学生の空間的な流動性を保証するための（大学寮や奨学金のための）財源を確保すること。

○これらのカレッジには正規の教員を配備すること。カレッジの教員に高校からアグレジェ（教授資格保持者）を迎えるに当たっては次の三つ条件を課すべきである。それが大学の教員を追い出す結果になってはいけない。彼らは履修コースにおいて主要ではない科目を担当するべきである。高等教育のこれらの「補助教員」に対しては、彼らが博士論文を完成するために必要な余裕を与えること。この最後の点に関しては、博士論文の進展に応じた就業の軽減などを規定するべきである（第３章を参照のこと）。

○そして最後に、必要な財源とイノベーションのための自律性をこれらのカレッジに与え、ＤＥＵＧの改革において成功した事例を積極的に導入できるようにすること。こうすることによって初めてカレッジは第一課程における学生の脱落を減らすのに貢献し、地方移転された選別・排除のための機械となるのを免れることができる。この点をおろそかにすれば、第一課程で落ちこぼれる学生に学業と就職の機会を与えるという戦略的な問題は未解決のまま残されてしまうことになる。

またこのカレッジという選択は、見せかけのものとならないための三つの前提を含まねばならない。第一の前提は、フランスの大学システムの分かりやすさである。組織と名称の多様化は不透明性と不平等の要因となる。なぜなら、これらの履修コースをうまく使いこなすには家庭や若者の間できわめて不平等に分配されている一種の見識が問題となるからだ。それぞれの地方は、大学システムの組み合わせを練り上げるまえに、略号のジャングルのなかで迷っている高卒者たちのオリエンテーションを考慮し、上級生にその仕事を任せてみるのが望ましい。それはシステムを分かりやすい高校からのフォーマットに沿って引き締めることを意味し、どのようなタイプの履修コースを選ぶにしても、はっきりとした矢印に従って選択することを可能にするだろう。

この「分かりやすさ」はまた、大学の評価に関する透明性、公開性への配慮を取り戻させることにもなる。ＣＮＥ（全国大学評価委員会）の創設は、たとえ目的達成のための財源をもたないにせよ、この方向への第一歩であった。しかしコンセンサスをうるには、評価の専門家たちが最大限の厳密さを保証しながら、業績指標の全体を作成し、それを誰にも分かりやすいものにすることが大切だろう。それはＣＮＥの報告書の「大衆版」となるべきものであり、それよりさらに読みやすく、標準化された年鑑のようなものにするべきだろう。そこにおいて研究所や大学は、客観的な指標（博士論文提出状況、出版物、開催したシンポジウム、エラスムス計画の学生交流数、ディプロム所有者の受け入れなど）とともに、自らの活動総括を提出することになる。学生たちの組合も、キャンパスに拡がるそのネットワークを活用し、最も効率的な教育体験をうるための「ガイドブック」を作ればよい。いずれにしても学生とその父兄に対して、大学システムのなかで生き抜くための方法を与えるべきなのである。それはまた、教育問題専門のジャーナリストやその問題を扱うまじめな雑誌に、週刊誌のしばしば滑稽な番付よりも信頼できる評価基準を提供することになるだろう。

　公開性と分かりやすさの理想を実現するためには、さらに、卒業した学生全員を追跡するための指数的な手段の強化を考えるべきである。それは就職や雇用に関して、より「将来性のある」セクターをより早く、より正確に知るための手掛かりとなる。また学生たちには、就きたい職業に応じた現実的なオリエンテーションを可能にする。さらに大学関係者には、教育プロセスの下流の現況を把握するのに役立つはずである。学生生活を観測するための国立研究所を創ること、そしていくつかの大学にそれぞれの地方を観測のための拠点を設けること、それがこの分野でまずなされねばならないことである。

　三つ目の前提は、リーグ戦の比喩に戻るけれども、大学格付けの無力さと闘うシステムを整備することである。分かりやすく言えば、頂点にいる大学においてその実験室やその修了証がまさに衰退の兆しにあるとき、その名声や地位から利得を引き出して生き延びるのを許さないことである。そして逆に、よい成果を挙げたＵＰには、ＵＭのグループに参入するための人的資源と財源を保証することである。ＵＰの成功はこうして公式に認められ、その名声を構成することになるだろう。

　大学評価とそれへの反響は、このダイナミックスを始動させるのに貢献する。情報だけでは十分ではない。評価は財源の政策的な配分の条件とならねばならない。若い大学や上昇過程にあるUPに関して言えば、その努力に報いて特典を与えることは(たとえばある一定の教育的・学問的水準を越えた大学にはより有利な教員数を保証する)、それらをさらに魅力的にすることだろう。また同時に、よく考え抜かれた地方移転を実現するためには、UPにCNRS(国立科学研究センター)の研究員を多く配属し、明確で現実的な計画に応じた研究費の配分を保証することも大切である。

提言

大学の地方移転にはそれへの拘束として次の四つの原則を挙げるべきである。

○ 大学政策の地方分権を拒否すること

それぞれのディプロム(修了証)の定義、その授与資格、学生数の調整、評価、人件費と主要建築費、職歴の管理、以上の事項はいまのところ国家の管轄とするべきである。

この意見の法的な根拠としては、今日のフランスにおいて地方議会は、さまざまな規定やその地位さらには議員の選出方法[28]などのために、明快でしっかりした選択の論理に貫かれた政策を決定できない、ということが挙げられる。フランスの地方をドイツの諸州と比較するのはあらゆる意味において間違っている。ドイツにおいては、それぞれの州の財政的かつ人口的な重みが、地方レベルでのさまざまな政策の決定を可能にしている。もとよりドイツでは、すべての学科において実力のある総合大学が、それぞれの州に均等に存在している。しかしそのドイツにおいても、東西ドイツの統一と通貨統合後の財政危機のために、いくつかの州ではその大学ネットワークを発展できないままでいる。地方財源の格差が大きいフランスがへたにドイツのモデルを真似すれば、すでにドイツで多くの大学人がその硬直性を嘆いているモデルのとんでもない戯画が描かれるだけである。

私たちが大学政策の地方分権を拒否するのは、多くの地方分権的な提案(たとえばロラン・レポート[29])にドイツのような連邦的性格が見て取れるからである。それは地方及び地方都市に、大学(とりわけ第一課程)の運営という最も紛糾を呼びやすく最もデリケートな問題を差し戻すことになる。その問題が今日まで解決しなかったのは、けっして「近さ」の欠如のせいではなく、財源と明確な政治的選択の欠如のためである。いくつものやっかいな問題の短絡から生まれた地方分権政策がうまくいくはずはない。

逆に、地方自治体（都市、市町村、県、地域）の「大学二〇〇〇年」プランへの参加や、地方議員の大学問題への持続的な関心は、彼らにも大学政策のいくつかの局面において、その決定にではなく、視察に関わる権利が保証されることを正当化している。

○ 地方に大学間交渉の場を創造する

地方レベルあるいは地方グループレベルには、国の保持する権限を犯さない範囲において（そしてエラスムスあるいはテンプス計画——7章参照——で明らかになったように、これからますます重要になるヨーロッパ諸国間での調整政策の範囲において）、大学をめぐる調整、援助、あるいは発展のための権限が委ねられている。そこで重要になるのは、票集めや愛郷心ゆえの政策の変更を「不可能」にするような拘束的システムに、その権利を封じ込めることである。

いくつかの単純な規則があれば、それが立法的および規制的な枠組みとなって、そのような欠点の少なくとも一部を遠ざけることができるかもしれない。

「アンテナ校」のケースにおいては、ディプロムの授与権と国家予算を与えるかどうかは、同一キャンパスにおいて、学生数と履修コースの数に応じて決められる最低レベルの施設が整っていることを条件とすべきである（そのレベルをクリアできない場合は、他のアンテナ校との合併もありうる）。たとえば、高卒者（STS——中級技術者養成課程も含んで）を三〇〇〇名以上集められないような場合、あるいは設立から五年経っても第一課程の履修コースが四つに満たない場合は、青信号は出さないことにする。

総合大学以外の大学におけるあらゆるコースの創設や拡張は、そこに学生寮、文化施設（映画館、学生会館）、図書館、PC設備などが揃っているかどうかも条件とするべきだろう。あまりに貧しい地方や大学に対しては、国による支援のメカニズムが埋め合わせをすべきである。

教員の構成についてもいくつかの規則が必要だろう。「ローカル」な教員の採用は行なわない。教員の所属と試験問題は本校と共通にする。昇進に関しては、たとえば第一課程で一定期間教えることを、さまざまな資格の教員の一級にアプローチするための条件とする。

第二課程の創設は、総合大学のステイタスをもつ大学以外では受け入れられない。大学の新設は例外的であるべきだし、巨大な大学の「混雑緩和」の要請と結び付いてなされるべきである。その際いくつかの研究スタッフは新設された大学に移るべきだし、あるいは大きな研究機関からの基金によって、明確な目的を持つ新しい研究チームが創設されるべきである。また補償システムをいくつか作って、国が地方あるいは都市の財源不足を補うべきである。

○　地方での実験的政策

ここが最も激しい対立点である。IUT（技術短期大学部）やSTS（中級技術者養成課程）ができて、第一課程がなんとか学生の増加を凌げるようになっても、それが大学のなかで最も危機的な部門に留まることは予想される。だとすれば問題は、この第一課程に対してどのようなイニシアティブを取るかということになる。

第一課程での教育を地方の経済界が主張するような資格の必要と結びつけるために、地方（あるいは複数の地方）が適切な役割を担うべきだという議論がある。それはディプロムの創設についての一種の自治を主張するものである[30]。たしかに企業、大学、地方自治体の代表者が集まって協議をすれば、資格の未開拓領域を見いだし、それを実現するための資金もできるかもしれない。しかしその危険性は明らかである。まず地方の大学が独自に創ったディプロムは全国的な雇用市場には通用しないだろう。次に、その資格は景気の変遷によって急速に廃れる可能性がある。さらに、それはIUTそしてSTSからの提供ですでに十分な採用環境にある地方の企業家たちに、より手軽な給料で採用できる学生を提供することになりかねない。そして最後に、それは第一課程で遭難した学生を収容して遊ばせるだけの、まるでパーキングようなコースになりかねない。

特殊な雇用市場に適合した履修コースを地方において実現し、しかも学生の質のレベルを保証するためには、いくつかの指導的措置が必要である。

＊地方レベルのディプロムは認めない。但し全国的に認知されたディプロムの枠内で、既に述べたような分かりやすい「フォーマット」に沿った形でディプロムを創造したり改良したりすることは許される（STS、DUT（大学技術教育修了証）タイプのバカロレア・プラス

2のように)。

＊地方レベルでのすみやかな評価制度の適用。雇用市場の変化に応じた履修コースの完全な閉鎖や見直し、あるいは教育的な質の管理も場合によってはありうる。

＊地方レベルで設立されるすべての大学に、一般的で応用可能な教養を学生に与えるための教育を義務化する(最低限三五%?)。雇用市場の変動性を考えれば、企業にとって採用の長期的予測をすることは難しい。そうなると学生の利益は(長期的には企業のそれでもあるが)、転職が可能で社会の変化に対応しうる能力を身に付けることである。それは、ひたすら有用性を追求して企業の需要に応えようとするだけの教育では与えられない。あらゆるディプロムは従って、マクロ社会メカニズムの分析方法、複数の外国語、技術的知識(コンピュータ操作のような……)などの、一般教養課目をかなりの程度まで含まねばならない。

○ 格付け見直しを促進する

大学間ヒエラルキーの流動性を促進する仕組みを作るべきである。流動性はいくら大きくなってもけっして完全であることはない。他方、大学の活動におけるあらゆる動脈硬化を予測すること、そして成果を挙げたUPを助成することが重要である。

否定的な場合、評価と処方箋の公開はすぐに現実的な制裁のシステムに連動にすべきだ。UMのある専攻分野が衰退するとき、「点滅赤信号」、ディプロム授与権の取り消し、リストラの要求などといった処置が、国民教育省と大きな研究機構によってより厳密な仕方でなされるべきである。

肯定的な場合、成果を挙げたすべてのUPは、大学全体であっても学科単位であっても、すぐにも明瞭な助成を、教員ポスト、予算額、研究費、ディプロム授与権認可という形で受けられるようにすべきである。

一般的に、多様な基準による一つの評価システムは、大学への助成を研究と教育の実績により加減できるようにするはずである。その際この支援の差異化のなかに、地方間の財政的および文化的な不平等を考慮したパラメーターをつけ加えるべきである。

7 普遍性《ユニヴェルセル》に逆らう大学《ユニヴェルシテ》？

もし高等教育のフランス的特殊性が社会および知の変革にとってハンディキャップとなるような領域があるとしたら、それはまさしく大学の国際化という問題である。さまざまな交流計画がヨーロッパや国のレベルで存在するし、フランスは人口に比して最も多くの外国人学生を受け入れている国の一つである。またきわめて多くのフランス人学生がヨーロッパの交流計画を利用したいと望んでいる。しかしそのようにして外国に留学する学生たちは、フランスの大学の悲惨さやその欠陥を思い知らされて帰国する。同様に、ヨーロッパレベルでの教員の交流はありとあらゆる方法で可能だけれども、専門分野の違い、あるいは知的市場の国際化の度合いによって、それにも大きなばらつきがあるのが実情である。

しかし近い将来、交流はさらに進むだろうし、それは大学共同体メンバーの現在のような一時的交流に留まらないだろう。まず高等教育機関にポストを求める他のヨーロッパ諸国の博士課程修了者が増えており、それをヨーロッパ法による新たな施策も奨励している。しかしフランスの教員共同体が外国の博士たちに微妙な態度を取っていることは知られている。少ないポストに過剰なほどいるフランスの若い博士を守ること、あるいはより狡猾に、外国人に開かれていないアグレガシオン（中・高等教育教授資格）のような典礼的資格を利用して競争を遠ざけることがもくろまれている。ヨーロッパ諸国のあらゆる大学共同体は、危機にあることも手伝ってフランスのこの防御的な反応に動揺している。しかし思い出さねばならないのは、歴史において大学の知的あるいは教育的な質というものは、その大学がどれくらい外国に対して開かれているかによって決まったということだ。

これらの防御的な反応をそのままにしておくなら、国際的な競争を多少とも引き受けることのできる大学、学科、さまざまなカテゴリーの教員や学生のあいだの隔りは、必ずや増大するだろう。きわめて近い将来、フランスの高等教育に内在するさまざまな二重性が決定的な断絶となり、なんとか国際レベルに留まることのできる少数の大学、学科、教員および学生と、地方に閉じ込められたまま自分たちのディプロムの価値下落を嘆くしかないその他の大部分とに二分されることにもなりかねない。

私たちがこの亀裂を少しでも小さくしたいと願うのは、大学の構造改革がこの国際的な次元を考慮に入れるのでなければ、高等教育機関によって生産し伝達される文化のさまざまな要素は、その社会的かつ知的な価値を保ち続けることはないだろうし、教員や学生を今後数十年の進歩に向かって武装させるためにポジティブな効果を発揮することもないだろうと確信しているからである。他方、すでに学習環境、就職、知的・社会的人間関係などにおいてあらゆる特権を手に入れているわずかなエリートに、国外留学の特典をも独り占めさせることも問題である。それは高等教育によってもたらされる職務の国際化が、もはやかつてのように最も高いレベルに限られているわけではないということ、そしてすべてのタイプの履修コースがそれに直面するだろうということを忘れることである。より競争力に勝る高等教育機関を持つ他のヨーロッパ諸国が、たとえ語学に関してだけではあっても国際交流のために学生をよりよく武装させているだけに、フランスの高等教育はなおさら一丸となった対応を迫られているのである。

学生たちの準備不足

高等教育を外国に開くにあたって前提となるのは、じっさい語学の習得である。中等教育ではそれはかなりの程度まで改善されている（ただし英語ばかりが優遇され、他のヨーロッパ諸言語が犠牲にされているという状況は続いている）。またDEUG（大学第一課程）レベルにおいても、高校から継続した語学の習得が図られている。ところが第二および第三課程においては、学生たちはほとんど語学を学ばなくなってしまうのである。しかしこの段階においてこそ国際的な交流は実を結ぶはずである。CNE（全国大学評価委員会）のレポート[31]によれば、バカロレア以後においては既習言語の最低限のレベルの維持か、初心者のための入門的な語学で満足してしまう例があまりに多い。学生数が多すぎ、専任教員が足りないこと（外国語は非常勤講師に頼ることが最も多い分野の一つである）、そして（ラボなどの）システムの不完備が、個別の要求や既習レベルに応じたきめ細かい学習を妨げている。英語の支配はさらに強まっているが、それは職業教育的傾向の強い法学系や、外国語を道具としかみなさない理系において、英語修得がとりわけ重視されている事実と関係がある。逆説的なことながら、知的な意味で語学ときわめて密接な関係にある専攻（古典研究、歴史、哲学、人文科学など）において、外国語学習がなおざりにされている。それがフランス中心主義を助長するため、じっさいほんの少数の学生しか国際的な問題に関心を示さないし、外国書も読まないのである。フランスの図書館が外国書の購入に積極的でないのもこの傾向を助長している。司書たちは、学生が読みもしない本をどうして揃える必要があるのかと反論するけれども、それは鶏が先か卵が先かという話でしかない。

フランスの大学はまた、語学教育に関してしばしば一九六八年以降の学科分割のつけを払わされている。いくつかの小規模大学は、必要に迫られて外国語センターを創ったが、それはその方が近隣の（そして時としてライバル関係にある）大学の外国語UFR（教育研究単位部門）を使わせてもらうより、時として有効であったからである。なぜならそれらのUFRは、見返りが得られるので利用されるのは厭わなかったけれども、本来それが目的としていた文学的かつ文化的使命は犠牲にしていたからである。しかしこの一見適切《アド・ホック》と見える解決法さえ、無視しえない財政的・学問的負担を大学に強いることになってしまった。つまり自前の資金や国の援助を仰いで自ら外国語センターを創った結果、既存の学科のポストが犠牲にされたのである。またそこにおいても英語が優先される傾向にあった。英語であれば教員と学生を十分確保できるし、投資の埋め合わせも可能だったからである。

ナショナルな構造の抵抗

これらの制約は、十九世紀以降のフランスの高等・中等教育において外国語が従属的な地位しか占めていなかったということに関わる。しかしその他にも、大学の構造それ自体に起因する国際化へのいくつかのブレーキが存在する。

第一は、この四半世紀を特徴づけているさまざまなディプロムの乱造である。称号の発明におけるこのような才能は、外国の大学との交流をオーガナイズする者の仕事をやりにくくするし、留学しようとする学生の意欲を挫くこともある。EUの交流計画は、類似したディプロムを適当に積算すればよいとして、ヨーロッパ諸国における課程の不均質性の問題を避けている。たしかにこのやり方でも、各国にほぼ同じものが残っている伝統的なディプロムについてはうまくいくだろう（イギリスのマスター、フランスのリサンス、ドイツのマジスター、イタリアのロレア、さらにメトリーズやドクトラなど）。しかし、より専門職業的に分化した新たな修了資格についてはそうとは限らず、あらためて別の課程を取らざるをえなくなって学費が余計にかかるとか、あるいは国内での研究を終えるころにまで留学を延期せざるをえないため、留学を少数の者の特権としてしまう可能性が高いのである。

第二のブレーキは、ナショナルな伝統のあるいくつかの専門領域における、国家試験フェティシズムとその重圧である。それらの試験は、とりわけ中等教育の教員採用のケースがそうだけれども、大学関係者が望むと望まざるとにかかわらず、出題形式を通して一つの外的な規範を定着させている。すなわち、公職あるいはフランスの教員職に特有な、そしてその意味できわめてナショナルな規範である。国家試験はその準備に時間と人員がやたらとかかるほか、大学での履修を中断させたり、留学が最も有効とされる時期（学士号《リサンス》や修士号《メトリーズ》を得た直後）に重なるなどの不都合もある。しかも試験に合格してしまえば、学生はそのまま職に就くか、あるいは大学から離れたところで研修などを行なうことになるから、もはやあらたな知的プロジェクトに取り組むことはない。不合格となった学生は翌年にもう一度挑戦するか、悔しいけれども諦めて別の道を歩み始めることになるため、やはり外国に留学する機会は少なくなる。国家試験がさほど重要性をもたなかったり、それが時期的な拘束とならないような専攻分野において、留学がむしろ盛んであるのは示唆的なことである。

しかしこの批判は、フランス流の国家試験にいくつかの社会的長所があることを否定するものではない。それが存在しないヨーロッパ諸国には、教員採用の不透明や博士課程在籍者の就職にまつわる問題が存在するからである。とはいえ、自己満足はしばしば有害な知的保守主義のアリバイでしかなく、学問や大学の規範から外れた内実を永続させることになる。国際的な開放の必要性は、フランスの典型的な国家試験（とりわけグランド・ゼコールの入学試験とアグレガシオン）の根本的な改革をこれまでになく迫っている。それらの試験は高等教育の核心においていて、そしてしばしばその頂点において、おもにその受験準備のための教育を通して、先端の研究から乖離した古風な学習法や学習内容を永続させるのに貢献している。

第三の、そして最後のブレーキは最も明白なものであり、留学が成功するための物質的な条件である。エラスムス計画やリングア計画〔いずれもＥＵの留学支援制度〕にもかかわらず、またいくつかの地方公共団体の援助にもかかわらず、あるいはまたフランスの学生の熱意にもかかわらず（一九九二／九三年以降に協定を利用して外国に留学したフランスの学生は、ドイツの学生より多く、語学的に有利なイギリスの学生と並んでいる）、フランスの大学は財政不足ゆえの多くのハンディキャップを抱えこんでいる。外国の学生を受け入れるためにはしっかりとした受け入れ態勢を整えねばならない。そして学生を送り出すためには、十分な財政的援助が必要である。[32]また外国の学生を引き付けるためには、魅力的なプログラムが提供されねばならない。そして滞在が有意義なものであるためには、とりわけ到着と出発のときに手厚い対応が必要である。しかしお粗末な建物、ヨーロッパ基準を満たせない図書館、少ないホームステイの受け入れ先、慢性的に効率の悪い事務、ドイツやイギリスとは較べものにならない教員一人当たりの学生数など、フランスの高等教育はインターナショナルな鏡に映すと、そこに国内的欠陥が浮き彫りになってくる。これらの点を改善するための断固とした政策が取られねばならないのである。さもなければフランスには、あいかわらず後進国の学生しか来ないだろうし、たとえヨーロッパ諸国から来るにしても、フランスがいまだによいイメージを保っている限られた分野、おそらくは大学とはあまり関係のないフランス独特の生活とか、いくつかの地方の気候風土とか、ユニークな文化といったものに惹かれてということになりかねない。一九八八／八九年度において、フランスに滞在する外国人学生のなかにヨーロッパの学生が占める割合は一八・七％、アメリカからの学生は七・七％であった。理系では、ヨーロッパの学生は九・四％、アメリカの学生は四・五％にすぎない。これは最も競争の激しい部門でのフランスの国際的イメージの凋落を示している。逆に、一九九二／九三年度にＰＩＣ－エラスムス計画を利用して留学したフランスの学生は、そのほとんどがフランスより大学の条件がよい国々へと向かった。総数一万五八三五人のうち、三〇五二人はドイツに行き、六六二九人はイギリスおよびアイルランドに行ったが、フランスには南の国々からの移民が多いという歴史にもかかわらず、イタリアには一二八〇人、スペインには二四七八人しか留学していない[33]。

提言

○ フランスの〈大学〉全体の発展、あるいはこう言ってよければ、そのレベルアップのための包括的な政策のみが、国際交流の障害となるような、学業の現実的諸条件についてのハンディキャップを、実質的に乗り越えることを許すだろう。

○ 望まれるのは、ディプロム（修了証）の互換性や協力関係が外国の大学と交渉されるこの機会に、歴史的な奇妙さでもあるフランスの履修課程（学年や資格の構成、学位の区切り、国家試験の占める位置）のさまざまな特殊事情が、全面的に点検され、見直されることである。

○ これらの全面的かつ必要な見直しを、大学共同体は促すことができるし、また促すべきであるけれども、その実現を待たずにいまからでもできることはやるべきである。たとえば、さまざまなディプロムの獲得条件のなかに語学を書き込むべきである。つまり第一課程におけるシステマティックな語学の習得を継続すること、外国に対して開かれた教育法を用いて語学力を維持すること（外書講読の必修化、国際関係をテーマとした講義の導入、外国語による講演会あるいはゼミナールを企画し外国から教員を招聘することなど）、大学図書館に外国図書の一貫した購入計画を立てさせること。

○大学が〈国〉あるいは〈地方〉と中期契約を交わすときには、その大学の国際戦略を質すための討論会を催すこと。それには責任者と官庁の担当官ばかりでなく、教員の全体と意識の高い学生の一部も参加させるべきである。

○近年までフランスの大学教員の多くは、語学を軽視した中等教育しか受けられなかった世代の人たちであった。いま進行している世代交替によって、より高度な外国語能力を備えた教員や、外国人学者との接触や外国滞在のおかげでより手際よく国際的な企画を準備できる教員が増えており、いずれ彼らのおかげでフランスも国際的な分野での遅れを取り戻すかもしれない。しかしそれでも、付随的な仕事を引き受けることになる彼らのイニシアティブがあらゆるレベルで支援され、評価および昇進において十分に考慮されることが必要である。

大学での第二外国語をどうするのか

日本の大学での第二外国語の教育は、いまでもまったくの初歩から始めるため、啓発された学生が自発的に学習を続けるのでなければ、それを専門や実用のフィールドにまでもっていけるケースは稀である。そのため、九〇年代初頭の「大綱化」以降、第二外国語は時間のむだではないかという専門課程からの圧力が強まり、必修枠からはずすことや、学部を越えた外国語センターへの統合などが模索されるようになった。背景には、国際化に対応するには英語さえできればよいとする**英語中心主義**と、経営の点から効率を優先するネオ・リベラリズムがある。

母国語以外の二つの言語を中等教育から学ばせるということは、いまや先進国の外国語教育のスタンダードとなっている。EU諸国では、そのために初等段階から外国語を学ばせ始めているし、イギリスやアメリカでも、英語のみのコミュニケーションに安住することへの反省から（あるいはグローバリゼーションのなかでさらにビジネス・チャンスを拡げる思惑から）複数外国語の習得が奨励されている。**韓国**でも高校から二つの外国語が必修である。いくつかの高校で英語以外の外国語が教えられている例はあるけれども、一般的には大学に入ってからしか第二外国語を学べない日本のような国は稀である。

日本でもかつては、旧制高校においてドイツ語やフランス語の習得にかなりの比重がかけられていた。学生はそれをさらに大学でも学んだから、いまの学生よりはるか遠くにまで行っていた。そのようなエリート教育の「民主化」が戦後において模索されたものの、「大衆化」という形で骨抜きにされていまに至っている。英語さえ出来ればよいという考えは、そのなかで生みだされた好都合ないい訳にすぎない。アングロ・サクソンの覇権主義や、一五ヶ国が敢えて一一の公用語を用いて会議をしているEUの取り組みをアジアにおいては予め不可能とみなしてしまう悲観主義を乗り越えるためにも、第二外国語の教育は充実させるべきなのである。

しかし、外国語の必修のコマ数を増やし、三・四年次にまで継続して学習させるようにするのは、専門課程のパイを奪うことになるので不可能である。そのジレンマのなかで、第二語学は長いこといわば宙づりになっていた。そのうちに形だけの中途半端な学習でよいとする妥協が生まれ、教室では、卒業するのに単位を取らねばならない学生と、文学では食っていけない語学の教師が、モラトリアムな共犯関係を結んでけだるい時間を過ごすようなことにもなった。しかしもちろん、使いこなせるとまではいかなくとも、第二外国語の単語や例文を覚えるためのコンスタントな努力は、進むべき専攻領域がまだ定まらない学生の精神的ウォーミング・アップに役立ち、学問をするのに必要な謙虚さを身につけさせるのに貢献はしたのである。大学での第二語学は、人文科学（humanities）の研究者でもある教師との接触によって、自然科学や社会科学を志すことになる学生にも、学の自律や視点の複数性といった概念を呼び起こすことができた。しかし効率とは無縁のそのような教育法を信じているのは、いまや少数派である。

たしかに大学は専門学校と違い、たんに知識や技能を身につけるためのところではない。すでにさまざまな知識や技能を身につけているはずの者に、それらを統御できるような批判的知性を育むための場所である。しかし大学での第二外国語教育は、第一外国語しか知らない若者を多言語的な世界に誘い、そうすることで複数的な視点から世界が見られるようにするという役割を完全には果たせないばかりか、それを技能として身につけさせるという専門学校的な要請にも応えられないでいる。しかしそれに応えられないのなら撤退せよとか、あるいは外国語教育センターであらゆる学部の学生をまとめて教えよというのは、大学のあり方として前進というより後退である。

提言

そこで私たちは、文部科学省に対して、国・公・私立のすべての**高校において二つの外国語を必修にすることを要求する**。それこそが**世界標準**であり、そうでないために日本の大学の第二外国語教育は過大なハンディを背負わされているからである。さらに、**大学で第二外国語を教えている多くの人材を、高校の専任教員として登用することを要求する**。大学ではいま第二語学の教員がリストラの危機にさらされている。彼らのなかには非常勤のみで生活している者も少なくない。また人文系大学院を出た者に就職先がほとんどない。第二外国語の教育を縮小するのでないのなら、文部科学省は自らイニシアティブを取って彼らの雇用を保障するべきである。最後に、大学の「国際化」のためには、アジアから留学生を集めて英語で授業を行なうことより、**留学生を日本語の授業に参加させる**とともに、多言語へと開かれた語学教育を充実させることで、キャンパスでの学生の交流を促すことの方が大切である。高校において二つの外国語が必修となれば、大学ではさらに朝鮮語、ヴェトナム語、インドネシア語、タイ語などを**第三外国語**として学ぶことも可能となるだろう。

（**岡山茂**）

結論

政策のうちで最悪のものは、教育システムにかかるすべての社会的圧力とそのシステムが内包するすべての趨勢に屈してしまうような、いわば捨てばちの政策である。力の対立とバランスの産物であるフランスの高等教育は、いくつかの画然としたセクターに分裂し、それぞれの既得権の保護という名のもとに明快な決着をつけることをこれまでを拒んできた。そのためその現状たるや、対立する複数のシステムの難点をすべて抱え込むものとなってしまっている。私たちは、保守的な悲観論と素人の理想主義をともに拒みながら、高等教育に絶望しているすべての人に、あらたな行動を起こすための理論的根拠を与えたいと考えている。なぜならそのような集団的な動員のみが、私たちの国の経済・社会・文化の未来を大きく条件づける一つの制度の、根本的で持続的な変化を決定しうるからである。

私たちは、提言とともに近い未来への二つのシナリオも描いている。最初のシナリオは、私たちが指摘した諸問題をそのまま放置するというものである。とりわけ、無関心の支配したこれまでのいくつかの時期と同様に、正面からの対決は避け、さまざまな要求に追随するというものである。最近の危機を挙げるだけでも、一九八六年や一九九五年の学生たちの運動があるが、そのような運動を引き起こしかねない改革は始めから行なわないというわけである。この投げやりな政策は、七〇年代や八〇年代と同様に分裂と貧困へのプロセスを促進し、大学間や履修コース間の格差をさらに広げることになろう。その結果として、学生にとっては、落第による選別、新入生の戸惑い、グランド・ゼコールなどの保護されたコースへの転学、中退の増加、修了証の価値下落とそれに伴う高学歴化、在学期間の長期化による社会的差別などが生じる。また教員にとっては、困難な状況のなかで働かざるをえない者の意気阻喪、一部の資格保持者たちの保護された部門への流出、そして物質的かつ行政的な窮乏を背景とした教員間の関係悪化などが生じる。国際的なレベルでみれば、最もめぐまれている専門分野しか生き残れないだろうし、そこにおいても、外部からの寄付や契約を取るための競争にさらされ、国からの予算で足りない部分を自ら補わねばならない。いくつかの大学や専攻において、この受け入れがたいシナリオはすでに始まっている。そしてこのシナリオは、大学内あるいは大学外で権力を分け合うさまざまなグループによって、積極的であるにせよ消極的であるにせよ支持されている。

危機からの脱出と断絶のためのシナリオは、私たちの提言がその大筋を示しているけれども、一定のコストを必要とする。ところが国家は、あるいはマーストリヒト条約、あるいはアングロ・サクソン系のネオ・リベラリズム、あるいは地方分権の名の下に、コストへの責任をひたすら回避しようとしている。危機にあるほかの社会予算と同じく、巨額であることや関係する人間の多さが政治的な裁定を難しくしている。もちろん、最近ある大臣がしたように、ある者から予算を奪って他の者に与えるようなまねならできる。あるいはまた、システムのなかで重要な役割を担ってきた圧力団体やロビーの要求を、まったくの善意からすべて聞き入れたあげく、身動きが取れなくなってしまう場合もある。しかし、いつか政府が啓蒙的な専制主義によって救済をもたらしてくれるだろうと期待するのは、知的には幼稚なことだし、政治的には危険なことだろう。システムを構成するすべてのグループに衰退の兆しがあるとき、それにラディカルな断絶を引き起こしうるのは、新しい集団的な計画を主張しうるすべての関係者を動員した大学共同体のみだからである。

フランスは先進諸国のなかでより適切に対応しているというわけではなく、むしろ全体的に見るとその努力の足りなさに見合ったお粗末な結果に甘んじている。これまでに数多くの諮問委員会がレポートを提出し、貧困化の悪循環から逃れるための施策を提案してきた。たとえば（入学登録料の導入、企業との契約、生涯学習などにより）大学の財源を増やすこと、地方自治体の協力を仰ぐこと、奨学金を親の収入に応じて見なおすこと、初期の履修コースをさらに分断して課程の当初においてはより安い給与の教員も雇えるようにすること、など。しかしこれらの提案はすべて、大学システムの中で力を持つなんらかのグループの拒絶に会った。

私たちには、先に述べた受け入れ不能のシナリオを拒絶する解決法しか、望ましいとは思われない。ところで引用した提案のほとんどは、なんらかの条件で囲いこまねば受け入れ不能のものである。フランスには豊かな地方と貧しい地方の格差があるけれども、大学にもそれは反映しており、企業との連携や財源の開発の折にきわめて不平等な競争を強いている。ドイツには諸州に税を調整して割り当てるメカニズムがあるけれども、そのような対策が用意されない限り、フランスにおいては「大文字の大学」と「ポチョムキン大学」の格差は拡がる一方なのである。

真の断絶の政策のためには、コストは乗り越えられない障害とはならないだろう。もちろん改革が挫折するのを望んでいるとか、あるいは追求している目的を本当には望んでいないというのなら話は別だけれども。しかしその目的とは、フランスの高等教育システムの再生、あるいは学校で使われている隠喩でいうなら「レベルの回復」であり、いま経済・文化・政治的な理由で最も重要、緊急、かつ明白な目的の一つなのである。フランスはこの二・三〇年間あまりにも多くの予算を、工業と技術の瓦礫の山となるしかないようなプロジェクトにつぎ込んできた。大切なのはつまるところ、役に立たない増殖炉をいくつも作ることではないし、無能な官僚の財政管理上の失態を穴埋めすることでもない。大切なのは、次のような主要な争点をどうにかすることである。つまり、若い世代の半数に高等教育を受けられるようにすること、中等および初等教育にしっかりとした教育のできる教員を供給すること、あらゆる国からの留学生の受け入れ国であり続けること、最も実績のあるフランスの研究者が自らにふさわしい仕事をするのに大西洋あるいはライン川を渡る必要がないようにすること。これらの目的のためには、何十億フランかの投資は惜しくないはずである。

もちろん、夢を見ることはできる。たとえば、当該世代の二〇%の若者にバカロレアで満足してもらい、そうすることで大学進学率が三〇%のイギリスと同じような大学教員の労働条件を作りだすとか、あるいはフランスの経営者が利益の社会還元を考えるメセナになったり、ドイツの経営者のように人材の育成を責務として担うようになると信じることである。あるいはさらに、いま流行のリベラルな言説に従って、育成のコストを「お客」である学生や父兄に払ってもらうと考えることである。また同様に虚構の物語をこしらえることもできる。八月四日の新月の夜に国家貴族の代表とその学校（グランド・ゼコール）が相談し、彼らの特権と三〇%の予算を国民に返上して、貧しい第三身分の学生たちに振り分けることになったとか。

財源の増加と労働条件の改善はもとより重要だけれども、すべての関係者が新たな集団的契約によって再動員されるのでなければ、システムがよりよく機能するはずはないだろう。教員と職員が学生の受け入れと労働条件のより大胆な改善計画を議論するようになれば、投入される予算の効率はさらによくなるはずである。また、組合はあまりにも長いこと物質的な問題（「建物を増やせ、教員を増やせ」）に閉じこめられていたけれども、それと較べてより重要とは言わないまでも同じくらいに重要なのが、私たちによる、学生の大学への帰属意識と市民性の涵養についての提言であり、「大学長期計画策定法」の実現についての提言であり、大学共同体の存在を十分に主張しうるような代表機関の創造についての提言である。この最後の代表機関〔大学議会〕に関して言うなら、それは、大学のバルカン半島化、その将来への短期的ヴィジョン、そしていま幅を効かせている地方主義に抗して、全国レベルそして世界レベルで大学を評価する方針と基準を決定するためのものである。それはまた、一連の運動や到達すべき目標を議論し、大学がその公約を実行できたか否かを点検し、それに応じて報酬や制裁を与えることもできる。あるいはまた、フランスの大学の現実を国際的なコンテクストに置き直して考えることも試みる。要するにこの機関は、いま大学及び大学人に最も欠けているもの、つまり議論と決断のための場を提供し、さらにそこで議論した問題と採択された措置をすみやかに公にすることによって、大学という不透明なものとなってしまった世界についての観測を高等教育に係わるすべての個人に提供するためのものである。もとより大学とはそのような集団的な省察のための場ではなかったろうか。

しかし教員たちのアンガジュマンも、それと並行して学生たちが無関心から抜け出すあらゆる試みをなすのでなければ、効果はほとんど期待できないものとなる。学生たちは今日、彼らの学生生活ばかりでなく、その修了資格、その研究条件、あるいはまさにその未来が実質的に議論されている、評議会などの決議機関にほとんどまったく姿を見せない。彼らも集団的な生活を享受すべきだし、共同的なプロジェクトを明確にし、主張する方法を手に入れるべきなのだが、その役割はいまのところ、少数の政治化した学生に独占されてしまっている。従って、この条件が満たされて初めて、財政的、教育的、あるいは知的な投資という明らかに不可欠な投資が、本当の効果を発揮するのであり、学生生活に、政治的かつ知的な意味での社会参入という、きわめて重要なその機能をより完全に果たさせることができるのである。

選抜によって閉ざされているグランド・ゼコールのような部門は、学生に社会秩序への適応を早くから促し、また早くから地位を獲得させるけれども、〈大学〉はおそらくそれとは反対に、世代間の批判的な対決が可能となる唯一の場である。それは恋愛や、政治や、芸術における多様な経験を可能にするかけがえのない場であり、多くの若い男女学生にとって、知識人の生活を社会秩序のなかに入るまえに多少なりとも経験できる最後のチャンスである（六〇年代以降の高等教育において女子学生の数が急増したことのメリットは、まだその全貌が測られていない）。〈大学〉が提供するのは、いまのところ残念ながらきわめて貧しい形でしかないけれども、ブルジョワの家庭がその子息をえり抜きの寄宿舎生活に閉じ込めることで彼らから遠ざけたいと願うような、すべてのものである。じっさいグランド・ゼコールの寄宿舎では、学生たちは数学や物理の勉強をするとき以外は漫画を読んでいる。他方、大学はそのような生活では体験できないすべてを提供するからこそ、かけがえのない、どんな代価を払っても擁護すべき役割を演じているのである。高等教育という、諸学の問い直しとそれらが競いあう場の崩壊とともに、市民的な批判精神あるいは批判的な市民精神のかけがえのない一形式が、消滅してしまうかもしれない。しかしそうなると、あらゆる総合的思考は萎縮してしまい、細分化されて経済的にのみ機能する専門知識が幅を効かせることだろう。そして、自らの社会的な運命から批判的な距離を取るという、啓蒙された文化生活と民主主義への積極的な参加のための条件が、青春という一時期から決定的に奪われてしまうことになるのである。

原注

（1） 高等教育機関における研究をめぐる諸問題はここでは取り扱わなかった。研究についてはアレゼールの別の出版物で取り上げる計画であり、そのための分析作業のなかで扱われることになるだろう。

（2） こんにちでは、理工科学校とＥＮＳ（高等師範学校）の学生の八〇％以上、ＥＮＡ（国立行政学院）の学生の九〇％が、企業主や自由業、教員を父親にもつ家庭を出自としている。

（3） C. Allègre, *L'Âge des savoirs. Pour une renaissance de l'Université*, Paris, Gallimard, 1995, p.17；数値はＪ・ゼットラウイ（進行中の未刊学位論文）、*Regards sur l'éducation* 誌による。

（4） 出典は、DRED, *Rapport sur les études doctorales*（1995）と Ch. Soulié, « Précarité dans l'enseignement supérieur. Allocataires et moniteurs en science humaines », *Actes de la recherche en sciences sociales*, n°115, décembre 1996, p.59. 一九九五年には、理学部では四八〇〇人が博士号を取得したのに対して、研究機関や高等教育機関に職を見つけることができたのは一四〇〇人にすぎない。七八〇人はそれ以外の仕事にも就けなかった。(*Lettre de l'Académie des sciences*, mai-juin 1997).

（5） CNE, *Priorité pour l'Université : Rapport au Président de la République 1985-89*, Paris, La Documentation française, 1989, p. 179-189.

（6） 出典：R. Lesaout, G. Loirand, « Les chargés d'enseignement vacataires : les paradoxes d'un statut perverti », 印刷中であるが著者の好意により閲覧させてもらった。その他の分析やデータの大半も、この研究に負っている。結論と提言については、アレゼールのみが責任を負っている。

（7） アグレジェ教授やセルティフィエ教授は、助教授の年間授業時間が一九二時間なのに対して、三八四時間の授業を受け持っている。

（8） DEP (Département des études et de la perspective), Note 97. 16, avril 1997.

（9） アグレジェ教授とセルティフィエ教授の一一％が博士論文の公開審査を受けており、一九％が準備している（DEP から引用）。

（10） *Le Monde*, 18 juillet 1996.（コラム『大学教員の採用、真の公募制のために！』参照）

（11） Collectif, « Le recrutement des maîtres de conférences à l'université. Chronique d'une procédure opaque et bâclée », *Genèse*, 25, décembre 1996.

（12） 一九九五年一月の数値。ラヴロフ報告（「大学第一課程の変化に関する委員会報告」、一九九五年二月）による。

（13） 一九九四年、第一課程に入学した科学技術バカロレア合格者のうちでＤＥＵＧを取得できたのは二七％だったのに対して、それ以外のバカロレア合格者の同取得率は六五％だった。(J・ゼットラウイの提供による未刊行データ *Informations sur le financement et les effectifs de l'enseginement supérieur* を参照した。)

(14) 一九九四年一月二二日のアレゼール・シンポジウムにおけるJ・フィジャルコヴとA・クーロンの報告を参照のこと。

(15) その一因として、法学系や文学系の第一課程では、最も多くの学生が、自分の学費を稼ぐためにアルバイトやフルタイム労働に従事している。(B. Lahire, *Les manières d'étudier*, Paris, La Documentation française, 1996, pp. 44-45)

(16) Pierre Merlin, *L'urbanisme universitaire à l'étranger et en France*, Presses de l'Ecole nationale des ponts et chaussées, 1995, p. 261-262.

(17) Cf. Ph. Hamon, « Pour un nouveau quartier latin », *Le Monde*, 22 mai 1997, p. 15.

(18) 数値は *Rapport du CNE 1994* sur l'Université d'Aix-Marseille-III, p. 19.

(19) 数値は *Rapport CNE 1994* sur l'Université de Bourgogne. による。

(20) *Les bibliothèques universitaires*, Paris, La Documentation française, 1989 ; D. Renoult, « La rénovation des bibliothèques universitaires. Trois ans après le rapport Miquel », *Le Débat.* mai-août 1992, no. 70, p. 129-142.

(21) D. Renoult (ed.). *Les bibiliothèques dans l'Université*, Paris, Ed. du Cercle de la librairie, 1994, p. 122-128.

(22) CNE, *Rapport sur les universités nouvelles*, avril 1996. p. 21.

(23) *Pour l'école*, Paris, Calmann-lévy, La Documentation française, 1996, p. 239.

(24) 詳細な数値を知るには J.-M. Berthelot et al.. *Les enseignants-chercheurs de l'enseignement supérieur : revenus professionnels et conditions d'activité*, Document du CERC. no. 105, 3e trimestre 1992.

(25) Rapport Fauroux, *op. cit.*, cité, p. 240.

(26) この状況については、それが同時に、アンテナ校と本校のDEUGの一貫性と平等を保証しているという点も強調しておくべきである。植民地のメタファーにこだわるならば、この状況は、教員が「現地人」によって占められる場合のしばしば悲惨な状況と比べるならば、より望ましいとさえ言うことができる。たとえば、市民法の講座が退職した弁護士に任せられていたり、公民権の講座を県の公務員が担当したりする場合である。

(27) 参考までに、DEUGの学生一人当たりの年間費用は平均三万二〇〇〇フラン(約六四万円)、IUTの学生は五万二〇〇〇フラン(約一〇四万円)、グランド・ゼコール準備学級の学生は七万フラン(約一四〇万円)である。

(28) 地方議会議員が県ごとのリストによって選ばれることを思い出そう。政治的な駆け引きはいまでも地方政治の実態である。

(29) アレゼールは一九九五年二月一六日付の『リベラシオン』でロラン・レポートを分析した。

(30) 大学は経済危機の原因とならないばかりでなく、存在しない雇用を作り出すこともない。すなわちこのような提案が、経済基盤の不活性化のプロセスに陥った地方において、魔法の杖の一振りように問題を解決することはありえない。

（31） CNE, *Evolution des universités, dynamique de l'évaluation. Rapport au Président de la République 1985-1995*, La Documentation française, 1995, pp.60-62.

（32） エラスムス計画の拡大もかかわらず、現在の奨学金の少なさは誰もが認めるところである。計画を利用できる者はいまのところ、家族の援助を当てにできる者か何らかの補助的な援助を受けられる者に限られている。さらに勤労学生の割合が第二及び第三課程で増えている（前者で二四%、後者で四〇パーセント）。このことも流動性の障害となる可能性がある。

（33） CNE, *Universités: les chances de l'ouverture*, Paris, La Documentation française, 1991. p.72-73; Maurice Fiory, *Etudiants d'Europe*, Paris, La Documentation française, 1993, p.149.

●訳者付記

以上は、ARESER（Association de réflexion sur les enseignements supérieurs et la recherche), *Quelques diagnostics et remèdes urgents pour une université en péril*, Editions LIBER-RAISONS D'AGIR, Paris, 1997の全訳である。〈 〉は原文中で大文字で始まる単語、〔 〕は訳者による注を表わす。原文中のイタリックは傍点で示した。

国家財政に占める高等教育費の割合

高等教育に対する公財政支出を対GDP比でみた場合、日本がOECD加盟国のなかで**最低水準**にあることはよく知られている。『教育指標の国際比較』(平成一四年度版)によれば、日本**〇・四三**%、アメリカ合州国一・〇七%、イギリス〇・八三%、フランス一・〇一%、ドイツ〇・九七%であり、このほかのOECD加盟国と比べてみても、日本の数値は最も小さい。

ただしこのことは、日本において高等教育への支出水準そのものが最低であることを必ずしも意味しない。公的支出に民間支出を加えたトータルな高等教育費をみた場合、高等教育費がGDPに占める割合をOECD加盟国について比較してみると、日本は**一・一**%と平均(一・七%)に比べて低い水準にあるものの、ドイツ(一・一%)、フランス(一・二%)、イギリス(一・〇%)などとほぼ同水準にある。在学者一人あたりの教育支出では日本は一万一五七ドルであり、アメリカ(一万七四六六)には遠く及ばないとはいえ、ドイツ(九四六六)、フランス(七一七七)、イギリス(八一六九)よりも高い水準に属している(一九九七年のOECD統計)。

つまり高等教育への公的支出の比率が突出して低いという事実は、日本において高等教育費に占める**民間負担の割合がきわめて高い**ということでもある。OECD加盟国の平均では高等教育費の二三%が**私費負担**となっているのに対して、日本では**五五%**が私費負担である。アメリカ(四九%)がこれに続き、イギリス(二七%)、フランス(一五%)、ドイツ(八%)を大きく上回る。そして私費負担の八割は、家計が負担する学納金である(一九九八年度)。高等教育費の学納金への依存がそのまま**家計への重圧**になっていることは指摘するまでもない。

私費負担へのこうした過度の依存は二つの要因によって成り立っている。一つは日本がもともと「小さな政府」である、つまり公的セクターのパイそれ自体が小さいことである(対GDP比での国家予算はフランス、ドイツが五割前後なのに対して、日本は三割台にとどまっている)。もう一つの要因は、日本において高等教育の圧倒的大部分が私学によって供給されていることである。いうまでもなく、日本における**高等教育の大衆化は政府の高等教育予算の拡大によってではなく、私立大学の拡大と高額の授業料の家計負担によって**実現された。全大学在籍者に占める**私立大学在**

学者の割合は日本が**七七・三%**（二〇〇一年）であるのに対してアメリカ合州国では三四・六%（一九九八年）であり、フランスやドイツでは私立がきわめて少ない。イギリスの高等教育機関も、形式面では私立に分類される大学を含めて、運営費の大半が公財政で負担されている。

それでは、高等教育への公的支出を増やす可能性はあるのだろうか。国債、地方交付税交付金を除いた**一般歳出に占める高等教育費の割合**は六%後半から七%前後と、一九七五年頃からほぼ横這いになっている。しかし、その一方で一九九五年に科学技術基本法が施行され、**科学技術関連の国家予算が急ピッチで増えている**点は注意に値する。その総額は二〇〇〇年までに実に**一七兆円**を超えているという。この予算のなかには文部科学省の科学研究費補助金や、大規模プロジェクトを可能にする未来開拓学術研究推進事業（日本学術振興会）、戦略的基礎研究推進事業（科学技術振興事業団）などからなる「特殊法人等における基礎研究推進制度」が含まれる。じっさい、科学研究費は一九九〇年から二〇〇二年までに三倍に増え、一七〇〇億円を越える規模に達している。基礎研究推進制度は、九五年からの二年間で一〇倍を越え、五六九億円に達した。政府の『科学技術白書』は、対ＧＤＰに占める科学技術費用の割合で、日本がトップランクにあることを高らかに謳っているほどである。注意すべきことは、これらの競争的資金が大学を単位に支給されるものではなく、個人や研究グループに与えられ、競争に応じて研究資源の格差をつくりだすことを前提としていることである。つまり科学技術関連予算は大学制度のなかに「**競争原理**を導入する」というネオ・リベラリズム的な理念のもとに運用されているのである。いずれにしても、国家財政が悪化しているから大学に財政支出を増やせない、とする主張は疑わしいのである。

（**水島和則**）

参考文献

市川昭午（2000）『高等教育の変貌と財政』玉川大学出版部。

あとがき

官僚や、大学人でも学長レベルなら、日仏間の高等教育政策をめぐる交流はなされている。たとえば、一九八〇年代には日本の高等教育モデルがフランスの国民教育省の関心を引いたし、近年では、日本の文部科学省が「国立大学法人化」のために、フランスが八〇年代末に導入した「中期契約」という制度を研究したといわれる。二〇〇一年五月には二回目の日仏高等教育会議もストラスブールで開かれている。しかし、日仏のふつうの大学人が出会う機会はあまりない。学会などで会うことがあっても、互いに自律した大学人として尊重し合うため、それぞれの大学界が抱える問題について語ることはほとんどない。

韓国、台湾、中国などの大学人との交流は、それでも少しずつ始まっているのかもしれない。しかし、たとえば学生の留学が盛んになるなかで、東アジア地域における留学支援のためのシステムを、EU並に拡充しようという動きはないようである。そのため、留学できる者とできない者のあいだの不公平や、各国における教育の空洞化が危惧されるにもかかわらず、危惧している大学人を結ぶための組織もいまのところない。さらに本書において私たちが指摘したように、日本国内においてさえ大学人は分断されたままである。

この書物はしかしながら、いくつかの幸運な出会いから生まれた。まず一九九五年一〇月に、「社会科学の方法についての日仏会議」が東京で開催されたおり、私はブルデュー門下の研究者たち（クリストフ・シャルル、パトリック・シャンパーニュ、ヴィクトール・カラディ、レミ・ルノアール）と出会うことができた。彼らは、それぞれが個性的な研究を展開しながらも、研究が行なわれる場（界）のあり方にきわめて意識的であるという点で共通していた（この重要な会議については、『思想』一九九七年二月号の特集と、そのなかの杉山光信「知識人の場と社会科学の方法」を参照のこと）。そして、彼らが関わる「アレゼール」という大学人の団体がフランスに一九九二年から存在しているということを、それからしばらくして知ることになった。

次に、一九九九年六月に、クリストフ・シャルルが早稲田大学で講演したおり、講演を依頼し通訳をした私は、ちょうどそのころ『現代思想』（六月号）にアレゼールの『危機にある大学への診断と緊急措置』の部分訳を載せたばかりの中村征樹さんと出会うことになった。そして、二〇〇〇年一〇月三日、ピエール・ブルデューが韓国でのシンポジウムからの帰路に東京に立ち寄り、恵泉女学園大学の主催で日本での最後となる講演を行なったとき、私は藤原書店の藤原社長と話をすることができた。彼によるとブルデューは、アレゼールの本に繰り広げられている分析や診断のなかには、日本の大学にも有効なものがあるはずだと言ったそうである。そこではさらに、中村さんにアレゼールの翻訳を薦めた櫻本陽一さんと出会うこともできた。

私たちは、翻訳ばかりでなく、アレゼールのように日本の大学の現状を分析して提言を行なうために、それぞれが友人に声をかけていまの私たちのグループを構成した。それからはこのグループで、藤原書店の会議室にいくどとなく集まり、日本の大学界が抱えるさまざまな問題について議論をした。そして官僚と結んでいまのばらばらな大学界を牛耳っている「ビッグ・ブラザー」に対抗できるような、真の意味で自律した大学界を創造するにはどうすればよいかを議論した。そしていま、この「アレゼール日本」を広く社会に向けて開かれた運動としていくために、出会いの環をさらに拡げていくことを考えている。大学関係者、つまり教員、職員、学生、その父母ばかりでなく、本書を、文部科学省の方々にも読んでいただけたら幸いである。

最後になったが、ピエール・ブルデューを失った悲しみのなか、私たちの長時間のインタビューに真剣に答えてくれたクリストフ・シャルル氏に感謝したい。また、インタビューのテープ起こしや翻訳上の疑問に快く答えてくれた、私の二人の同僚、ジャン＝マリー・ルールム氏とシルヴィー・ブロッソー氏にも感謝したい。そして、このような貴重な出会いの機会を私たちに与えてくれた藤原書店に感謝する。藤原良雄氏の忍耐、愛情、熱意、清藤洋氏の誠意ある緻密なサポートがなければ、「アレゼール日本」もありえなかったと言わねばならない。

二〇〇三年三月二六日

岡山　茂

首都圏大学非常勤講師組合　http://www.os.rim.or.jp/~town/univ/
京滋地区私立大学非常勤講師組合　http://hijokin.hp.infoseek.co.jp/
東京大学職員組合　http://www.ne.jp/asahi/tousyoku/hp/
東京大学全学職員連絡会議　http://www.jca.apc.org/toudai-shokuren/
東北大学職員組合　http://ha5.seikyou.ne.jp/home/touhokudai-syokuso/
日本育英会労働組合　http://ikueirou-web.hp.infoseek.co.jp/
日本科学者会議　http://www.jsa.gr.jp/
全国大学院生協議会　http://www.geocities.co.jp/CollegeLife-Cafe/8324/
京都大学院生協議会　http://www.geocities.co.jp/CollegeLife-Cafe/3455/

●運動団体、その他

独立行政法人反対首都圏ネットワーク
http://www.ne.jp/asahi/tousyoku/hp/nettop.html
独立行政法人問題千葉大学情報分析センター
http://www.geocities.co.jp/CollegeLife-Club/9154/
国立大学独法化阻止　全国ネットワーク
http://pegasus.phys.saga-u.ac.jp/znet.html
大学改革を考えるアピールの会　http://homepage2.nifty.com/~yuasaf/appeal/
日本育英会奨学金制度を考える若手科学者の会　http://pfg.riken.go.jp/~ikuei/
日本女性科学者の会　http://leo.aichi-u.ac.jp/~kunugi/sjws/
キャンパス・セクシュアル・ハラスメント全国ネットワーク
http://www.jca.apc.org/shoc/
女性科学研究者の環境改善に関する懇談会（JAICOWS）
http://sunrise.hc.keio.ac.jp/~mariko/jaicows/
NPO法人「サイエンス・コミュニケーション」準備委員会
http://researchml.org/SciCom/

●参考になるウェブページ

研究問題メーリングリスト　http://researchml.org/
日本科学者会議若手のページ　http://www.jsa.gr.jp/wakate/
日本の研究システムを考える　http://www.geocities.co.jp/Technopolis/4730/
K3-NET（女性研究者・技術者のためのサイト）　http://www.k3-net.com/
学生、この弱き立場　キャンパス・ハラスメント
http://www.pluto.dti.ne.jp/~mic-a/student/
団藤保晴の記者コラム「インターネットで読み解く！」　http://dandoweb.com/
高等教育フォーラム　http://matsuda.c.u-tokyo.ac.jp/forum/
国立大学独立行政法人化の諸問題　http://ac-net.org/dgh/
掲示板「研究する人生」　http://www.onweb.to/ken9/

＊上記のリストは、ウェブサイトのある組織・団体を中心に作成しました。

http://subsite.icu.ac.jp/un-gakkai/main.html
大学行政管理学会　http://www.ne.jp/asahi/juam/office/
日本教育社会学会　http://wwwsoc.nii.ac.jp/jses2/
日本教育政策学会　http://wwwsoc.nii.ac.jp/jasep/
研究・技術計画学会　http://wwwsoc.nii.ac.jp/jssprm/
大学史研究会　http://wwwsoc.nii.ac.jp/jshshe/
日本高等教育学会　http://wwwsoc.nii.ac.jp/jaher/
日本教育史学会　北海道札幌市北区北 11 条西 7 丁目北海道大学大学院教育学研究科
逸見研究室気付　tel 011-706-3496
日仏教育学会　http://sfj2002.hoops.ne.jp/
フランス教育学会　http://www.cgu.ac.jp/white/france/

●研究所

国立教育政策研究所　http://www.nier.go.jp/
高等教育研究部　http://www.nier.go.jp/koutou/
教育政策・評価研究部
国立情報学研究所　http://www.nii.ac.jp/index-j.html
科学技術政策研究所　http://www.nistep.go.jp
東京高等教育研究所（東京私大教連附置）
私学高等教育研究所（日本私立大学協会附置）　http://www3.ocn.ne.jp/~riihe/
東海高等教育研究所　愛知県名古屋市熱田区沢下町 9-3 tel 052-883-6967

●研究会

高等教育研究会（京都）　http://www.bekkoame.ne.jp/ha/shes/
ＩＤＥ（民主教育協会）　東京都港区西新橋 2-16-1 tel 03-3431-6822
巨大情報システムを考える会
FMICS 高等教育問題研究会　http://www.fmics.org/

●組合

全国大学高専教職員組合（略称　全大教）　http://zendaikyo.or.jp/
全大教近畿　http://ha4.seikyou.ne.jp/home/kinkyo/
日本教職員組合国立大学・公的機関交流センター　http://www.jtu-net.or.jp/upi/
日本国公立大学高専教職員組合（日教組の大学組織）　http://www.mmjp.or.jp/jpuu/
日本私立大学教職員組合連合（略称　日本私大教連）
http://www1.biz.biglobe.ne.jp/~jfpu-shi/shidai/
東京私大教連　http://www.bekkoame.ne.jp/i/tfpu/
京滋私大教連　http://www.bekkoame.ne.jp/~kfpu/
大阪私大教連（大阪私学教職員組合）　http://daisikyo.pobox.ne.jp/
北陸大学教職員組合　http://www2.neweb.ne.jp/wc/hussu/
全国私立学校教職員組合連合　http://zenkyo.org/shikyoren/
全日本教職員組合　http://www.zenkyo.org/

付録　大学改革関連組織・団体リスト

●官公庁

文部科学省　http://www.mext.go.jp/
経済産業省　http://www.meti.go.jp/
総務省　http://www.soumu.go.jp/
　政策評価・独立行政法人評価委員会
　　http://www.soumu.go.jp/kansatu/seisaku-hyoukaiinkai.htm
　統計局・統計センター　http://www.stat.go.jp/
総合科学技術会議　http://www8.cao.go.jp/cstp/
内閣官房行政改革推進事務局　http://www.gyoukaku.go.jp/

●公的機関

日本学術会議　http://www.scj.go.jp/
大学評価・学位授与機構　http://www.niad.ac.jp/
国立学校財務センター　http://www.zam.go.jp/
日本育英会　http://www.ikuei.go.jp/
日本学術振興会　http://www.jsps.go.jp/

●大学加盟団体

国立大学協会　http://www.kokudaikyo.gr.jp/
日本私立大学協会　http://www.shidaikyo.or.jp/
公立大学協会　http://homepage2.nifty.com/kodaikyo/
日本私立短期大学協会　http://www.tandai.or.jp/50th/
大学基準協会　http://www.juaa.or.jp/
日本私立大学連盟　http://www.shidairen.or.jp/
日本国際教育協会　http://www.aiej.or.jp/

●大学に付属する研究所・センター

筑波大学大学研究センター　http://130.158.176.12/
東京大学大学総合教育研究センター　http://www.he.u-tokyo.ac.jp/
名古屋大学高等教育研究センター　http://www.cshe.nagoya-u.ac.jp/
広島大学高等教育研究開発センター
　http://home.hiroshima-u.ac.jp/rihe/Japanese/
東海大学教育研究所　http://www.rie.u-tokai.ac.jp/

●学会

日本教育学会　http://wwwsoc.nii.ac.jp/jsse4/
大学教育学会（旧・一般教育学会）

中村征樹（なかむら・まさき）

1974年神奈川県生まれ。2002年東京大学大学院工学系研究科博士課程単位取得満期退学。東京大学先端科学技術研究センター助手。専攻、科学技術史・科学技術論。主要論文に、「フランス革命期における社団的国家構造の解体――エコール・ポリテクニクの設立と技師養成機構の転換」『日仏教育学会年報』第4号（1998年）「フランス革命と技師の《近代》――書き換えられる技術的実践の『正統性』」『年報　科学・技術・社会』第10号（2001年）「ハイテク社会における市民の役割」『理戦』第71号（2002年）など。

藤本一勇（ふじもと・かずいさ）

1966年東京都生まれ。1996年パリ社会科学高等研究院研究深化学位（DEA）「歴史と文明」取得。2000年早稲田大学文学研究科博士課程単位取得満期退学。早稲田大学第一文学部助教授。専攻、哲学。主要論文に、「デリダにおける時間のアポリア」『デリダを読む』情況出版（2000年）「ブルデューにおける相対的自律性の主体と抵抗の理論」『現代思想』2001年2月号「ポストモダニズムの光と影」『現代思想』2001年11月号など。翻訳に、カトリーヌ・マラブー編『デリダと肯定の思考』（共訳）未来社（2001年）ジャック・デリダ／エリザベート・ルディネスコ『来たるべき世界のために』（共訳）岩波書店（2003年）など。

水島和則（みずしま・かずのり）

1962年北海道生まれ。1989年東北大学大学院文学研究科博士課程後期中途退学。椙山女学園大学国際コミュニケーション学部助教授。専攻、社会学・フェミニズム映画研究。主要著作に、『フランス教育制度と職業参入』（吉本圭一共著）日本労働研究機構（1993年）「文化的再生産と社会変動――構造－行為関係からの再構成」宮島喬編『文化の社会学』有信堂（1995年）「実践の理論から遂行性の理論へ――ハビトゥス・行為体・遂行的矛盾」『日仏社会学会年報』第11号（2001年）など。訳書に、ピエール・ブルデュー他『社会学者のメチエ』（田原音和共訳）藤原書店（1994年）ベッティナ・ランス、セルジュ・ブランリ『I.N.R.I』新潮社（1999年）など。

執筆者紹介

（五十音順）

大前敦巳（おおまえ・あつみ）

1965年大阪府生まれ。1993年大阪大学大学院人間科学研究科博士課程単位取得退学。2000年パリ第八大学研究深化学位（DEA）「生活様式と社会政策」取得。上越教育大学学校教育学部助教授。専攻、教育社会学。主要論文に、「キャッチアップ文化資本による再生産戦略——日本型学歴社会における『文化的再生産』論の展開可能性」『教育社会学研究』第70集（2002年）「フランスの校内暴力問題の社会的背景」『日仏教育学会年報』第6号（2000年）など。

岡山 茂（おかやま・しげる）

1953年茨城県生まれ。1989年早稲田大学大学院文学研究科博士後期課程中退、1994年パリ第四大学（パリ=ソルボンヌ）第三課程修了。早稲田大学政治経済学部助教授。専攻、フランス文学。主要論文に、“Déplacements et transpositions, introduction à une lecture globale de Divagations”, *Actes de la recherche en sciences sociales*, 111/112, mars 1996「マラルメによる都市の戴冠」『教養諸学研究』第103号（2002年）。翻訳に、ピエール・ブルデュー「文化が危ない」『現代思想』2001年2月号など。

隠岐さや香（おき・さやか）

1975年東京都生まれ。東京大学大学院総合文化研究科博士課程在学中。専攻、科学技術史・科学論。主要論文に、「ブルデューの科学論」『ブルデューを読む』情況出版（2001年）「1780年代のパリ王立科学アカデミーと『政治経済学』」『哲学・科学史論叢』第3号（2001年）「18世紀パリ王立科学アカデミー終身書記による『科学の有用性』をめぐる言説の変遷とその背景」『化学史研究』第29巻第3号（2002年）など。

櫻本陽一（さくらもと・よういち）

1966年埼玉県生まれ。1999年東京大学大学院総合文化研究科国際社会科学専攻相関社会科学コース博士課程単位取得満期退学。和光大学人間関係学部人間関係学科専任講師。専攻、社会学。主要論文に、「アルジェリア戦争とフランス知識人——危機的状況と知識人の自律性」『情況』（第二期）第9巻第2号（1998年）「フランス知識人の歴史と現在——ドレフュス事件と1995年12月」三浦信孝編『普遍性か差異か——共和主義の臨界、フランス』藤原書店（2001年）「教育—学校批判の現在——戦後教育論争に関するノート」『現代思想』2002年4月号など。訳書に、ピエール・ブルデュー『メディア批判』藤原書店（2000年）がある。

白鳥義彦（しらとり・よしひこ）

1966年神奈川県生まれ。1994年東京大学大学院総合文化研究科博士課程単位取得満期退学。神戸大学文学部助教授。専攻、社会学。主要論文に、「デュルケームの大学論——第三共和政の高等教育改革との関連で」『社会学評論』181、第46巻第1号（1995年）「世紀転換期フランスにおける外国人留学生の動向」『教育社会学研究』第60集（1997年）「フランスにおける大学外高等教育について——ＩＵＴを中心として」『学位研究』第16号（2002年）など。

〈アレゼール日本〉から読者へ

いま、文部科学省の主導によって大学改革が進められています。しかしそこには、大学あるいは高等教育の本来あるべき姿についての議論は見られません。社会の中で大学あるいは高等教育はどのような役割を果たすべきなのか、それにふさわしい大学の制度とは本来どのようなものなのか、施策レベルの対応がなされる以前に、それを支えるものとして本来なされるべきこうした根源的な反省が、現在進められている改革には欠けているのです。大学の理念ともいうべきこうした考察がないままに、場当たり的と映らざるをえない政策が進められる状況のなかでは、たとえ大学改革が必要であるとしても、大学が本当に社会にとって望ましいものとなるとは考えられません。改革を進めていくのであれば、問題点を明らかにするためにも、まず現実の状況に対する分析を進め、それをもとに現状認識を深めながら改革の方向性が探られるべきであるのに、それを可能とするデータも研究も、十分に備わっているとは言えません。

私たちは、こうした問題関心のもとに本書を刊行しました。そしてこの刊行に合わせて、アレゼール日本を発足させました。今後も継続して、大学や高等教育や研究のあり方について議論を進め、主体的な提言を行なっていきたいと考えています。「大学」と一口に言っても、研究分野や所属大学、所属学部をはじめとして、そこに見られる状況は大いに異なるでしょう。しかしそうした個別的、分断的な目先の状況にとらわれるばかりでは、「大学界」、つまり総体的な大学・高等教育・研究の、本来あるべき姿は得られません。現実の問題に対して、理念的な考察をも踏まえた上で、具体的な提言を行なうための場が必要なのです。

私たちは本書での議論を土台にそのような場を創り出していくつもりです。「アレゼール日本」の活動に参加していただける方、またご関心のある方は、下記のホームページをご覧いただくか、事務局までご連絡ください。研究会、シンポジウムなどのご案内をお送りします。

アレゼール日本（高等教育と研究の現在を考える会）

事務局　早稲田大学政治経済学部 岡山茂研究室 気付
169-8050 東京都新宿区西早稲田 1-6-1
fax 03-3203-9816
tel 03-5286-9723
電子メールアドレス　office@areserjp.org
ホームページ　http://areserjp.org/

大学界改造要綱

2003年4月25日　初版第1刷発行©

編　集　アレゼール日本

発行者　藤　原　良　雄

発行所　株式会社　藤原書店

〒162-0041　東京都新宿区早稲田鶴巻町523
TEL　03（5272）0301
FAX　03（5272）0450
振替　00160-4-17013
info@fujiwara-shoten.co.jp

印刷・製本　美研プリンティング

落丁本・乱丁本はお取り替えします
定価はカバーに表示してあります

Printed in Japan
ISBN4-89434-333-9

超領域の人間学者、行動する世界的知識人

ピエール・ブルデュー（1930–2002）

構造主義と主体の哲学の二項対立をのりこえる全く新しい諸概念を駆使して、人文・社会科学のほとんどあらゆる分野を又にかけた「超領域の人間学」者。

コレージュ・ド・フランス教授の職務にとどまらず、社会学の共同研究はもちろん、自ら編集した雑誌『Actes』、自律的出版活動〈レゾン・ダジール〉、「ヨーロッパ社会運動協議会」の組織などを通して、世界的な知識人として行動。最晩年は反グローバリゼーションの国際社会運動をリードした。

拡大された「資本」概念（文化資本）、〈場＝界〉（champ）の概念をはじめ、人文社会諸科学への影響は日増しに深まっている。

人文社会科学を統合する、横断的科学の最良の成果

〈ブルデュー・ライブラリー〉

＜続刊＞

国家貴族〔グランド・ゼコールと連帯意識〕（*LA NOBLESSE D' ÉTAT*, 1989）
反省的社会学（*RÉPONSES*, 1992）
世界の叫び（*LA MISÈRE DU MONDE*, 1993）
実践理性〔行為の理論について〕（*RAISONS PRATIQUES*, 1994）
パスカル的省察（*MÉDITATIONS PASCALIENNES*, 1997）
男性支配（*LA DOMINATION MASCULINE*, 1998）
経済の社会的構造（*LES STRUCTURES SOCIALES DE L'ÉCONOMIE*, 2000）
科学の科学と反省性（*SCIENCE DE LA SCIENCE ET RÉFLEXIVITÉ*, 2001）
政治的発言（*INTERVENTIONS, 1961-2001*, 2002）

ほか多数

ブルデュー監修の新シリーズ

シリーズ〈社会批判〉

メディア批判
櫻本陽一訳

市場独裁主義批判
加藤晴久訳

地球規模の困難な現実をしっかりと踏まえつつ、斬新な「行動する思想」を提出する、新たなる〝たたかい〟のためのハンドブック。ブルデューが長年培ってきた「科学」の視線に基づく、新・世界資本主義への対抗戦術群。

各四六変並製　二一六頁／一九二頁
各一八〇〇円（二〇〇〇年七月刊）
◇4-89434-188-3　◇4-89434-189-1
SUR LA TÉLÉVISION / CONTRE-FEUX
Pierre BOURDIEU

現代言語学・哲学批判

話すということ

〈言語的交換のエコノミー〉

P・ブルデュー

稲賀繁美訳

ソシュールにはじまる現代言語学の盲目性を、ハイデガー哲学の権威主義を、アルチュセール派マルクス主義の正統性の神話を、言語の社会的機能の視点から暴き、理論的言説が魔術的言説に他ならぬことを初めて喝破。

A5上製　三五二頁　**四三〇〇円**

（一九九三年一月刊）

◇4-938661-64-0

CE QUE PARLER VEUT DIRE

Pierre BOURDIEU

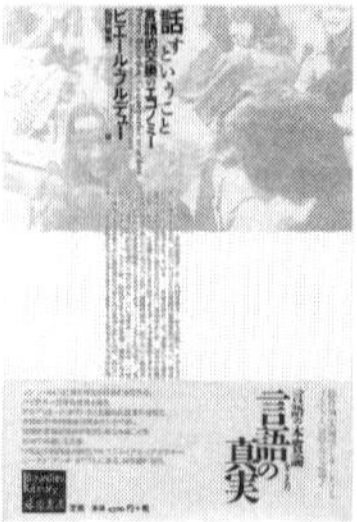

ブルデュー理論の基礎

社会学者のメチエ

〈認識論上の前提条件〉

P・ブルデュー他

田原音和・水島和則訳

ブルデューの隠れた理論体系を一望に収める基本文献。科学の根本問題としての認識論上の議論を、マルクス、ウェーバー、デュルケーム、バシュラールほか、45のテキストから引き出し、縦横に編み、その神髄を賦活する。

A5上製　五二八頁　**五七〇〇円**

（一九九四年一月刊）

◇4-938661-84-5

LE MÉTIER DE SOCIOLOGUE

Pierre BOURDIEU,

Jean-Claude CHAMBOREDON

et Jean-Claude PASSERON

初の本格的文学・芸術論

芸術の規則 I・II

P・ブルデュー

石井洋二郎訳

作家・批評家・出版者・読者が織りなす象徴空間としての〈文学場〉の生成と構造を活写する、文芸批評をのりこえる「作品科学」の誕生宣言。好敵手デリダらとの共闘作業、「国際作家会議」への、著者の学的決意の迸る名品。

A5上製　I三一二、II三二〇頁

I**四一〇〇円**、II**四〇七八円**

（I一九九五年二月刊 II一九九六年一月刊）

I◇4-89434-009-7 II◇4-89434-030-5

LES RÈGLES DE L'ART

Pierre BOURDIEU

知と芸術は自由たりうるか

自由–交換

〈制度批判としての文化生産〉

P・ブルデュー、H・ハーケ

コリン・コバヤシ訳

ブルデューと、大企業による美術界支配に対して作品をもって批判＝挑発し続けてきた最前衛の美術家ハーケが、現代消費社会の商業主義に抗して「表現」の自律性を勝ち取る戦略を具体的に呈示。ハーケの作品写真も収録。

A5上製　二〇〇頁　**二八〇〇円**

（一九九六年五月刊）

◇4-89434-039-9

LIBRE-ÉCHANGE

Pierre BOURDIEU et Hans HAACKE